Elegie voor Iris

Elegie voor Iris

John Bayley

Vertaling Hein Groen en Gijs Went

1999
Uitgeverij De Bezige Bij
Amsterdam

De vertalers danken Ike Cialona en Peter Nijmeijer voor het meedenken over probleemgevallen, Jan Kal voor de vertaling van een regel uit Byrons 'The Isles of Greece' (*Tweede Ronde*, herfst 1993), Hugo Brandt Corstius voor het palindroom op blz. 89 (uit: *Symmys* 1991) en Doeke Sijens voor zijn inspirerend enthousiasme.

Copyright © 1999 John Bayley
Copyright Nederlandse vertaling © 1999 Hein Groen en Gijs Went
Oorspronkelijke titel *Elegy for Iris*
Oorspronkelijke uitgave St. Martin's Press, Inc., New York
Nederlandse uitgave De Bezige Bij, Amsterdam
Omslag Ellen R. Sasahara
Druk Haasbeek, Alphen aan den Rijn
ISBN 90 234 3841 8
NUGI 301
UPI/Corbis-Bettman (p. 7), Jill Krementz (p. 9) en Peter Conradi (p. 233)
gaven toestemming hun foto's in dit boek af te drukken

Voor Peter Conradi en James O'Neill

Inhoud

Toen

9

—

Nu

233

Toen

Foto © 1999 Jill Krementz

Een

Een hete dag. Benauwd, vochtig. Voor Engelse begrippen echt heet, ondraaglijk heet. Niet dat er voor Engels weer nog normen bestaan. Ongetwijfeld het broeikaseffect. Maar bij het ouder worden lijkt het altijd of er geen normen meer zijn. Tijden van gedonder. Waarin alles naar de bliksem gaat.

Sombere gedachten bij een plezierig uitje, dat wil zeggen, een uitje dat vroeger plezierig was. Als we 's zomers in Oxford zijn, verwennen we onszelf sinds jaar en dag door op echt hete dagen te gaan zwemmen. We rijden met de auto een kilometer of drie over de rondweg en draaien dan abrupt de berm in – een gevaarlijke manoeuvre met snelverkeer pal achter je. Soms wordt er getoeterd en geschreeuwd als auto's plotseling moeten remmen. Dan zijn wij al hobbelend over graspollen tot stilstand gekomen. We sluiten de auto af en kruipen door een gat in de heg naar de rivier.

Ik herinner me de eerste keer dat we hier kwamen, bijna vijfenveertig jaar geleden. We waren op de fiets en er was nauwelijks verkeer, de weg was nog onverhard. We wisten niet precies hoe we bij de rivier moesten komen, alleen dat hij vlakbij was. In het vuur van onze betrekkelijke jeugd baanden we ons een weg door het hoge gras en de weelderige waterplanten tot we er bijna in vielen. Gebukt dekking zoekend in het riet, rukten we onze kleren van het lijf en gleden als ratten het water in. We dreven zonder geluid te maken in de troebele trage stroom; er flitste een ijsvogel langs ons gezicht. Toen we eruit kropen en ons met het onderrokje van Iris stonden af te drogen, tufte er op een paar meter afstand een plezierboot voorbij. De stuurman had een witte pet op en keek strak voor zich uit. Tabaksrook vermengde zich met de venige lucht van het hoge riet aan de modderige waterkant.

Ik heb dat rokje nog steeds, ik kwam het laatst tegen, opgepropt in een la, stijf van de opgedroogde modderresten. Het is gelig geworden en het gerimpelde blauwe lint aan de onderkant is verschoten. Hoe is het mogelijk dat degene die later mijn vrouw zou worden dit ooit heeft gedragen. Het ziet eruit als een kledingstuk uit de garderobe van Marie Antoinette. Ik heb het nooit teruggegeven en denk niet dat Iris er nog ooit aan heeft gedacht.

Hoe dan ook, we hadden een druk programma die dag. We moesten op tijd terug zijn voor een lunchafspraak. Toen we over Woodstock Road Oxford binnenreden waren we alweer net zo verhit als 's ochtends toen we door het groen naar de rivier kropen. Druipend van het zweet deden we vage pogingen ons haar en onze kleren enigszins te fatsoeneren voor we op de bel drukten van een appartement in Belsyre Court. Terwijl we stonden te wachten keken we elkaar uitdrukkingsloos aan en kregen op hetzelfde moment geluidloos de slappe lach.

Onze gastheer was met de lunch bezig, dus duurde het even voor hij opendeed. Maurice Charlton was een briljante jonge dokter met groene ogen. Toen hij nog jonger was, had hij lesgegeven in klassieke talen het Hertford College en werd hij als een van de beste classici van de universiteit beschouwd. Hij was zo goed dat hij er na drie jaar genoeg van kreeg en medicijnen ging studeren. Nu deed hij onderzoek in het Radcliffe Ziekenhuis. Het gerucht ging dat hij nogal verliefd op Iris was. Daarom had hij haar uitgenodigd om te komen lunchen. Ze had hem verteld dat ze 's ochtends een afspraak met mij had — we zouden samen op de fiets naar Cassington gaan om daar de kerk te bekijken — of het dus goed was als ik ook meekwam?

Hij had geen krimp gegeven en een verrukkelijke lunch voor ons drieën gemaakt. Het appartement was niet van hem maar van een oudere rijke *don* van Balliol College met wie hij misschien, of misschien ook niet, een ambigue relatie had. Hij kon in ieder geval over het appartement beschikken wanneer hij maar wilde, want zijn vriend woonde voornamelijk in Balliol College, als hij niet in Italië of Griekenland zat.

Zo'n jaar of vijftig geleden leek de universiteit een wereld op zich; het leven was veel meer aan conventies gebonden dan nu, maar daar stond tegenover dat je uitstekend verzorgd werd en de sfeer veel ontspannener was dan tegenwoordig. Wij hadden er in die tijd geen moeite mee ons in het openbaar aan bepaalde regels te houden, we dachten er niet eens over na en in ons privéleven gingen we gewoon onze gang. We werkten heel hard, dat wil zeggen, Iris werkte hard; ik was van nature veel indolenter.

Maurice Charlton werkte waarschijnlijk harder dan wij bij elkaar, maar hij maakte een volkomen ontspannen indruk. Zijn groene ogen straalden en er was onmiddellijk sprake van een verrukkelijk soort verstandhouding toen hij ons zag: alsof wij iets van hem wisten en hij iets van ons. Het was of we ons elk moment als stoute kinderen konden gaan gedragen en dat intieme gevoel werd nog versterkt door de sombere deftigheid van het appartement, dat vol stond met zeldzame boeken, kostbare meubels en duur glaswerk. Ik zie nog voor me hoe we enorme hoeveelheden ijskoude rijnwijn dronken uit glazen met lange groene stelen. Rijnwijn was toen geloof ik in de mode.

Charlton moet hebben aangevoeld dat er iets was tussen Iris en mij. Ik heb nog steeds bewondering voor de manier waarop hij daarmee omging. Hij accepteerde het niet alleen, hij moedigde ons in zekere zin aan hem erin te betrekken. We hadden Cassington Church niet gehaald, zeiden we, het was veel te heet; we waren uitgeput teruggefietst en dolblij nu heerlijk in de koelte wijn te drinken. We keken elkaar niet aan. Tot Iris ineens opsprong om Maurice een kus te geven. Daarmee leek alles gezegd en we schoten alle drie in de lach. Iris keek stralend om zich heen in die grote donkere, mysterieuze kamer en zag eruit als Alice in Wonderland op de drempel van een nieuw avontuur.

Terwijl we daar zo zaten te praten en te eten — ik herinner me kreeft met heerlijke zelfgemaakte knoflookmayonaise — was ik me constant bewust van Iris' opgepropte onderrok in mijn doorweekte broekzak. Ik hoopte dat de stoel niet nat zou worden, want die was met een soort damast bekleed. De lunch werd steeds hilarischer en we kregen het gevoel familie van elkaar te zijn. De drank deed zijn werk. Iris werd omgetoverd tot een dierbare zuster die een hechte band met haar broers had en op allebei even dol was. Maurice had niet alleen iets van een broer, hij zag er ook een beetje uit als een patriarch, zoals hij daar aan het hoofd van de tafel welwillend zat te grinniken.

Maurice Charlton is jong gestorven. Aan kanker meen ik, alweer meer dan twintig jaar geleden. Ik geloof dat hij nooit getrouwd is, maar ik kan het mis hebben. In ieder geval lieten de groene ogen waarmee hij naar Iris keek er geen misverstand over bestaan dat hij haar bijzonder graag mocht. Hij had het appartement waarschijnlijk met een vooropgezet doel te leen gevraagd en nu stuurde mijn aanwezigheid zijn plannen voor de rest van de middag in de war. Als dat het geval was, kan ik na al die jaren nog steeds bewondering hebben voor de koninklijke manier waarop hij zich uit die frustrerende situatie heeft gered.

Die verrukkelijke zondagmorgen van onze eerste zwempartij en de lunch bij Maurice Charlton waren op zich natuurlijk geen belangrijke gebeurtenissen, maar ik zie het allemaal nog zo helder voor me. Hoewel ik Charlton een paar keer eerder had ontmoet en hem zeer waardeerde, was die lunch ons enige echte sociale contact. Hij is in Oxford blijven werken, maar we verloren elkaar uit het oog. Vandaar dat ik niet weet wat er later van hem geworden is, behalve dat hij een belangrijk man was toen hij stierf.

Het merkwaardige van mijn relatie met Iris was dat ik in het begin geen idee had welke andere mensen een rol speelden in haar leven. Dat kwam waarschijnlijk doordat de extase van een eerste verliefdheid je egocentrisch maakt. Want voor mij was het de eerste keer, hoewel we niet meer echt jong genoemd konden worden. Iris was vierendertig en Maurice Charlton ook zoiets. Ik was achtentwintig. Dat leeftijdsverschil is op school onoverkomelijk maar op latere leeftijd niet meer en ook tijdens die lunch was het niet echt van belang omdat we op dat moment familie van elkaar waren. In een familie doet leeftijdsverschil er niet toe.

Maar, zoals ik al zei, ik had geen idee van de andere mensen in het leven van Iris of wat ze voor haar betekenden. Ik geloof niet dat ze daar bewust over zweeg, het was gewoon haar aard. Je was in die tijd trouwens veel geslotener dan tegenwoordig. Nu streeft iedereen naar een 'open' samenleving, althans we zeggen dat we daar naar streven, om onszelf wijs te maken dat we democratischer zijn en niet meer in klassen denken. Ik geloof niet dat we in de jaren vijftig bewust ondemocratisch waren, maar we vonden het vanzelfsprekend dat je een privéleven had. Dat gold vooral voor een academische samenleving als Oxford, waar een prettige verstandhouding met veel mensen het leven veraangenaamde omdat je ze in je College voortdurend tegen het lijf liep. Maar al zag je ze dagelijks in de eetzaal, tijdens colleges of in een laboratorium, dan betekende dat niet dat je wist hoe het er bij hen thuis aan toe ging, met wie ze omgingen of hoe het zat met hun seksuele geaardheid. Het privéleven van een ander kon wel intrigerend zijn, dat was nou juist het leuke van privacy, maar het bleef over het algemeen tot ieders tevredenheid een ondoordringbaar gebied.

Het is emotioneel nogal paradoxaal dat mijn verliefdheid, althans in het begin, mij niet nieuwsgieriger naar Iris' leven maakte, eerder minder nieuwsgierig. Zij was voor mij een wonderbaarlijk autonoom wezen. Ik zag haar voor het eerst toen ze langzaam en nogal moeizaam langs mijn raam fietste. Ik woonde toen in St. Antony's College en probeerde te werken. Ik staarde zonder iets te zien naar de voorbijgangers op Woodstock Road, nu vreselijk druk, maar indertijd redelijk rustig, tot mijn oog op een fietsende dame viel (het leek mij eerder een dame dan een meisje) en ik me afvroeg wie ze was en of ik haar ooit zou leren kennen. Misschien werd ik toen wel verliefd. Mijn totale onwetendheid op het gebied van de liefde zal er zeker toe hebben bijgedragen dat mijn fantasie met me op de loop ging door te denken dat zij ook nooit iets had meegemaakt: ze fietste gewoon langs en wachtte op mij. Ze was een vrouw zonder verleden.

Ze keek zowel afwezig als ontstemd. Misschien omdat het druilerig weer was. Misschien omdat haar oude fiets gammel was en zwaar trapte. Misschien omdat ze mij nog niet had ontmoet. Ze fietste met voorovergebogen hoofd, alsof ze heel geconcentreerd op haar doel afging. Waar ging ze naartoe? Had ze een afspraak? Had die met gevoel of verstand te maken? Toen een vriendin van mij Iris voor het eerst zag, zei zij voor de grap, maar misschien ook een beetje malicieus: 'Het is net een stiertje.'

Ik begrijp wat ze bedoelde, hoewel ik het zelf nooit zo heb gezien, omdat ik natuurlijk nooit objectief naar haar heb gekeken. Maar voor zover het waar is dat iedereen te vergelijken is met een of ander dier, als een soort verpersoonlijkt symbool, zie ik wel dat het bij Iris inderdaad een stiertje zou kunnen zijn. Niet onvriendelijk, maar zowel resoluut als onvoorspelbaar. Het kijkt je vanonder zijn wenkbrauwen indringend aan terwijl het met zijn kop omlaag op je af komt.

In haar eerste roman, *Under the Net*, wordt over de vrouwelijke hoofdpersoon gezegd dat ze nooit aan een van haar vrienden vertelde hoe hecht haar vriendschappen met anderen waren. Ze kenden elkaar zelfs bijna niet. Dat gold ook voor Iris. Voor de heldin in de roman had dat uiteraard gevolgen, maar bij Iris is het nooit een probleem geworden. Ze gaf iedereen die ze kende het gevoel bijzonder te zijn, zelfs haar fans, die ze altijd terugschreef.

Haar brieven waren vaak lang en werden met aandacht geschreven, ze waren aan een individu gericht, niet aan zomaar een fan. Het waren echte brieven, hoewel ze de persoon in kwestie nooit had ontmoet en waarschijnlijk nooit zou ontmoeten. Nu probeer ik haar fanmail te beantwoorden, maar ik kan het natuurlijk niet zoals zij. Als ik de brieven van haar fans lees en zie hoe zij zich verbonden voelen met hun aanbeden auteur, begrijp ik dat een van hen, nadat Iris hem had teruggeschreven, ooit antwoordde dat hij nu het gevoel had dat ze 'vrienden voor het leven' waren.

Zoals zoveel dat te maken heeft met onze emoties, heeft het egoïsme van de liefde iets absurds maar ook iets ontroerends. Het was absoluut absurd dat ik in die dagen voetstoots aannam dat Iris bij wijze van spreken puur geest was, dat ze totaal opging in de filosofie en in haar werk. Dat ze in het kamertje van haar College leefde als een non, dat ze zich nooit anders voordeed dan ze was, dat ze precies wist wat ze wilde, dat ze nooit handelde uit eigenbelang of het soort plannetjes beraamde waar ik vol mee zat. Zij was een hoger wezen en ik dacht dat hogere wezens nu eenmaal niet zo'n geest hadden als ik.

De manier waarop ik Iris daadwerkelijk ontmoette komt me nog steeds als wonderbaarlijk voor. De dag nadat ik haar had zien fietsen kwam ik Miss Griffith tegen voor het examengebouw waar ook colleges gegeven worden. Ze was heel klein en bezig zich van haar opbollende toga te ontdoen om op haar fiets naar St. Anne's College te rijden. Ze had net college gegeven over *Beowulf*. Miss Griffith had een zwak voor me sinds ik mijn Viva (het mondelinge examen) bij haar had gedaan. Ze had me gefeliciteerd met mijn essay over Chaucers *Knight's Tale*, al had ze me op een foutje in de Angelsaksische syntaxis betrapt. Nadat ik mijn graad had gehaald bleef ze mijn carrière, voor zover je daarvan kon spreken, met welwillende belangstelling volgen en nu pakte ze me bij mijn arm en vroeg hoe het ging. Het ging eigenlijk helemaal niet, want ik had geen echte baan en mocht bij wijze van gunst in het net opgerichte St. Antony's College wonen. Als tegenprestatie werd van me verwacht dat ik een paar overenthousiaste Fransen en Amerikanen, die wis- en natuurkunde of politicologie studeerden, als *tutor* en gids onder mijn hoede nam. Het St. Antony's College uit die tijd is een aparte studie waard, maar voor mij is nu het belangrijkst dat het dicht bij St. Anne's College lag, dat indertijd een vrouwencollege was. Nu is het, zoals bijna alle Colleges, gemengd.

De ochtend dat ik Miss Griffith tegenkwam liep ik een eindje met haar op, want ze maakte niet echt aanstalten op haar fiets te springen. Ze leek mij en zichzelf het genoegen te willen doen het nog even over mijn Viva te hebben – zoals de meeste *dons* was ze trots op haar manier van examineren. Ze was zo genereus me te laten merken dat ze zich de sterke punten in mijn Chaucer-essay nog steeds herinnerde, maar liet niet na, met zichtbaar plezier in haar eigen superioriteit, ook mijn fouten in de Oudengelse grammatica even op te halen. Daarna vroeg ze plotseling of ik zin had die avond op haar kamer in St. Anne's College iets te komen drinken. Ik nam de uitnodiging gretig aan.

Hoewel St. Anne's aan de overkant van St. Antony's lag, was ik er nog nooit binnen geweest. Ik beschouwde het als een vrouwengebied, praktisch verboden terrein voor alles wat man was. Dat was nauwelijks overdreven. Het mag vandaag de dag ongelooflijk klinken, maar er bestonden behoorlijk strenge regels voor mannen die het waagden dit vrouwenbolwerk te betreden. Ze waren verplicht in de openbare ruimtes te blijven, de meisjes mochten hen niet in hun kamer ontvangen. Hoe dan ook, voor mij deed dat er niet toe, want ik kwam er nooit. Studenten zoals ik, die tegen het eind van de oorlog in dienst hadden gezeten, waren ouder dan de nieuwe generatie. Door het naoorlogse tekort aan docenten werden sommigen van ons ingezet om les te geven. Oxford leek voor mij wat dat betreft op een school, waar je niet omging met iemand uit een lagere klas. Behalve dat ik een paar studenten les moest geven, bemoeide ik me nauwelijks met de jongere generatie. Ik zocht mijn vertier in de bioscoop – en bioscopen waren in die tijd nog bioscopen. 's Middags al mistig van de tabaksrook, donker en mysterieus als kerken, waren het toevluchtsoorden voor stelletjes of eenzame aanbidders van het witte doek, die onbeweeglijk in het donker zaten, alleen zo nu en dan opgelicht door een trek aan hun sigaret.

Het stond me bepaald niet tegen die avond wat te gaan drinken bij die weliswaar oudere maar grappige Miss Griffith. Ze was misschien net over de veertig, maar voor zover ik er al over nadacht, was ze voor mij gewoon oud. Niettemin waren borrels in die tijd borrels, zoals bioscopen bioscopen waren, en ik had gehoord dat Miss Griffith – later 'Elaine' voor mij – van een flinke slok hield. Bovendien kon het geen kwaad om op goede voet te staan met een ouder staflid van de Engelse Faculteit. Ik hoopte na mijn promotie zelf deel te gaan uitmaken van die staf.

Van al die verstandige overwegingen was al snel niets meer over nadat ik me om zes uur had aangediend. Miss Griffith was net klaar met een *tutorial* want toen ik wilde aankloppen kwam er een meisje in toga naar buiten. Ze keek zedig naar de grond bij het zien van een man. Ik zag haar nauwelijks, want door de open deur ving ik onmiddellijk een glimp op van de vrouw? – het meisje? – de dame? die ik de vorige dag had zien fietsen. Ze stond te praten met een voor mij onzichtbaar iemand en had een tot de rand gevuld glas in haar hand.

Mijn fietsdame zag er zonder haar oude regenjas uiteraard anders uit, dit was tenslotte een sociale aangelegenheid. Haar korte blonde haar met slordige pony was vettig maar gezond, zoals nu nog steeds trouwens. Later zou ik het regelmatig voor haar wassen en knippen, maar in die tijd had ze helemaal geen aandacht voor die dingen. Ik heb het idee dat vrouwen toen – en zeker academica – lang niet zo met hun uiterlijk bezig waren als nu. Meisjes kunnen er tegenwoordig weliswaar ook als vogelverschrikkers bijlopen, maar dat is dan de bedoeling. Als je er in die dagen slordig uitzag betekende dat in universitaire kringen dat je wel wat anders aan je hoofd had dan je uiterlijk. Broeken werden evenwel zelden door academica gedragen. Iris had een afgedragen, groezelige tweedrok aan, een beetje te lang, bepaald niet charmant. Het viel me op dat ze korte gespierde benen had en bruine katoenen kousen droeg.

In het begin van de jaren vijftig zag je nog haast geen nylons. Deze vrouw zag eruit als een echte intellectueel en ik begreep dat mijn fietsdame wel eens een academica zou kunnen zijn. Van die gedachte werd ik onmiddellijk moedeloos. Toen ik haar voor het eerst zag, had mijn fantasie haar een verleden toegedicht zonder anderen en een toekomst met mij, zodat ik er moeite mee had tot de ontdekking te komen dat ze gewoon een *don* was. Het zette haar neer, het plaatste haar in een kader; en ik wilde niet dat zij te plaatsen was, zelfs niet door mij. Tegelijkertijd ging er iets bemoedigends uit van haar totale verschijning door een volstrekte afwezigheid van wat ik in die tijd onder sex-appeal verstond. Voor zoiets gewoons was deze vrouw veel te bijzonder. Ze was geen 'meisje', ze had geen meisjesachtige aantrekkelijkheden. Dat maakte mijn verliefdheid alleen maar opwindender en het kwam mij, uit nogal verachtelijke overwegingen, goed uit; door haar gebrek aan vrouwelijke charmes hoefde ik niet bang te zijn voor andere mannen.

Waarom ik er in het begin zo zeker van was dat Iris geen seksuele aantrekkingskracht had, is een compleet raadsel voor me. Anderen, van beiderlei kunne, dachten daar heel anders over. Het was bij nader inzien van een aanmatigende naïviteit om aan te nemen dat ze alleen aantrekkelijk kon zijn voor mij en voor niemand anders. Het is onverklaarbaar dat ik niet zag dat bijna iedereen haar zelfs duivels aantrekkelijk vond. Ik geloof dat niemand minder verstand van die dingen had dan ik.

'Ha, John, daar ben je dan. Ik mag je toch wel John noemen hè?' Miss Griffith lachte haar karakteristieke hinnikje. 'Mag ik je aan Miss Ady en Miss Murdoch voorstellen? Iris, dit is een van de veelbelovendste jongemannen in de Engelse Faculteit. Uitstekende resultaten bij zijn afstuderen. Al heb ik hem bij Oudengelse grammatica op een foutje betrapt. Ik vrees dat dat zijn zwakke kant is, maar hij heeft werkelijk een prachtig stuk over de *Knight's Tale* geschreven.'

Zou dat verdomde foutje me nou eeuwig nagedragen worden? Iris Murdoch keek me vriendelijk aan, zei 'Hallo' en vervolgde haar gesprek. Miss Griffith reikte me een glas aan waaruit ik onmiddellijk een wanhopige slok nam. Ik begon te hoesten en liep knalrood aan. Het was een sterke mix van gin en Franse vermouth, het Engelse equivalent van de Amerikaanse martini – in die dagen natuurlijk nog zonder ijs. Hoewel ik in het leger aan sterkedrank gewend was geraakt, had ik tijdens mijn studententijd vrijwel geen druppel gedronken. Ik had er geen zin meer in en bovendien was het veel te duur. Iris en haar vrienden waren stevige drinkers en voor mij was dit de eerste van vele.

Het beviel me maar matig dat Miss Griffith mij als een jongeman had voorgesteld. Zo jong was ik nou ook weer niet. Waren deze vrouwen zoveel ouder? Want nu zag ik pas – met enige voldoening, ondanks mijn ongemakkelijkheid – dat ik de enige man in de kamer was. De vier of vijf vrouwen op het feestje hadden mijn verwarring en hoestbui uiteraard opgemerkt en keken allemaal vriendelijk in mijn richting. Het was duidelijk dat zij mij als een onbenullig jongmens beschouwden en zich als intellectuele vrouwen uit de universitaire wereld verplicht voelden mij op mijn gemak te stellen.

Ze schenen allemaal met Iris te willen praten. Ik werd overgelaten aan Miss Griffith die ook al met een smachtende blik in haar richting keek. Zelfs op dat ongemakkelijke moment verbaasde ik me daarover. Ik had er niet het minste vermoeden van dat St Anne's in die tijd een broeikas van gevoelens was. De *dons* waren zogezegd geen professionele lesbiennes, velen waren getrouwd of getrouwd geweest; ze hadden zowel een gezins- als een academisch leven. Het waren aardige slimme vrouwen, hardwerkend en serieus, maar onder hun vakbekwaamheid zinderde het; ik kreeg later de indruk dat ze die emotionele heftigheid aan elkaar doorgaven, als een bacterie of een modeverschijnsel. Ik heb de schrijfster Elizabeth Bowen, later een dikke vriendin van Iris, een kennis eens horen beschrijven als 'het toonbeeld van een ouderwetse lesbienne van het hooggestemde soort'. Elizabeth had een allercharmantste stotter waardoor het woord lesbienne er zowel komisch als koninklijk uitkwam. De dames van St. Anne's waren nou niet direct koninklijk, maar wel hooggestemd en verstandig. Wat ze ook voor elkaar voelden, aan hun studenten lieten ze niets merken en het kwam niet voor dat men probeerde meisjes in te palmen. Iris heeft me dat veel later bezworen. Als er maar sprake was van het vermoeden van een toenaderingspoging werd dat door iedereen veroordeeld.

Hoe dan ook, ik had in die tijd nogal simplistische ideeën over seks, ik ging ervan uit dat iemand of het een of het ander was. Toen het niet lang na de borrel bij Miss Griffith bij me begon te dagen dat iedereen verliefd op Iris was, maakte me dat wanhopig. Als zij allemaal zoveel voor haar voelden, was het dan niet logisch dat zij die gevoelens zelf ook had? Of tenminste voor een of twee van hen? Ik kwam er pas later achter dat Iris veel te aardig was om verliefdheid te ontmoedigen, zelfs smachtende liefde, alleen was voor haar de grens bereikt als een vrouw al te lichamelijk werd.

Miss Griffith greep een langskomende collega van de Engelse Faculteit bij de arm, een dame met een Pools klinkende achternaam, stelde me aan haar voor en maakte zich dankbaar uit de voeten om zich bij het groepje rond Iris te voegen. Ik zag de zwierige Miss Ady – ze had zwart haar en prachtige ogen – Iris speels op haar pols tikken om iets te benadrukken. Misschien ging het wel over lesgeven, want Miss Ady gaf politicologie en economie, zoals ik later ontdekte, en Iris filosofie. De Pools klinkende dame droeg een zwarte jas met scharlaken voering en leek me al even verpletterend aantrekkelijk, maar ze was niet zo frivool vrolijk als de andere gasten en informeerde, in een voor mij vreemde tongval, op serieuze toon naar mijn 'research'. Mijn antwoord klonk zelfs in mijn eigen oren weinig overtuigend, laat staan in de hare. Ze keek me vergevingsgezind maar ook enigszins misprijzend aan, kreeg ik de indruk.

In plaats van te praten met degene op wie ik verliefd

was geworden, of zelfs maar behoorlijk kennis met haar te maken, leek het lot met die door de hemel gezonden uitnodiging niets anders voor te hebben dan mij een middelmatig figuur te laten slaan bij een oudere docente. Later ontdekte ik dat Miss Griffiths collega bekendstond om haar strenge houding tegenover studenten en collega's, maar in feite was het een aardige en toegewijde docente. Tijdens de oorlog was ze met een Poolse officier getrouwd. Ze kwam zelf uit Yorkshire en had een stoere naam, zoiets als Sidebotham, maar na haar scheiding had ze liever de meer romantische achternaam van haar man gehouden.

Ik slaagde er die avond niet in een woord met Iris te wisselen, hoewel ik in een later stadium, toen er twee of drie andere mannen waren binnengekomen, om haar heen bleef fladderen en met iedereen in gesprek leek te raken, behalve met haar. Ik had na een aantal van die gins met vermouth het gevoel in topvorm te zijn en een goede indruk te kunnen maken, maar de gelegenheid deed zich niet voor. Lang voordat het gezelschap uiteenging, excuseerde Iris zich en vertrok, nadat iedereen uitbundig afscheid van haar genomen had.

De god van het toeval bleek zich echter niet zo gemakkelijk uit het veld te laten slaan. Na het regelen van een samenloop van omstandigheden waarin hij mij had zien falen, ging hij geduldig verder met beramen. Drie weken later werd ik door een stel vrienden van een vriend die ik in jaren niet had gezien, op een soupeetje gevraagd en ik ontdekte dat Iris de enige andere gast was. Het werd al snel duidelijk dat ik weer geen stap verder kwam. Ze was vriendelijk, absoluut niet verlegen en toch was ze geen gemakkelijke gesprekspartner. Ik sneed allerlei onderwerpen aan waarvan ik hoopte dat ze haar zouden interesseren, maar ze glimlachte alleen vriendelijk en ging nergens op in. Net als andere filosofen in Oxford had ze de gewoonte je opmerkingen in een bedachtzame, bijna sibillijnse stilte in zich op te nemen. Alles wat ik zei werd gewogen alsof ze zich bij iedere bewering afvroeg wat er nou *precies* mee bedoeld werd. Als mijn armzalige pogingen te licht bevonden werden, was ze te beleefd om dat te laten merken. Maar van een wederzijdse vonk was geen sprake. Het troostte me enigszins dat onze gastheer, een levendige rechtendocent die er duidelijk op uit was van alles over de huidige stand van zaken in de filosofie te weten te komen, het er niet beter afbracht. Tegelijkertijd ergerde het me dat hij wilde laten merken hoe goed hij haar kende door het voortdurend over grapjes of denkbeelden te hebben die zij met elkaar deelden, of te refereren aan de leuke vakanties die zij met hem en zijn gezin had doorgebracht. Mijn eenzame fietser hoorde het niet leuk te vinden om met deze mensen op vakantie te gaan. Ik werd overvallen door jaloezie op haar verleden. Daar zou ik in de maanden die volgden regelmatig aan ten prooi vallen. Ik begon in te zien dat Iris van alles had meegemaakt in al die jaren dat ik haar niet gekend had en dingen had gedaan die mij niet bevielen omdat ze niet strookten met het beeld dat aan mijn bemoeizuchtige fantasie was ontsproten.

Tot grote teleurstelling van onze gastvrouw en gastheer zei Iris plotseling dat ze naar huis moest. Nu reageerde ik voor het eerst adequaat en zei dat het tot mijn spijt voor mij ook de hoogste tijd was. Daar leken ze minder problemen mee te hebben. Het was Iris die ze met alle geweld wilden vasthouden. Wat me nogal verbaasde, want ze had zich als gast niet echt ingespannen een bijdrage aan de avond te leveren, ook al had ze een aangename uitstraling, waar ze kennelijk geen moeite voor hoefde te doen. Maar ze was niet ingegaan op de vleiende opmerkingen van de rechtendocent, of zijn pogingen haar te verleiden tot een uitwisseling van ideeën. Daar putte ik dan tenminste nog enige voldoening uit.

We namen afscheid, de deur viel achter ons dicht, we deden onze fietsen van het slot en reden de vochtige, milde Oxford-nacht in. Mijn licht was in orde maar haar koplamp flikkerde en stond op het punt er helemaal mee op te houden, zodat ik er beleefd op aandrong dat zij aan de binnenkant kwam fietsen, zo dicht mogelijk bij mijn verlichting. We reden zwijgend verder tot ze, ik denk voornamelijk om de stilte te verbreken, vroeg of ik er wel eens over had gedacht een roman te schrijven. De vraag overviel me, maar dit keer had ik nu eens het antwoord klaar. Jazeker, ik was zelfs aan een roman bezig, of liever gezegd, ik was net begonnen er een te schrijven.

Het was niet waar, het was bijna waar, maar ik besloot ter plekke dat het nog diezelfde avond helemaal waar zou worden. Toevallig had de vrouw van mijn hoogleraar, een lief, bedeesd mens van wie de vader een bekend criticus was geweest, me een maand geleden hetzelfde gevraagd. Ik had haar toen min of meer hetzelfde onoprechte antwoord gegeven; en bij wijze van aanmoediging had ze vriendelijk glimlachend voorgesteld dat we allebei een roman zouden schrijven — ze wilde het zelf ook wel eens proberen. We hadden voor de grap een weddenschap gesloten wie het eerst klaar zou zijn. Daarna had ik geprobeerd op wat ideeën te komen en over het begin van het eerste hoofdstuk nagedacht, maar ik had nog niets op papier.

Maar waarom zou Miss Murdoch mij dat vragen? Ze zal me wel op mijn gemak willen stellen door me over mezelf te laten praten, dacht ik, want het was natuurlijk ondenkbaar dat zij als filosoof belangstelling voor romans kon hebben. Ze las ze zelf waarschijnlijk nooit, ze had het veel te druk met hogere dingen. Ik maakte wat verontschuldigende opmerkingen in die richting en toen zij daarop zei dat ze zelf een roman geschreven had die bijna uitkwam, kon ik mijn oren niet geloven.

Ik was stomverbaasd en werd overweldigd door bewondering. Dus dit buitengewone schepsel had bijna achteloos ook nog eens een roman uit haar mouw geschud, tussen de bedrijven van een druk leven vol lesgeven en filosoferen door. Waar ging hij over, durfde ik te vragen. Ze stopte en zette een voet aan de grond. 'Je moet er met niemand over praten,' zei ze, me ernstig aankijkend. Haar stem was opgetogen en toch serieus. 'Ik wil niet dat iemand het weet.'

Ik beloofde het plechtig: ik zou haar geheim aan geen

mens vertellen, daar kon ze van op aan. Ik was bedwelmd van geluk dat ze het aan mij had toevertrouwd. Ze moest om een of andere buitengewone reden niet alleen een groot vertrouwen in mij hebben, hoewel we elkaar nauwelijks kenden, maar ook snel en trefzeker besloten hebben dat ik de enig juiste persoon was – de enige die in aanmerking kwam om het te weten. Waarom? Ik kon alleen maar stomverbaasd zijn en voelde mijn hart overlopen van dankbaarheid en vreugde. En natuurlijk van liefde. En terwijl we in die donkere straat half over onze fietsen hingen werd ik vervuld van het besef dat dit intuïtieve wezen, dit wonder van scherpzinnigheid, recht in mijn ziel had gekeken. Wat zij zag beviel haar, ik was haar volste vertrouwen waard. Misschien hield ze zelfs wel van wat ze zag. Zou ze geweten hebben dat ik verliefd op haar was? En op rationele, filosofische gronden hebben besloten het ook op mij te worden?

Toen ik haar wat beter leerde kennen vroeg ik me af of ze het geheim van haar roman niet aan veel meer mensen had toevertrouwd. Maurice Charlton scheen ervan te weten; zo ook de Johnsons – de rechtendocent en zijn vrouw. Bijna al haar Londense vrienden moeten het geweten hebben. Sterker nog, sommigen hadden zelfs het manuscript gelezen – in haar eigen handschrift. De Johnsons wilden me goed laten voelen dat zij daar bij hoorden, toen ze in de gaten kregen dat ik bevriend raakte met Iris en haar ook nog wel ergens anders ontmoette dan bij hen thuis. Want het is natuurlijk erg vervelend als je vrienden onderling bevriend raken zonder het je te vertellen, zoals La Rochefoucauld gezegd zou hebben.

Iris' motieven om daar niets over te zeggen hadden in wezen met haar goedaardigheid te maken. Ze had met al haar vrienden iets speciaals, daarom wilde ze hen een voor een zien, ze wilde dat er niets verloren ging van het oorspronkelijke gevoel waarop de relatie gebaseerd was. Ze hield niet van kliekjes of groepsvorming, van geklets van twee vrienden over een derde. Iris' behoefte om iedere relatie puur te houden, alsof hij in de Hof van Eden tot stand was gekomen, was zeer belangrijk voor haar. Omdat haar gevoelens voor elk van haar vrienden geheel op het individu waren afgestemd, kon ze dezelfde gevoelens niet voor een ander hebben. Er was sprake van een meervoudige exclusiviteit zonder rangorde, ze maakte geen vergelijkingen. Iedere vriendschap stond helemaal op zichzelf.

Aanvankelijk begreep ik dat niet. Dat kwam natuurlijk omdat ik verliefd op haar was. Ik wilde, net als alle verliefden, speciaal zijn op de verkeerde manier. Ik wilde 'de enige' zijn. Toen Iris mij haar geheim vertelde dacht ik dat zij mij had uitverkoren. Maar het was een routinematige voorzorgsmaatregel, bijna een formule. Haar vrienden mochten het weten, moesten het zelfs weten, als er maar niet onderling over gepraat werd en zeker niet in bredere kring.

Het spreekt vanzelf dat die voorzorgsmaatregel alleen op een abstract niveau werkte, in de praktijk kwam er niets van terecht. Ik merkte al snel dat allerlei mensen uit haar kennissenkring gewoon over haar roman praatten. Ik nam dat niemand kwalijk, ik was zelfs niet teleurgesteld. Ik was zo verliefd (dat maakte ik mezelf althans wijs) dat ik, duidelijk en zonder me uit het veld geslagen te voelen, kon zien dat Iris absoluut niet verliefd op mij was. Ze had me uit vriendelijkheid over haar roman verteld, ze voelde dat het mij interesseerde. Juist omdat ze niet verliefd op me was, had ze het me verteld; niet omdat ze het was, of bezig was het te worden. We waren vrienden geworden; dat was alles.

Vriendschap betekende heel veel voor haar. Voor mij betekent het niets, of heel weinig. Voor mij is vriendschap een kwestie van 'contextgebonden verbintenissen' – zo noemen psychologen dat geloof ik. Met de mensen die ik op school en in het leger kende, ging ik graag om, in die tijd en op die plaats; het kwam niet bij me op mezelf af te vragen of, en in hoeverre ik hen als echte vrienden beschouwde. Als de situatie veranderde, veranderde ook mijn kennissenkring, zodat er niemand is overgebleven die ik 'een oude vriend' zou kunnen noemen. Het idee dat Iris bevriend met mij wilde zijn, of tenminste bereid was me als een van haar vrienden te beschouwen, trok me helemaal niet aan.

Hoe dan ook, zo moest het kennelijk gaan. We zagen elkaar eens in de veertien dagen. We hadden allebei een hekel aan telefoneren, zoveel werd al snel duidelijk, dus schreven we elkaar briefjes. Die briefjes werden uitgewisseld via de bode van het College. Dat stond bekend als de duivenpost. Ik had een hekel aan pubs, maar er waren weinig alternatieven als ontmoetingsplaats. Iris was er dol op en had haar favorieten, zoals ik al gauw merkte. Ik had ook een hekel aan buiten de deur eten; dat was in Oxford trouwens meestal slecht en erg duur, althans voor mijn magere portemonnee. We aten soms in een café of in een bar. Ik werd een sombere connaisseur van hun tekortkomingen.

We leerden elkaar steeds beter kennen en praatten veel, maar waarover weet ik niet meer. Wel weet ik dat er nooit meer zoiets elektrificerends is gebeurd als die keer dat we bij onze fietsen tegenover elkaar stonden en ze me in het donker vroeg tegen niemand iets over haar roman te zeggen. Toen we weer opgestapt waren en verder reden, had ik beschroomd gevraagd waar haar roman over ging. Hoe was ze er zo toe gekomen? Ze ging daar niet direct op in, maar zei iets veel opwindenders, ze zei met nadruk hoe belangrijk het was dat in elk verhaal iets voor iedereen moest zitten. Dat was een ontdekking voor haar geweest. Ik was verrast en onder de indruk van de eenvoud van dat idee en van de kracht waarmee ze het naar voren bracht, langzaam en nadenkend.

'Zoiets als Shakespeare,' opperde ik.

'Misschien wel ja,' zei ze.

Vaak heb ik over dat moment nagedacht en me afgevraagd of het wel zo belangrijk was wat ze zei. Betekenden die woorden zoveel omdat ik onbewust door alles onder stroom gezet werd, zoals dat nu eenmaal gaat bij verliefdheid? Die verliefdheid gold dan alleen voor mij. Ik wist zeker en weet nog steeds, dat het haar diepe ernst was, en dat die woorden in al hun eenvoud voor haar altijd waar zijn gebleven. Ze wilde met haar romans alle mogelijke lezers bereiken, op verschillende manieren en met verschillende middelen: door de spanning in haar verhaal, door tempo en humor, door ideeën en filosofische implicaties, door de onaardse sfeer van haar hoogstpersoonlijke, zelfgeschapen wereld — een wereld waar ze al weet van gehad moet hebben toen ze over haar eerste schreden op het literaire pad begon na te denken.

Aan het begin van de zomer gaf ook St. Antony's College een bescheiden dansfeestje, al was het een veel simpeler aangelegenheid dan de grote College-feesten, 'Commem Balls' genoemd, die het laatste trimester afsluiten en de hele nacht doorgaan. Een dubbele toegangskaart voor zo'n tot in de puntjes verzorgd feest kostte toen al ongeveer dertig pond en nu natuurlijk veel meer. De St. Antony's Huppel kostte maar een paar guineas. Hoewel ik van nature geen danstype ben en het ook nooit heb geleerd, besloot ik toch te gaan en Iris mee te vragen. Ik kocht vast kaartjes met in mijn achterhoofd de gedachte dat ik ze altijd weer kon doorverkopen als ze niet mee wilde. Maar tot mijn verbazing nam Iris de uitnodiging gretig aan en toen wist ik ineens weer niet of ik zelf wel wilde. Mijn gemoed kreeg een nieuwe reeks complicaties te verwerken. Er zouden praktische problemen ontstaan. Anderen, mijn collega's bijvoorbeeld, zouden haar ten dans kunnen vragen. Stel dat een van hen verliefd op haar werd, of zij op hem? (Het kwam niet in me op dat ze net zo goed op een van de meisjes zou kunnen vallen.)

Er waren nog meer nijpende problemen van praktische aard. Waar moesten we van tevoren gaan eten? Het feest duurde maar van negen tot middernacht. Ik had er eigenlijk geen geld voor, maar voelde toch dat het een redelijk 'goed' restaurant moest zijn, niet zomaar een pub of een café. Na veel geaarzel koos ik voor het Regency Restaurant, dat zichzelf in de *Oxford Mail* aanprees als 'waarschijnlijk het beste restaurant van Oxfordshire'. Op deze dubbelzinnige aanprijzing viel welbeschouwd nauwelijks iets af te dingen, maar ik dacht er natuurlijk niet over na.

Om half zeven ging ik Iris ophalen in St. Anne's College. Ik klopte op de deur van haar kamer en hoorde een stem die me verzocht nog even geduld te hebben. Ik wachtte en probeerde me voor te stellen hoe ze eruit zou zien, wat ze aan zou hebben. Ik nam aan dat het iets donkers, het liefst zwart, zou zijn – iets dat paste bij een rijper iemand met een ascetische aard, want ik hoopte nog steeds dat ze zo iemand was. Was dat niet hoe ik mij haar had voorgesteld toen ik haar voor het eerst had zien fietsen?

De deur ging open. Voor me stond een verschijning in een soort vlammend brokaat. Ik was verbijsterd: tegelijkertijd verblind en ontzet. Al mijn dagdromen, illusies en veronderstellingen over de fietsende dame werden in één klap tenietgedaan en verdwenen in een verleden waar ik graag naar teruggekeerd zou zijn als ik de keus had gehad. Maar ik had geen keus. Degene die hier voor me stond was precies dezelfde als degene op de fiets. Ik vond haar gezicht nog steeds vriendelijk, niet mooi of aantrekkelijk in de conventionele zin. Het was een sterk gezicht met zijn eigen ronde, stompneuzige trekken; en voor mij bleef het ook altijd een mysterieus gezicht. Maar nu zag ik het even zoals anderen het zagen. Hoewel het allesbehalve een gewoon gezicht was, was de opsmuk dat om zo te zeggen wel. Die praal stelde me erg teleur. Dat soort parafernalia kon door elk willekeurig meisje gedragen worden — een onnozel meisje zonder smaak.

Maar goed, er was niets aan te doen. Iris leek door van alles in beslag genomen te worden. Was ze onzeker over haar gezicht, dat ze nu stond te poederen, of was het haar haar? Was er iets met haar ondergoed? Ze was zichtbaar ongemakkelijk en sjorde voortdurend aan haar jurk. Het leek wel of ze er iets vreemds onder droeg dat niet lekker zat. Of misschien dacht ze wel aan de dingen die ze op dit moment met andere vrienden had kunnen doen. Het leek erop dat ze zich met van alles en nog wat bezighield, behalve met mij. Van mij was ze zich net zomin bewust als toen ze langs mijn raam fietste. Ze keek me niet aan maar pakte afwezig mijn hand terwijl we vertrokken via de ingang van het gebouw waar zij haar kamer had; daar werd ik net zo min vrolijk van als van dat gesjor aan haar kleren.

Het restaurant was een ramp. Ik weet niet meer wat we gegeten hebben, maar het was heel erg vies en de ober was somber en toch arrogant. Hij hield zich met alles bezig behalve met ons, net zoals Iris ten opzichte van mij had gedaan. Zelfs de fles rode wijn was slecht, hij smaakte eigenlijk nergens naar. Maar naarmate het vreselijke diner vorderde — er waren bijna geen andere gasten — bleek onze stemming wonderlijk genoeg te stijgen. We giechelden en fluisterden over die paar andere mensen die in een grafstemming zaten te eten. Toen we klaar waren excuseerde Iris zich en ging naar het damestoilet, ik zou intussen betalen. De ober negeerde de enorme fooi die ik had neergelegd toen hij het geld kwam ophalen. Ik had op een of andere manier op een vriendelijk woord gehoopt en misschien zelfs op de welwillende vraag waar we naartoe gingen. De zwaarmoedige ober pakte het geld gewoon op en vertrok afwezig, zijn aandacht alweer op andere zaken gericht. Misschien was z'n vrouw er net vandoor. Het Regency Restaurant mocht dan 'waarschijnlijk' het beste eten van Oxfordshire hebben, zeker was dat het de slechtste bediening had.

Er bleef me niets anders over dan een diepzinnige beschouwing van het groen-met-wit gestreepte behang, dat toen erg in de mode was en waar ik sindsdien een hekel aan heb. Iris bleef uren weg. Toen ze eindelijk tevoorschijn kwam had ze weer een metamorfose ondergaan. Ze leek nu op een pop, een porseleinen pop van Watteau met schoolmeisjeshaar dat daar helemaal niet bij paste. Ze had haar mond onhandig volgesmeerd met lippenstift en haalde nu een stukje papier uit haar tas dat ze onwennig tussen haar lippen nam en happend begon te zoenen. Ik zag dat er iets op stond en vroeg me af of het een liefdesbriefje kon zijn, of een dringend kattebelletje van een of andere bewonderaar. Maar gelukkig stopte ze het niet terug in haar tas; ze maakte er een propje van en liet het op de tafel liggen.

Het motregende en toen ik eindelijk een taxi had weten te bemachtigen was het al over half tien. Het feest was al in volle gang toen we bij St. Antony's aankwamen.

Ik had me erbij neergelegd dat ik met een heel ander meisje naar het feest ging dan ik had gedacht: eentje met felrode lippen die opeens dik en onaantrekkelijk leken. Eerder waren ze me nooit zo opgevallen. Dit meisje zou ongetwijfeld in de smaak vallen bij mijn collega's en hun vriendinnen. Dat was tenminste iets, want ik had geen zin de avond dansend met haar door te brengen. Mijn enige wens was nu dat het zo gauw mogelijk afgelopen zou zijn. Ik was ontzettend blij dat het feest maar tot middernacht duurde.

St. Antony's was vroeger een Anglicaans klooster en gebouwd in 1870. Een steile stenen trap leidde naar de crypte onder de kapel van de nonnen, nu de bibliotheek, waar het feest werd gehouden. Toen we de trap afgingen, struikelde Iris over haar lange jurk, viel, en gleed op haar achterste onelegant een paar treden naar beneden. Mensen die voor en achter ons liepen snelden toe om mij te helpen haar overeind te krijgen. Ik voelde de onwaardige gedachte bij me opkomen dat ze misschien haar enkel verstuikt had; niet erg, maar erg genoeg om haar voor de rest van de avond uit te schakelen. Ze zou vast niet aan de kant willen blijven zitten en dan zou ik haar thuisbrengen. Misschien gingen we op haar kamer nog wat praten.

Er was echter niets met Iris aan de hand. Ze stond op en glimlachte naar degenen die lachend en grappend haar jurk afsloegen. Wat potentiële danspartners betrof was het ijs gebroken. We schoven richting dansvloer terwijl iedereen in het voorbijgaan iets tegen ons zei en ik haar aan een paar mensen voorstelde. Het leek wel of ze nu al nieuwe vrienden had gemaakt. Ze had niets meer van de kalme, introverte dame. Ik maakte onzekere bewegingen ten teken dat ik haar ten dans vroeg en we stortten ons in de gebruikelijke halve omhelzing.

Mijn voeten bewogen onzeker. Ik had dansen wel eens leuk gevonden in nachtclubs, of tijdens weekends in het leger, maar dan was ik altijd al behoorlijk dronken. Nu scheen er tijdens onze bewegingen geen verband te bestaan tussen de verschillende onderdelen van ons lichaam. Iris lachte me bemoedigend toe, maar liet me al gauw los en begon in haar eentje krullen en arabesken met haar armen te draaien. Het zag er nogal aanstellerig en niet erg bevallig uit, maar toch ook ontroerend naïef. Het was duidelijk dat ze even weinig ervaring met dansen *à deux* had als ik. Toen we een paar seconden later evenwel per ongeluk tegen een ander paar opbotsten en de man haar lachend afpakte, versmolt zij onmiddellijk met hem en zag ik hen in perfecte harmonie van me weg zwieren. Het meisje met wie de man had gedanst keek absoluut niet blij, maar zij kon weinig anders doen dan glimlachen toen ik zo goed en zo kwaad als het ging met haar begon rond te tollen. Ik voelde dat het feest zich tegen me begon te keren en dat de kans op succes, wat dat ook geweest moge zijn, onherroepelijk verkeken was.

De band gaf een riedel en hield op. Iris kwam meteen

naar me toe en zag er blij en ontspannen uit. Ze vroeg hoe mijn kamer in het College was, waarop ik vroeg of ze hem even wilde zien, denkend aan de fles champagne die ik 's morgens had gekocht en met twee glazen in mijn kast had gezet. Ze zei dat ze dat heel graag wilde. Ik pakte haar arm toen we de stenen trap opgingen, bang voor een tweede val. Mijn kamer was klein en Spartaans: er stond een bed, een kast, een tafel en een houten stoel. Maar ik had ook een gaskachel, en die deed ik meteen aan. Ik haalde de champagne uit de kast en ik had hem nog niet op tafel gezet of we vielen in elkaars armen.

Het ging net zo natuurlijk als het geven van een arm bij het beklimmen van de trap, of het pakken van mijn hand bij het weggaan uit St. Anne's. We zijn niet meer teruggegaan naar de dansvloer en tot twee uur op mijn kamer gebleven. We konden niet ophouden met praten. Ik had er geen idee van dat ik zo kon praten en ik weet zeker dat zij dat van zichzelf ook niet wist. Het was een eindeloos, kinderlijk gebabbel met onze gezichten dicht bij elkaar. Ik denk dat Iris alleen nog gewend was als filosoof te praten: over woorden moest worden nagedacht, ze moesten gewikt en gewogen worden en voortdurend worden bijgesteld. Nu babbelde ze als een kind. En ik ook. Innig omstrengeld kusten we, wreven onze neuzen tegen elkaar (ik zei dat ik zoveel van haar mopsneusje hield) en kletsten maar door. We vonden ter plekke al pratend een hele nieuwe infantiele taal voor onszelf uit. Ze gooide af en toe haar hoofd achterover en keek me dan aan alsof ze niet kon geloven wat haar overkwam. Zo voelden we ons allebei. Ze leek eindelijk toe te geven aan een diepe behoefte die totaal onbewust gebleven was: de behoefte om niet alleen alle intellectuele kunstgrepen en wedijver opzij te zetten, maar ook al die zaken waarmee volwassen liefde zo vaak gepaard gaat: emotionele krachtmetingen, angsten, begoochelingen en onderworpenheid.

Ze bleef me eindeloos doorvragen over mijn jeugd en vertelde me van alles over de hare. Ze was een gelukkig kind geweest en hield evenveel van haar beide ouders. Ik begreep dat ze haar verwend hadden, maar schijnbaar op een verstandige manier. Haar vader kwam uit Belfast en was een eenvoudige ambtenaar die bijna met pensioen ging. Hij had nooit veel verdiend en haar nooit naar een goede school kunnen sturen, zelfs niet met een beurs, als hij geen geld had geleend. Hij was een voorzichtige en verstandige man, die als een leeuw voor haar opleiding had gevochten. Er kwamen tranen in haar ogen bij het vertellen over de opofferingen die haar ouders zich getroost hadden. Maar we waren te gelukkig en uitgelaten om lang stil te staan bij de feiten van onze kindertijd. Het wonderbaarlijke was alleen dat we plotseling iets van de sfeer uit onze jeugd hadden herontdekt en met elkaar konden delen. Het feest en het dansen, het diner met alles eromheen, het leken allemaal belachelijke volwassen activiteiten die we achter ons gelaten hadden.

Ik wilde haar blote armen van onder tot boven met mijn lippen voelen, mijn neus erlangs wrijven. Zij liet me mijn jasje uittrekken zodat ze hetzelfde kon doen.

'Als we trouwen zouden we dit de hele tijd kunnen doen,' zei ik nogal dwaas.

'We kunnen het bijna altijd doen,' antwoordde zij.

'Ja, maar als...'

Ze snoerde me de mond door me nadrukkelijk te kussen. We bleven lang ineengestrengeld zitten. De fles champagne stond ongeopend op tafel.

Lang lang daarna bladerde ik door haar manuscripten en papieren omdat haar uitgever er iets uit nodig had. Achter in een schrift met aantekeningen voor een roman stonden een paar dagboeknotities, willekeurige observaties, sommige gedateerd. Het waren commentaren op boeken, filosofen en mensen die ze kende, alleen aangeduid met een initiaal. Er stonden ook wat krabbels over studenten en wat haar in hun werk was opgevallen. Een aantekening, gedateerd 3 juni 1954, luidde: 'Feest op St. Antony's. Viel van de trap en schijn ook voor J. gevallen te zijn. We hebben niet veel gedanst.'

Twee

Er leek geen eind te komen aan het veld toen we ons voortsleepten naar de rivier. Het was of het nog nooit zo heet was geweest, hoewel de zon nu achter de wolken was verdwenen en niet meer zo meedogenloos brandde als eerder op de dag. Het hooi was al binnengehaald. Het bruingeblakerde veld was keihard en toch vergeven van molshopen. De aarde binnenin leek op grijze poeder; ik vroeg me af hoe die mollen het voor elkaar hadden gekregen daar een tunnel in te graven. Twee kraaien fladderden loom weg toen we de oever naderden. Ze zeggen dat kraaien heel oud worden, misschien waren het wel dezelfde die we vroeger zagen als we gingen zwemmen.

Ik vond het jammer dat er al gehooid was, als we iets eerder waren geweest hadden we de wilde bloemen tussen het gras nog kunnen zien — scabiosa, witte dovenetel en margrieten. Niet dat het een echt weelderig weidegebied was, waarschijnlijk omdat het kiezelbed van de rivier net onder het maaiveld lag. Er waren diepe grindgaten vlakbij de weg, maar dit was beschermd gebied, een soort planten- en vogelreservaat. Geen visreservaat, want er waren soms een paar vissers die nooit iets zeiden en bijna onzichtbaar tussen het riet zaten.

Er was zoals gewoonlijk niemand op ons plekje. Vroeger zouden we ons zo snel mogelijk uitgekleed hebben en stilletjes het water ingegleden zijn, zoals die eerste keer. Nu moest ik nogal een gevecht leveren om Iris van haar kleren te ontdoen: haar badpak had ik thuis al weten aan te krijgen. Haar instinct schijnt haar tegenwoordig in te geven zich zo min mogelijk uit te kleden. Zelfs met dit vreselijk hete weer was het moeilijk haar ervan te overtuigen dat ze voor het naar bed gaan haar broek en trui uit moest doen.

Ze protesteerde vriendelijk maar heftig toen ik de buitenste laag van haar afpelde. Ze zag er ongemakkelijk en angstig uit in haar armoedige oude badpak (tweedelig, met een rokje en los bovenstuk), haar sokken kringelden om haar enkels. Die wilde ze met alle geweld aanhouden, dus gaf ik het maar op. Er tufte een plezierboot langs, op het dek lag een elegant meisje in bikini te zonnen, achter het stuurwiel zat een jongeman in een korte witte broek. Ze draaiden zich allebei naar ons om alsof ze hun ogen niet konden geloven. Het zou me niets verbaasd hebben als ze in ongemanierd lachen waren uitgebarsten, want het moet een komisch tafereel geweest zijn – een oude man die verwoede pogingen doet kledingstukken uit te trekken bij een oude dame met een inwitte huid en blond haar dat niet bij haar leeftijd past.

Het is bekend dat Alzheimerpatiënten niet altijd even aardig zijn. Maar Iris blijft in vele opzichten haar oude zelf. Haar concentratievermogen is weg, ze kan geen samenhangende zinnen meer vormen en heeft geen idee waar ze is of geweest is. Ze weet niet dat ze zesentwintig opmerkelijke romans en een aantal filosofische boeken geschreven heeft; niet dat ze eredoctoraten van belangrijke universiteiten heeft gekregen; niet dat ze *Dame of the British Empire* is. Als een bewonderaar of een vriend haar vraagt een van haar boeken te signeren, kijkt ze blij verrast, voordat ze er moeizaam haar naam in zet en, als ze dat nog kan, de naam van de persoon in kwestie: 'Voor Georgina Smith.' 'Voor lieve Reggie.' Het duurt even, maar de letters worden nog steeds met zorg gevormd en ze lijken op een surrealistische manier op haar oude handschrift. Ze wil iedereen altijd graag een plezier doen. Ze is nog even zachtaardig als vroeger.

Eenmaal te water klaarde Iris een beetje op. Het was bijna te warm, nauwelijks verfrissend. Maar de oude troebele traag stromende heerlijkheid had nog steeds dezelfde weldadige uitwerking. Terwijl we rustig heen en weer peddelden, glimlachten we gelukzalig naar elkaar. Kleine helderblauwe libellen hingen bewegingloos boven plompenbladeren met hier en daar een vette gele bloem. Ze schommelden zachtjes als er een boot langskwam. Het water was koeler als we naar het midden zwommen, maar we gingen niet te ver. Ik keek naar beneden en zag in de bruinachtige diepte de beweging van haar modderige voeten, de sokken nog steeds aan. Kleine visjes zwommen nieuwsgierig om haar heen en ik voelde hoe ze ook voorzichtig mijn blote huid onderzochten.

Als er vroeger weinig verkeer op de rivier was, zwommen we rechtstreeks naar de overkant, zo'n honderd meter, en weer terug. Nu durfde ik dat niet meer aan, bang dat de immer op de loer liggende angst halverwege de kop op zou steken. Die slaat over op de verzorger van de Alzheimerpatiënt. Niet dat Iris er niet toe in staat was, ze zwom nog steeds als een vis. Sinds we onszelf hier vierenveertig jaar geleden voor het eerst te water lieten, hebben we wanneer en waar we maar konden in zeeën, meren, rivieren, poelen en vijvers gezwommen.

Ik moest denken aan die keer in Perth, Australië, toen we het zelfs aandurfden in de rivier de Swan te zwemmen. Daarvoor moesten we van een drukke hoofdweg een schuine betonnen helling afklauteren. De beroemde Swanbrouwerij was net om de bocht van de brede rivier; het water dat voorbijstroomde zag er op z'n zachtst gezegd eigenaardig uit, maar we zwommen heerlijk. Als we naar boven keken zagen we de verbaasde gezichten van automobilisten die waarschijnlijk afkeurden wat we deden. Er was wel een zwembad in het hotel waar de universiteit ons had ondergebracht, maar dat was niet hetzelfde. Er lagen altijd imposante Australische dames te zonnen. We maakten er nooit gebruik van: we waren te verlegen denk ik.

Het zwemmen op zich was voor Iris niet het belangrijkst. Ze zwom nooit snel en krachtig of met overdreven slagen. Ze vond het gewoon heerlijk om in het water te zijn.

Ze is twee keer bijna verdronken. Door de angst die nu ons leven is binnengeslopen, moest ik daaraan denken toen we terugzwommen naar de oever om eruit te klauteren. Dat was altijd al een moeilijker en minder elegante operatie geweest dan erin glijden, maar in het verleden deden we het zonder erbij na te denken. De rivier is bij de oever net zo diep als in het midden, de oever zelf is ondergraven door de stroom. Hij glooit een beetje op ons plekje en in de zachte klei staan vaak hoefafdrukken van het vee dat er komt drinken. Ik hees mezelf er het eerst uit en draaide me om om Iris te helpen. Bij het vastgrijpen van mijn handen werd haar gezicht kinderlijk bang. Dat gebeurt de laatste tijd wel vaker en die angst slaat dan ook over op mij. Ik zag ineens voor me hoe haar armspieren het zouden begeven, hoe ze zou terugglijden in de diepte, plotseling niet meer kon zwemmen en hoe het water in haar mond zou stromen terwijl ze me geluidloos probeerde te roepen. Ik wist ineens dat we hier nooit meer terug moesten komen.

Het paniekmoment ging voorbij, het soort paniek dat we nog niet kenden toen we tien of vijftien jaar geleden met een vriend, de kunstenaar Reynolds Stone, vlakbij de Chesil Bank in Dorset gingen zwemmen. De Stones woonden een paar mijl landinwaards. 's Zomers gingen we regelmatig naar het grote langwerpige binnenmeer van de zee, dat zich uitstrekt van Portland Bill tot Bridport en Lyme Regis. Het getij heeft daar een massieve dam van grijze kiezelstenen opgeworpen. Als je westwaarts loopt worden de stenen steeds kleiner, alsof ze met de hand zijn gesorteerd, om twaalf mijl verderop te eindigen in grof zand. Het is er bij hoogwater erg gevaarlijk en zelfs met rustig weer is het door de zuigkracht van de onderstroom riskant om er te zwemmen. Reynolds was een vriendelijke en enigszins afwezige man die zelf nergens bang voor leek en ons dan ook niet gewaarschuwd had. Hij was zich misschien niet eens van gevaar bewust. We liepen altijd allemaal tegelijk pratend en lachend de zee in. Ook op die bewuste dag toen Iris de golfslag miste die ons op de stenen terug zou gooien. Terwijl Reynolds en ik al weer over Piero en Cézanne liepen te praten, de twee kunstenaars die hij het meest bewonderde, werd zij teruggezogen. We hadden allebei niets in de gaten. Terwijl we voorzichtig over de stenen naar onze kleren liepen, draaide ik me om om Iris in het gesprek te betrekken. Ze was nergens te zien. Het volgende moment was ze er weer. Ik hielp haar over de keien terwijl Reynolds onverstoorbaar door praatte.

Ze vertelde me pas later wat ze had gevoeld op het moment dat ze naar beneden werd gezogen: verbijsterd ongeloof en doodsangst. Het was er direct heel diep, maar ze hield haar mond instinctief stijf dicht en een seconde daarna had de volgende golf haar alweer aan land geworpen. Als ze in paniek was geraakt en water had binnen gekregen, zou de verraderlijke onderstroom haar bij de volgende deining verder de zee in hebben gesleurd. En dan zou ze, omdat ze niet gewend was krachtig te zwemmen, in een paar seconden verdronken zijn.

Ze zei er niets over tot we in bed lagen. Ze was over

de schrik heen, de ervaring fascineerde haar nu en ze wilde haar opwinding met mij delen. 'Het komt in mijn volgende roman,' zei ze en zo gebeurde het.

Toen ze eenmaal bekend was, sprak ze nooit in het openbaar over de roman waaraan ze werkte; ook niet met haar vrienden; zelfs bijna niet met mij. Ze antwoordde wel als je haar ernaar vroeg, maar daar hield ik al gauw mee op. Een van de grootste en geruststellendste vreugden van het huwelijk is een bepaald soort eenzaamheid. Ik bleef Engels geven aan de universiteit en af en toe schreef ik een kritiek. Iris hield al gauw op met lesgeven aan St. Anne's — de emotionele druk van die gemeenschap had daar misschien iets mee te maken — en ging haar eigen fantastische wereld binnen. Zij gebruikte haar intellect nu creatief; in haar romans werden diepgaande bespiegelingen en pure literaire spanning even belangrijk. Voor elk wat wils — zoals ze al gezegd had toen we daar laat op de avond naast onze fietsen stonden.

Soms vroeg ze me iets over een of ander technisch detail dat ze in haar roman wilde verwerken. De ene keer was het iets over automatische pistolen — dat was makkelijk omdat ik in dienst gezeten had — dan weer ging het over auto's of wijn of wat voor eten bij een bepaald personage zou passen. De held in *The Sea, the Sea* moest er van haar bijvoorbeeld buitenissige eetgewoonten op nahouden. Dan droeg ik met het grootste plezier rare combinaties aan waar hij dol op zou kunnen zijn: haverzemelen met gekookte uien, gebakken knoflook met sardines, mango uit blik met stilton. Sommige kwamen in de roman terecht. Toen *The Sea, the Sea* de begeerde Bookerprijs won, zei de eminente filosoof A.J. Ayer bij de prijsuitreiking dat hij in het boek van alles ontzettend genoten had, behalve van het eten.

Ik heb maar aan één boek van Iris een kleine bijdrage geleverd en dat was lang geleden. Het was in haar vierde roman, *The Bell*. Ze vroeg me, waarom weet ik niet meer, of ik het eerste hoofdstuk wilde lezen. De opening is een van de puntigste die ze ooit heeft geschreven. Ze gebruikte nooit een schrijfmachine en in de eerste met de hand geschreven versie luidden de beginzinnen: 'Dora Greenfield verliet haar man omdat ze bang voor hem was. Een jaar later kwam ze om dezelfde reden bij hem terug.' Ik vond die met de deur in huis vallende beknoptheid fantastisch, zoals menig lezer na mij, want de zinnen bleven goeddeels ongewijzigd. Maar doorlezend werd ik dermate nieuwsgierig naar de jonge Dora en haar man Paul, dat ik in de eerste bladzijden niet bevredigd werd. Ze waren als karakters zo boeiend dat ik onmiddellijk meer over hen wilde weten, al was het maar een hint die duidde op een mogelijke ontwikkeling. Zoiets zei ik tegen Iris, waarop zij zei: 'Goed, schrijf jij dan maar iets voor me.' Ik denk dat ze zelf ook al gevoeld had wat ik als lezer onder woorden bracht. We waren het intuïtief met elkaar eens.

Zelf was ik in die tijd met onderzoek bezig voor een boek dat later *The Characters of Love* zou gaan heten. Ik was totaal in de ban van Henry James, die ooit tegen een vriend zei dat hij al 'een pittig examen' zou kunnen afleggen over een van de dames in de roman waar hij aan bezig was. Hij vond dat de auteur in een vroeg stadium iets over een sterke persoonlijkheid moest loslaten, 'een voorafspiegeling van wat gaat komen'. Met deze gedachte, en zeer gevleid door Iris' voorstel, probeerde ik iets op papier te krijgen waaruit zou blijken wat er met Dora en haar man *zou* kunnen gebeuren, zelfs al kwam het niet in het boek.

Ik had het idee dat hij als echtgenoot een diepe behoefte aan kinderen had, al was hij zich dat misschien niet eens bewust, terwijl zij — veel jonger dan hij — daar nog niet aan toe was. Ik schreef op dat zij het niettemin in zich had 'een alerte en eigenzinnige moeder' te worden en ik suggereerde dat het moederschap haar de mogelijkheid zou geven haar positie tegenover Paul te versterken. Hoewel ze er niet aan moest denken plotseling 'twee mensen te worden' had ze, passief als ze was, geen voorzorgsmaatregelen genomen om niet zwanger te raken. Ze was bij haar man teruggekomen als een soort bange slaapwandelaarster. Ze vertrouwde er onbewust op dat haar angsten haar 'van het ene op het andere ogenblik als een klein diertje konden laten wegglippen'. Omdat ze bang voor hem was, begeerde ze hem ook. En ze voelde dat hij het in zich had haar van haar angsten te bevrijden.

Zoiets had ik op papier gezet en de lange alinea staat nog steeds op pagina tien van de eerste druk. De stijl is iets te jamesiaans en past eigenlijk niet bij de onnavolgbaar eigen stijl van Iris, maar toch heeft hij misschien de functie alternatieven aan te dragen en open ruimtes te creëren die binnen de speelruimte van de roman niet per se benut hoeven te worden. Het thema van de roman is het verlangen naar en het najagen van een spiritueel leven, of dat nu echt is of vals. Ik had verder niets bij te dragen aan Iris' ongelooflijke inlevingsvermogen voor de hunkeringen van sommige mensen en het gedrag dat daaruit voortvloeit. Ik begrijp eerlijk gezegd weinig van geestelijk leven, maar dat heeft me er nooit van weerhouden een hartstochtelijke bewonderaar van Iris' romans te zijn. Ik las ze altijd pas nadat ze gepubliceerd waren. *The Bell* was een uitzondering, althans het eerste deel ervan.

Aanvoelen wat zich in Iris' geest zou kunnen afspelen, al kon ik er niet in doordringen, moet zich vroeg in onze relatie ontwikkeld hebben. Onze intuïtieve verstandhouding was voldoende om over het begin van *The Bell* van gedachten te kunnen wisselen. Ik herinner me nog goed dat me dat ineens duidelijk werd. Op dat moment in ons huwelijk was ik onze harmonieuze verstandhouding al als iets vanzelfsprekends gaan beschouwen, zoals water en lucht. We zaten al in dat vreemde en weldadige proces dat echtelieden 'dichter en dichter uiteendrijft', in de woorden van de Australische dichter A.D. Hope. Als ieder zijn eigen gang gaat, kan dat onderdeel zijn van de intimiteit, misschien is het er zelfs de bevestiging van; het kan alleen maar als je elkaar volkomen begrijpt. Er gaat niets dreigends of bemoeizuchtigs uit van zo'n verstandhouding. Het is iets anders dan wat echtgenoten bedoelen als ze tegen een vertroeweling of hun psychiater zeggen dat hun partner hen niet begrijpt. Dat betekent gewoonlijk dat een partner de ander maar al te goed begrijpt en daar weinig vreugde aan beleeft.

Binnen het huwelijk je eigen gang gaan heeft evenmin iets te maken met wat de Fransen *solitude à deux* noemen. Daarmee wordt een zelfgekozen isolement van een echtpaar bedoeld; hun leven is totaal naar binnen gericht en sluit zich af voor alles wat zich in de buitenwereld afspeelt. De eenzaamheid waar ik van genoten heb binnen mijn huwelijk, en Iris denk ik ook, lijkt een beetje op een wandeling in je eentje, terwijl je weet dat je hem morgen of in ieder geval gauw met de ander gaat maken, maar je vindt het ook niet erg als je hem weer alleen moet maken. Het is het soort eenzaamheid waardoor je opener staat voor dingen of mensen buiten het huwelijk omdat er ruimte is voor eventuele intimiteit met anderen.

In goede verstandhouding los van elkaar opereren is iets wat moet groeien, het is iets heel anders dan de opwindende fascinatie voor de onbekendheid van de ander waarmee verliefdheid gepaard gaat. Naarmate ik Iris beter leerde kennen, begreep ik steeds minder van haar. En al gauw wilde ik haar niet eens meer begrijpen. Destijds zag ik dat niet zo, maar ik weet nu dat ik in een soort sprookje leefde — maar dan een met een sinistere ondertoon en wellicht zonder gelukkig einde. Een sprookje waarin een jonge man van een schone maagd houdt die zijn liefde weliswaar beantwoordt, maar die altijd weer verdwijnt naar een of andere, onbekende, mysterieuze wereld waarover ze niets onthult.

Op het laatst maakt hij een verschrikkelijke fout en verdwijnt ze voorgoed. Na al die jaren lijkt de vergelijking min of meer op te gaan, al klinkt dat misschien bizar. Iris *verdween* ook altijd, om haar vrienden te 'zien'. Al snel begon ik me af te vragen wat ze precies met 'zien' bedoelde; in tegenstelling tot het meisje in het sprookje, was ze er heel open over. Ik wist hoe haar vrienden heetten; ik stelde me voor hoe ze eruitzagen; maar ik kreeg ze in de begintijd nooit te zien.

Het leken er ook zo veel te zijn. In zekere zin bevonden ze zich in dezelfde positie als ik. Iris scheen aan ieder zeer persoonlijk verknocht. Ongetwijfeld op heel veel verschillende manieren. Ik kon alleen maar hopen dat ze met die anderen niet zo omging als met mij: met mij babbelde ze als een kind en mij kuste ze. Deze Iris was zo anders dan het ernstige wezen dat ik op de fiets had gezien, of op dat eerste feestje, dat ik me wel eens afvroeg wat er geworden was van de vrouw waar ik, zoals ik toen geloofde, verliefd op was geworden. Gek genoeg had ik me onze toekomst net zo ernstig voorgesteld. Een ongelooflijk serieuze aangelegenheid, met alleen wij tweeën natuurlijk, want niemand ter wereld zou ook maar de geringste belangstelling voor ons hebben. We waren voor elkaar geschapen en zouden daarin onze vervulling vinden.

Ik was dol op het vrolijke kindvrouwtje waarin ze veranderde zodra ze bij mij was, maar ik moest mezelf soms ook bekennen — en daar werd ik wel eens treurig van — dat ze ook wezenlijk onwerkelijk was, net zoals het meisje in het sprookje. Dit kon de echte Iris niet zijn. Met het inzicht achteraf waar ook de parallel met het sprookje uit voortkomt, denk ik nu dat ik Iris zonder het te weten de ruimte heb gegeven voor een alternatieve persoonlijkheid: een onverantwoordelijke, zelfs escapistische persona (escapist was een woord dat veel gebruikt werd in die dagen, altijd met een afkeurend hoofdschudden) waarvan ze zelf niet wist dat ze daar behoefte aan had. Ik was me er evenmin van bewust dat ik degene was die hem haar had aangereikt. Ik voelde dat ik verliefd was; dat wist ik echt heel zeker; en ik was er in mijn onschuld van overtuigd dat dat het belangrijkste was in ons leven, hoewel Iris nooit iets zei waaruit bleek dat zij er ook zo over dacht. De Iris met wie ik onzin kon uitkramen en kon stoeien, de vrouw die zich vol overgave in dat soort lol kon storten, was verrukkelijk; en toch moest ik er steeds aan denken dat ze niet degene was die ik voor het eerst gezien en uitverkoren had. Ook was dit niet de 'echte' Iris Murdoch, het serieuze, hardwerkende en verantwoordelijke wezen, zoals ze gezien werd door andere mensen.

Toen onze relatie serieuzer werd en we ons ervan bewust werden dat we onvermijdelijk afstevenden op een scheiding of een oplossing met onbekende afloop, had Iris het een paar keer over de mythe van Proteus. Dat was dan als reactie op mijn wanhopige opmerking dat ik niets van haar begreep, of van degene die ze werd als ze bij een van die vele anderen was met wie ze, in mijn ogen, hopeloos ingewikkelde relaties had. 'Denk maar aan Proteus,' zei ze dan.

'Houd me maar stevig vast, dan komt alles goed.' Proteus kon veranderen in wat hij maar wilde — een leeuw, een slang, een monster, een vis — maar als Hercules hem tijdens die gedaanteverwisselingen maar stevig genoeg vasthield, was hij uiteindelijk gedwongen zich over te geven en zijn gewone mensengedaante weer aan te nemen.

Ik antwoordde somber dat ik geen Hercules was en niet over zijn spierkracht of vasthoudendheid beschikte. Dan moesten we lachen en vielen we al weer snel terug op dat kinderlijke zelf dat we als geheim met elkaar deelden, dat we zomaar ontdekt hadden, net als het plekje waar we voor het eerst door het dichte groen naar de rivier waren gekropen.

Die dag was het keerpunt in onze relatie geweest, hoewel ik dat pas veel later ben gaan inzien. Op die dag liet ze me namelijk binnen in een andere vriendschap door aan Maurice Charlton te vragen of ik ook mocht komen, hoewel hij de lunch als een tête-à-tête had bedoeld. Hij had zich daar, zoals ik al zei, op een bewonderenswaardige manier doorheen geslagen. Als hij al teleurgesteld was, liet hij daar niets van merken. Ik zag hem dan ook niet als een rivaal en vond het helemaal niet erg dat hij spontaan deelgenoot werd van de relatie tussen Iris en mij. Het had allemaal volkomen natuurlijk aangevoeld.

Ik heb nooit aan Iris gevraagd hoe het kwam dat ik erbij mocht zijn. Dat zou niet in me opgekomen zijn. Nu is het natuurlijk te laat. Iris is die lunch, het fietstochtje, het zwemmen en zelfs Maurice Charlton vergeten. Ik heb het wel eens naar voren gebracht met als enige reactie haar aandoenlijk gespannen poging te begrijpen waar ik het nu weer over had. En toch denk ik dat ze Maurice Charlton of welke vriend dan ook uit die tijd, zou herkennen als hij in levenden lijve voor haar zou staan. Het geheugen mag dan niet meer tot herinneren in staat zijn, het geheimzinnige mechanisme waardoor we iets of iemand kunnen identificeren, blijft nog lang nadat Alzheimer heeft toegeslagen intact.

Een vrouw die ik wel eens tegenkom, die ook getrouwd is met een Alzheimerpatiënt, had een keer zin in een opmonterende uitwisseling van ervaringen. 'Het is of je aan een lijk geketend bent, vind je niet?' merkte ze vrolijk op. Ik gaf haar op dezelfde luchtige toon gelijk maar had weinig zin de metafoor uit te diepen. 'Een heel dierbaar lijk natuurlijk,' corrigeerde ze zichzelf, me schalks aankijkend, alsof ze daarmee wilde zeggen dat ik blij mocht zijn dat ik bij haar het gebruikelijke respect waarmee we erover horen te praten, kon laten varen.

Maar daar was ik helemaal niet blij mee. Ik kon de gedachte niet verdragen dat de ziekte van Iris ook maar iets te maken had met de man van dit vrolijke vrouwtje. Ze was op haar manier ongetwijfeld heldhaftig, maar hoe kon je deze twee gevallen vergelijken? Iris was Iris.

Moeilijkheden brengen mensen niet per se nader tot elkaar. Ik voelde geen enkele saamhorigheid. Deze dame wilde — moest — haar toestand dramatiseren en claimde mij als medeacteur. Ik voelde daar niets voor maar speelde het spelletje uit beleefdheid even mee. Mijn eigen situatie voelde heel anders aan dan de hare. Dat is geen ongewone reactie voor de partners van Alzheimerpatiënten, heb ik begrepen. Het is heel erg belangrijk om het idee te hebben dat de unieke individualiteit van je wederhelft niet geheel is opgelost in de algemene symptomen van een klinische ziektebeschrijving.

Toch bleef het beeld van het geketende lijk in me rondspoken. Er is een verhaal van Thomas Hardy — een van die sobere ironische verhalen, waar de schrijver kennelijk dol op was — dat 'On the Western Circuit' heet. Daarin ontmoet een jonge advocaat, op rondreis met de districtsrechter, een plattelandsmeisje. Ze worden verliefd en hij maakt haar zwanger. Omdat zij analfabeet is, smeekt ze de sympathieke mevrouw bij wie ze dienstmeisje is, brieven voor haar te schrijven. Haar werkgeefster doet het en wordt door de correspondentie zelf verliefd op de jongeman, terwijl hij, in plaats van zich los te maken uit de hachelijke toestand, zoals hij van plan was, zo bekoord wordt door de slimme en liefdevolle briefjes van het meisje, dat hij besluit met haar te trouwen. De afloop is voorspelbaar en karakteristiek voor Hardy, maar niettemin ontroerend. Het huwelijk wordt gesloten in Londen en tijdens de enige ontmoeting tussen de werkgeefster van het meisje en de jongeman ontdekt hij hoe de ongewilde intimiteit tussen hen is ontstaan. Daarna keert zij terug naar haar eenzame, dorre huwelijk in Wessex. De liefdesbrieven die zij geschreven had maakten hem verliefd op haar, niet op het meisje. Het arme kind wordt radeloos als haar man haar vraagt een bedankbriefje te schrijven aan een van de gasten. Zij valt door de mand en hij moet een toekomst onder ogen zien waarin hij geketend is aan de verkeerde partner. Zij zijn als twee galeislaven tot elkaar veroordeeld. Hardy's grimmige metafoor sloeg ongetwijfeld zowel op zijn eigen leven als op dat van zijn jonge held.

Het verhaal kwam bij me op door de vraag van de vrouw van de Alzheimerpatiënt. Onze eigen omstandigheden waren uiteraard heel anders. Het lot had ons niet op die manier te pakken genomen. We hadden onze partners jarenlang als gelijken gekend; we hadden met elkaar gepraat en naar elkaar geluisterd tot het communiceren geleidelijk aan minder was geworden, in stamelen verzandde, en op het laatst vrijwel onmogelijk was. Woorden hadden afgedaan. Een Alzheimerpatiënt begint vaak met een zin, gewoonlijk met een angstig herhaalde vraag, maar die blijft onafgemaakt, de behoefte kan niet langer verwoord worden. Meestal is die voorspelbaar en gemakkelijk te bevredigen, maar Iris begint ook talloze keren per dag een zin met bijvoorbeeld: 'Weet je, die man,' of alleen maar 'Dat...', en dan is het niet eenvoudig erachter te komen wat ze bedoelt. Vaak kom ik er niet uit. Misschien is er een onidentificeerbare man of vrouw uit het verleden in haar geest boven komen drijven, alsof ze die gisteren was tegengekomen. Op die momenten voel ik mijn eigen geheugen haperen; dan is het alsof er iets van mij verwacht wordt dat ik niet kan waarmaken.

Grappen kunnen dan vaak redding brengen. Het lijkt wel of humor alles overleeft. Een plotselinge lach, flarden rijmelarij, een liedje, plagerige onzinrituelen die vroeger liefdevol uitgewisseld werden, dat alles kan ineens een blije reactie teweegbrengen, en een stralende glimlach, die me altijd doet denken aan het eerste contact tussen ontdekkingsreizigers en inboorlingen als de blanke door een clowneske pantomime de inboorlingen aan het lachen weet te krijgen.

Op gezellige momenten, bij de borrel of in de auto, zit Iris soms vol zelfvertrouwen vrolijk voor zich uit te kwetteren. Ze is niet te volgen maar is er volledig van overtuigd dat er een geanimeerde uitwisseling plaatsvindt. Soms laat ik mijn eigen ongecoördineerde gedachten dan ook de vrije loop en antwoord met even rare zinnen of verhaspelde citaten. 'De Chersonesische tiran was vrijheids meest geduchte vriend,' zeg ik bijvoorbeeld met een veelbetekenende blik. Dan knikt ze ernstig en glimlacht samenzweerderig, alsof Byrons galmende dichtregel uit 'The Isles of Greece' ook haar alles zegt.

Onze manier van communiceren lijkt op onderwatersonar. De een zendt een puls uit naar de ander en wacht op een echo. Als ik totaal geen idee heb wat ze bedoelt of over wie of wat ze het heeft, begint ze soms te huilen en wordt bang, maar goddank nooit woedend, zoals zoveel Alzheimerpatiënten. Haar frustratie kan soms weer verdwijnen als ik mijn eigen hulpeloosheid op een grappige manier overdrijf, alsof we allebei niet uit onze woorden kunnen komen.

Op goede momenten lijkt Iris minder moeite met praten te hebben dan ik. Dan doet ze me denken aan de zwaluwen die we vanuit ons slaapkamerraam konden horen toen we nog op het platteland woonden. Ze zaten altijd op een rijtje op een telefoondraad geanimeerd met elkaar te converseren en hun kwetterende gesprekken eindigden met iets dat klonk als '*Weatherby*'. Zo noemden we ze ook. Nu plaag ik Iris daar wel eens mee. 'Je lijkt wel een Weatherby, zo zit je te kwetteren,' zeg ik dan. Ze vindt het leuk om geplaagd te worden, maar als ik er iets teders aan toevoeg, zoals: 'Ik vind het heerlijk om naar je te luisteren,' betrekt haar gezicht. Ze voelt altijd onmiddellijk het verschil tussen zomaar een grap of regelrecht geplaag en een zorgzame of liefhebbende toon die bedoeld is om haar gerust te stellen.

Dit klinkt allemaal nogal opgewekt, maar ze heeft de meeste dagen iets wanhopigs, hoewel wanhoop een bewuste staat suggereert, terwijl zij een leegte voelt die haar beangstigt doordat hij eindeloos is. Ze mompelt: 'Ik ben gek,' of: 'Waarom heb ik niet...?' of: 'Ik moet...' en dan probeer ik de schijn te wekken het probleem op te lossen door vlug te zeggen dat we een brief moeten posten, een blokje om, of inkopen doen met de auto. Iets dringends, iets dat verstandig handelen en routine suggereert. Dominee Sidney Smith, een verlicht predikant ten tijde van Jane Austen, spoorde parochianen in de greep van een depressie aan om 'kortzichtig te leven – niet verder te kijken dan het middagmaal of het avondeten'. Ik heb dat vaak tegen Iris gezegd toen de moeilijkheden begonnen, alsof het een voorschrift was dat van alles zou oplossen als je je er maar aan hield. Ik roep het voor de grap nog wel eens, als een soort toverformule, om haar aan het lachen te krijgen, wat soms lukt als ik er een beetje raar bij doe, er een act van maak hoe je 'kortzichtig' kunt leven. Ik doe het al lang niet meer om begrepen te worden, maar om die lach tevoorschijn te toveren.

Het blijft de moeite waard om dat steeds weer te proberen. Het verandert haar, ze krijgt haar oude gezicht terug, maar het lijkt wel of er een bijna bovennatuurlijke glans aan toegevoegd is. Het gezicht van de Alzheimerpatiënt is klinisch beschreven als een 'leeuwengezicht' – dat lijkt een rare vergelijking, maar het klopt. De gelaatstrekken verstarren tot een passiviteit die aan het brede, expressieloze masker van de koning der dieren doet denken, zoals je dat wel ziet bij beelden en op schilderijen. Het gezicht heeft geen tragische maar ook geen komische uitdrukking, wat soms bij andere vormen van dementie het geval is. Bij dat soort patiënten staan menselijke emoties bijna karikaturaal op hun gezicht geschreven. Het Alzheimergezicht verwijst alleen naar een afwezigheid: het is in de meest letterlijke zin van het woord een masker.

Daarom is een plotseling verschijnende glimlach zo bijzonder. Het leeuwengezicht verandert dan in het gezicht van de maagd Maria, met dezelfde ernst die zo'n glimlach in de kunst zijn diepere betekenis geeft. De maagd Maria heeft alle reden om te glimlachen. Ze presideert tenslotte over de grap der grappen, dat prachtige verzonnen verhaal, wereldwijd bewerkt en herhaald.

De grap is het laatste dat schijnt door te dringen in

het bewustijn van een geatrofieerd brein. De laatste tijd moet Iris het meest lachen om een flauw kinderrijmpje dat met een andere Maria te maken heeft. Ik was het helemaal vergeten, maar ineens was het er weer, op een dag dat ik Iris wilde opvrolijken.

> *Maria had een kleine ree*
> *Die volgde haar gedwee*
> *En wat Maria ook maar dee*
> *Haar reetje deed het mee.*

Dan moet Iris niet alleen glimlachen, ze ziet er zo geconcentreerd uit dat het lijkt of ze doorheeft waar het om gaat. Ergens in de verlaten domeinen van haar brein worden oude contacten geactiveerd, draden doorverbonden. Er is een betekenis ontsluierd en dat schijnt alleen te gebeuren door middel van grappen. Vooral slechte grappen, het soort dat ze vroeger welwillend glimlachend, maar met enigszins gegeneerde verdraagzaamheid zou hebben aangehoord. Iris had een hekel aan schuine moppen, ze hoorde ze liever niet. Misschien vindt ze de onschuld van het reetje leuk – wie zal zeggen welke subtiele gevoelens uit het verleden teruggeroepen kunnen worden door zoiets flauws maar toch ook ontroerends, als dat rijmpje? Mijn eigen geheugen had het, zoals zo vaak gebeurt, tegen mijn wil opgeslagen. Ik kon me ineens weer voor de geest halen hoe een jongetje op school, dat ik nogal afstotend vond, het rijmpje met een zelfvoldane blik opzei, zeker van succes. Ik besloot ter plekke het onmiddellijk te vergeten, maar daar was het weer, uit het niets.

Toen ik de gedenkwaardige regel van Byron aanhaalde, over de oude Griekse held Miltiades, de tiran van de Chersonesos en overwinnaar in de slag bij Marathon, moest ik onwillekeurig weer denken aan Maurice Charlton omdat hij zo'n uitmuntend classicus was geweest voor hij dokter werd. Iris had hem ongetwijfeld bewonderd, zoals ze altijd bewondering had voor kundige en geleerde mensen. Zou hij die warme zomermiddag werkelijk verleidingsplannen hebben gehad? En werden die door zijn eigen hoffelijkheid gedwarsboomd toen hij inging op haar voorstel mij ook uit te nodigen? Ik weet het nog steeds niet. Ik was toen wel heel onnozel, maar ik wist toen al wel dat Iris allerlei minnaars had, vaak zelfs tegelijkertijd. Ik wist intuïtief ook – hoe weet ik niet, maar het bleek redelijk te kloppen – dat ze haar gunsten gaf uit bewondering voor wat zij beschouwde als goddelijke eigenschappen en zich niet op een conventionele manier seksueel aangetrokken voelde tot de mannen die achter haar aan zaten. Ze moest mannen zien als goden om ze erotisch te vinden, maar seks was voor haar een bijkomstigheid, nooit een doel op zich.

Drie

Ik maakte me geen enkele illusie over mijn eigen goddelijkheid. Ik wist dat ze graag bij mij wilde zijn om zich niet altijd volwassen te hoeven gedragen. Toen ze merkte dat ik haar met kinderlijke gretigheid was gaan begeren, ging ze daar teder mee om. Ze voelde dat ik zo goed als geen ervaring in de liefde had (wat absurd ouderwets klinkt dat nu) en nog voor onze eerste zwempartij zei ze op een dag ineens opgewekt: 'Misschien is het tijd om met elkaar naar bed te gaan.' Ze leerde me hoe het moest, maar omdat ik geen condoom bij me had (het kopen ervan ging met veel schuldgevoel en geheimzinnigheid gepaard) mocht ik niet te ver gaan. De keren daarna waren we beter toegerust en de volstrekt ongecompliceerde en onserieuze manier waarop we de voorbereidingen troffen deed niets af aan de onbekende betovering. Het was raar om komische voorzorgsmaatregelen te moeten nemen met iemand waar je werkelijk van hield. Het was een grappige paradox, maar ik vond het absoluut niet erg.

Wel erg was dat ik me steeds meer begon te realiseren dat ik lang niet de enige was met wie ze naar bed ging. Net als met mij gebeurde het waarschijnlijk alleen af en toe: ze had het veel te druk om er bij wijze van spreken een gewoonte van te maken. Maar voor mij was het in die tijd alsof ze nederig ter beschikking stond van die goddelijke oudere mannen, die zij 'zag' wanneer het hen uitkwam. Ik begon vaag te vermoeden dat het met haar creativiteit te maken had – ze deed het om haar fantasie te voeden en het was bijna alsof ze deze – in mijn ogen masochistische – reisjes naar Londen wilde maken om haar verbeelding in de juiste stemming te brengen. Ze ging voornamelijk naar Hampstead, waar de meeste van haar vrienden woonden en voor mij was dat daarom het hoofdkwartier van de boze goden.

Naarmate mijn gevoelens sterker werden, begon ik de hele gang van zaken in een absurd luguber licht te zien. In werkelijkheid waren de mensen die Iris bezocht net zomin goden als demonen, maar intellectuelen, schrijvers en schilders. Het waren voornamelijk joodse vluchtelingen die elkaar kenden en een soort losse groep vormden, met de daarbijbehorende rivaliteit, jaloezie en machtsstrijd. Zij waren allemaal zeer op Iris gesteld en accepteerden haar als een van hen, hoewel ze natuurlijk toch een buitenstaander bleef, al was het maar omdat ze deel uitmaakte van die banale universitaire wereld die ver buiten hun aandachtsveld lag. In de loop der jaren leerde ik de meeste van hen kennen en kon ik goed met ze opschieten; achteraf keek ik verbaasd en geamuseerd terug op de emotionele stormen die zij in mij teweeg hadden gebracht.

Iris liet haar fantasie op deze uitzonderlijke mensen los en had ze daarom als het ware zelf gecreëerd. In haar tweede roman, *The Flight from the Enchanter*, uit 1956, werd me voor het eerst duidelijk hoe haar geniale verbeelding werkte, hoe zij de werkelijkheid voor haar eigen mysterieuze doeleinden naar haar hand zette. Ook voor de overvolle, complexe werelden in haar latere romans, putte ze via de distilleerkolf van haar fantasie uit die betoverde periode met z'n obsessies.

Maurice Charlton was uit heel ander hout gesneden. Zijn zonnige karakter hoorde voor mij voor altijd bij die verrukkelijk warme zomer in Oxford, ondanks dat sombere, exotische appartement, waar hij zelf deel leek uit te maken van een betoverde wereld, te midden van zwaar glanzend zilver en hoge groene, Venetiaanse glazen. Tijdens je eerste verliefdheid heb je het gevoel aan alle kanten omringd, ja zelfs overvallen te worden door onverwachte en onsamenhangende romantische symbolen. De dag waarop we voor het eerst op bezoek gingen bij Charlton was het keerpunt in Iris' houding ten opzichte van mij, hoewel dat toen niet onmiddellijk tot mij doordrong. Door het zwemmen en de lunch was ik destijds te gelukkig en beneveld om dat in te zien. Ze introduceerde me niet alleen in een deel van haar sociale leven, maar maakte ook aan een derde duidelijk dat ik daar een rol in speelde. Onze relatie kreeg een grotere openbaarheid en was niet langer iets dat het ene moment heimelijk opgepikt kon worden en het volgende moment niets voorstelde. Ik was nog lang niet haar officiële 'vrijer', in de ouderwetse betekenis van het woord, maar in de ogen van de wereld had ik toch een soort status gekregen die verder reikte dan die van gewone vriendschap.

Met de scherpzinnigheid die hem zowel tot een uitstekende dokter, als een briljant classicus maakte, had Maurice Charlton dat wellicht op een of andere manier door. Hij bleef ons maar opnemen, met die groene pretogen. Iets in zijn blik deed me denken aan de eerbiedwaardige professor Fraenkel, een bijna gnoomachtige figuur, die ik wel eens na afloop van zijn colleges door High Street had zien schuifelen. Ook hij bekeek de wereld met een onthutsend jeugdige blik. Hij was als joodse vluchteling uit Duitsland in Oxford aangekomen toen Iris nog studeerde. Zijn reputatie was zo groot dat hij vrijwel direct een leerstoel kreeg aangeboden, hoewel Oxford in die tijd overvoerd was met eminente vluchtelingen. Hij was *tutor* van Iris geweest en zij volgde zijn beroemde Agamemnon-colleges. Ik was toen nog maar een schooljongen en Maurice Charlton trouwens ook, alleen was hij wat ouder. Maar in zijn groene blik zat dezelfde twinkeling als in de zwarte ogen van Fraenkel, misschien was hij daardoor aantrekkelijk voor Iris.

Ze had me al verteld dat ze dol op Fraenkel was geweest en hoezeer ze hem bewonderde. Indertijd had ze het niet vreemd of verontrustend gevonden dat hij haar teder streelde als ze samen over een tekst gebogen zaten, soms wel een half uur dubbend over de juiste interpretatie van een woord. De hele Griekse oudheid ging voor haar open als hij alle associatieve woorden hardop zei, alsof hij ze proefde. Hij hield net zoveel van Griekse woorden als van Iris. Zij voelde zich gevleid en genoot van het gevoel van intellectuele kameraadschap. Dat er gevaar in zou kunnen schuilen of dat zijn gedrag, dat nu een schokkend voorbeeld van ongewenste intimiteit zou zijn, vernederend voor haar was, kwam niet in haar op. Trouwens, haar andere *tutor* op Somerville College, Isobel Henderson, had toen ze Iris naar hem toestuurde met een glimlach gezegd: 'Hij zal wel niet met zijn handen van je af kunnen blijven.' Implicerend dat ieder verstandig meisje dat begreep wat een eer het was door de grote man zelf onderwezen te worden, niet zo dom zou zijn daar aanstoot aan te nemen.

Voor zover Iris wist, deed ook niemand dat. Ze praatte graag over de opwindende wereld die Fraenkel door zijn tekstbehandeling wist te ontsluiten en hoe hij dan tegelijkertijd haar arm streelde en haar hand vasthield. Er waren in haar tijd maar weinig vrouwelijke studenten met seksuele ervaring en Iris was helemaal uitzonderlijk maagdelijk. We hadden het wel eens over het enige 'slechte' meisje op Somerville, een zwartharige schoonheid die 's nachts vaak laat het College binnenklom, geassisteerd door haar vriendje. Iris keurde dat niet af, maar ze voelde geen enkele aanvechting dat soort dingen zelf te doen. Trouwens, professor Fraenkel adoreerde zijn vrouw en had eens tegen een goede vriend gezegd dat hij haar zou volgen als zij zou sterven.

Dat heeft hij inderdaad gedaan door nog dezelfde nacht een overdosis te nemen.

Mijn kennis van het Oudgrieks is vrijwel nihil; en die van Iris — vroeger enorm — is nu natuurlijk helemaal verdwenen. Ik heb geprobeerd *Agamemnon* en andere Griekse tragediën in vertaling aan haar voor te lezen, maar dat was geen succes. Andere voorleespogingen evenmin. Het voelde onnatuurlijk aan. Ik had al verschillende hoofdstukken uit *The Lord of the Rings* en *The Tale of Genji* — oude favorieten van Iris — voorgelezen, voordat ik dat doorkreeg. Voor iemand die geen boeken *las*, maar erin gleed, even moeiteloos als in een rivier of de zee, moet de moeizame woordenstroom die in haar bewustzijn gepropt werd, heel vervelend geweest zijn, hoewel ze de woorden herkende en zelfs reageerde, op bepaalde personages en gebeurtenissen. Maar het verschil tussen die herkenning en het echte herinneren was kennelijk pijnlijk. Tolkien en Lady Murasaki waren bewoners van haar geest geweest, ze hoorden er evenzeer thuis als de mensen en gebeurtenissen die op zo'n mysterieuze wijze tot haar kwamen tijdens het schrijven van haar romans. Dat zij hen nu in deze nieuwe omstandigheden tegenkwam en met moeite herkende, bracht haar in verlegenheid.

Aan de andere kant kon ze bijna levendig worden als het me lukte iets wat ik voorlas te laten overlopen in een eigen grap, door ergens op door te borduren. Ik hield dan op met lezen en maakte er een minitoneelstukje van, zoals bijvoorbeeld een keer met een vertaling van de *Odyssee*. De Lastrygonische reuzen hadden net elf van de twaalf schepen van Odysseus tot zinken gebracht en de bemanning verslonden. Ik speelde dat hij de volgende morgen zijn staf op het enig overgebleven schip bijeenriep en de vergadering opende met de woorden: 'Heren, dat moet beter kunnen.' Dat vond ze erg grappig en het was altijd alsof ze zich dat herinnerde als ze overal in huis zorgvuldig dode bladeren en rommel van de straat aan het rangschikken was, en ik zei: 'Kom heren, dat moet beter kunnen.' Onbewust had ik een half herinnerde zin uit een andere context overgenomen – waarschijnlijk uit *Pride and Prejudice*. Daarin zegt Mr. Bennet tegen zijn muziek makende dochter: 'Kom Mary, je hebt ons nu lang genoeg in verrukking gebracht.' (De onfortuinlijke Mary is de enige van Jane Austens personages die nooit van de auteur krijgt wat haar toekomt, net zomin als van haar vader trouwens.)

Ik denk dat Iris zich tijdens het voorlezen het verlies van haar identiteit bewust werd; hoewel bewustwording niet het goede woord is, want een Alzheimerpatiënt is zich gewoonlijk juist niet bewust van wat er mis is. Als dat wel zo was, zou het verloop van de ziekte, hoe onomkeerbaar ook op het laatst, zich anders ontwikkelen. Maar er zijn patiënten die zich paradoxaal genoeg wel van hun toestand bewust zijn. De kwelling te weten dat je niet kunt spreken of denken, moet ondraaglijk zijn. Ik heb patiënten gezien waarbij dit lijden duidelijk zichtbaar was. Maar als Iris tegen me praat, heeft ze het idee dat er niets aan de hand is en voor mij klinkt het verrassend welbespraakt als ik niet luister naar wat er gezegd wordt, maar het langs me heen laat gaan zoals in huwelijken vaak gebeurt: dan is er alleen de herkenning van een vertrouwde stem.

Tijd is een bron van angst, de gebruikelijke indeling is nietszeggend geworden, er gaapt alleen een voortdurende vraag. Op sommige dagen houdt het 'Wanneer gaan we?' nooit meer op, hoewel het zonder agitatie herhaald wordt. Er kan zelfs iets vredigs van uitgaan, alsof het nauwelijks uitmaakt wanneer we gaan, of waarheen, en thuisblijven misschien wel het beste is. In een roman van Faulkner, *Soldier's Pay*, zegt de blind geworden piloot tegen z'n vriend, 'Wanneer mag ik eruit?' Daar lopen de rillingen van over je rug. De schrijver heeft het feilloos voor elkaar gekregen de lezer in de schoenen van de blinde te plaatsen. Iris' vraag drukt geen behoefte aan verandering uit, of de wens weer terug te mogen naar een vroegere geestesgesteldheid; ze wil ook niet echt weten wanneer we in de auto stappen en ergens gaan lunchen. De vraag heeft te maken met een reis die we op het punt staan te maken en die voor haar de laatste kan zijn; of als dat al te onheilspellend klinkt, de wens om eenvoudigweg te verdwijnen uit een dagelijks leven dat alle zin verloren heeft nu ze niet meer kan schrijven.

Iris heeft eens gezegd dat ze niets kon beginnen met het begrip identiteit. Wat het ook was, zij had het niet. Ik zei dat ze best wist hoe het aanvoelde jezelf te zijn, dat je je kon verlustigen in je eigen bewustzijn alsof het een andere, geheime persoon betrof, iemand die niemand ooit te zien kreeg. Ze glimlachte, ze vond het een vermakelijke gedachte, maar ze begreep er niets van. Ze vroeg zich gewoon niet af wat haar identiteit was. 'Dus die zit in je werk? Zoals bij Keats en Shakespeare en zo?' vroeg ik. Die vergelijking wees ze nadrukkelijk van de hand; en ze was nauwelijks geïnteresseerd toen ik begon uit te weiden (ik zat tenslotte in de Engelse Lit. Crit. business) over het onderscheid dat de Romantici maakten en dat Coleridge zo fascineerde. Aan de ene kant had je de grote egocentrische schrijvers, zoals Wordsworth en Milton, met zo'n overdonderend ego dat ze daarmee de hele wereld opslokten; aan de andere kant de identiteitsloze geesten, voor wie existeren niet te maken heeft met weten wie je bent, maar met ervaren en ontdekken. Als filosofe vond zij dit onderscheid waarschijnlijk veel te grof. Misschien moet je je wel erg van jezelf bewust zijn om dit soort zaken interessant te vinden. En niemand is zo weinig narcistisch als Iris.

Het is denkbaar dat Alzheimer het gruwelijkst is voor mensen die hun eigen identiteit het meest gekoesterd hebben. Doordat het Iris ontbrak aan een zelfgevoel is ze misschien heel ongemerkt die verstrooide wereld van leegte binnengedreven, waar ze het op haar eigen manier toch druk heeft. Ze maakt er 's avonds een kalm ritueel van haar eigen kleren aan mijn kant van het bed klaar te leggen. Als ik ze dan weghaal, zijn ze zo weer terug. Wil ze voor me zorgen? Is dat het? Misschien is het een eenvoudiger soort verwarring, want als we naar bed gaan vraagt ze vaak aan welke kant ze moet liggen. Of is het iets dat veel dieper gaat, iets dat niets met dat veel te zelfbewuste woord 'verzorgen' te maken heeft?

In het verleden heeft ze goddank nooit de noodzaak gevoeld om voor me te zorgen; ik zou het zelfs een van de vreugden van het samenleven met Iris willen noemen dat mijn dagelijks welzijn met serene welwillendheid aan haar voorbijging. Dat was een hele geruststelling. Want ik ben een druk baasje en stond erop voor haar te zorgen, zij hoefde zich niet om mij te bekommeren. Maar toen ik een keer met kerst in de sneeuw mijn been gebroken had, en een paar dagen in het ziekenhuis van Banbury moest blijven, een kilometer of twintig bij ons vandaan, ging ze vlak bij het ziekenhuis in een hotelletje logeren. Ik had haar gesmeekt thuis te blijven en te gaan werken, ze kon toch niets voor me doen. Maar nee, ze bleef tot ik naar huis mocht.

Filosofen hebben zich wel eens met de vraag beziggehouden of je de pijn van een ander in je eigen voet kunt voelen. Iris kon dat absoluut niet. Waarschijnlijk ging het er in die discussie om, als het al ergens om ging, dat men wilde onderzoeken in welke mate je fysiek bij iemand betrokken kunt zijn. 'Ze mag je dan wel niet begrijpen, maar ze voelt alles wat jij voelt met je mee,' merkte Coleridge teder op over zijn ideale vrouw. Je hoeft geen feminist te zijn om dit onzin te vinden. Het heeft niets met sekse te maken of je in staat bent de vreugde of pijn van de ander mee te voelen, net zoals het niet seksegebonden is of je kunt ruiken of niet. Iris heeft bijvoorbeeld geen reuk en haar perceptie van anderen is eerder bovenzinnelijk dan lichamelijk. Ze communiceert met hun hogere wezen, zoals een engel zou doen, en stelt geen enkel belang in het lichamelijke bestaan van een ander, in hun zweterige zelf. Het is me vaak opgevallen dat ze met briljante nauwkeurigheid het uiterlijk van haar personages kan beschrijven, zonder enig besef van het functioneren van die personages op een lager niveau.

Het spreekt vanzelf dat ze wel een scherp oog had voor emoties en daar direct op reageerde. Intuïtief voelde ze onmiddellijk of haar vrienden er echt ellendig aan toe waren of alleen maar een beetje in de put zaten en ze was altijd in staat hen te helpen. Ze luisterde begripvol en stuurde hun verhaal op zo'n manier dat ze hun gevoelens voor haar gingen dramatiseren, zodat ze een vorm kregen die hanteerbaar werd. Ze liet zich niet zover meeslepen dat ze mee ging doen, maar ze begreep alles omdat ze zelf hevige gevoelens van liefde, jaloezie, adoratie en zelfs woede kende. Ik heb die emoties zelf nooit bij haar gezien, maar ik weet dat ze er waren. Wat mijn eigen jaloezie betreft: die kon ze wegnemen door er te zijn. In onze begintijd dacht ik altijd dat het — door mijn onduidelijke positie ten opzichte van haar — niet passend en vulgair was om te laten merken dat ik jaloers was. Maar ze voelde het altijd en ze stelde me dan gerust door gewoon degene te zijn die ze altijd bij mij was, en ik wist al gauw zeker dat er helemaal niemand in de wereld bestond met wie ze zo omging.

Nu ik zo aan die begintijd terugdenk, zo'n jaar of anderhalf na onze eerste kennismaking, herinner ik me dat ze iedere zaterdagavond een afspraak had met een joods-Italiaanse professor, ook een oorlogsvluchteling, die aan de

Universiteit van Londen verbonden was. Hij hield ontzettend veel van haar, en zij beantwoordde zijn genegenheid met vertedering en eerbied. Het was een vriendelijk mannetje, keurig en al wat ouder. Ze gingen niet met elkaar naar bed (dat geloofde ik), maar zaten de hele avond over de oudheid te praten, terwijl hij haar af en toe kuste en haar hand vasthield. Hij had een vrouw en een volwassen dochter in Londen, die Iris allebei goed kende en waar ze erg aan gehecht was. Zijn vrouw had volledig begrip voor hun relatie. De professor verliet altijd precies om half twaalf haar kamer — zij woonde toen niet in St. Anne's College maar op de bovenste verdieping van een huis in Beaumont Street — en liep dan naar zijn hotel in Banbury Road. Ik weet dat omdat ik meestal de wacht hield. Soms volgde ik hem — hij heeft nooit iets gemerkt, hij wist niet van mijn bestaan af — soms bleef ik op straat nog een tijd naar haar verlichte raam staan kijken.

Er was op het eerste gezicht niets goddelijks aan die rustige kleine professor in de Oude Geschiedenis, alhoewel hij waarschijnlijk op zijn gebied de meest eminente man van zijn tijd was. Ik was op een bepaalde manier erg op hem gesteld, ik had respect voor hem. Met de andere meester-figuur in Iris' leven, een *Dichter* met een legendarisch reputatie bij mensen die het weten konden, lag dat heel anders. Die man hield in Hampstead op een bescheiden en bijna heimelijke manier hof — zo zag ik dat — en hij had enorm veel invloed op Iris. Hij had verschillende maîtresses die ze allemaal kende en die ze bijna net zo vereerde als de meester zelf. Zijn vrouw bewonderde ze ook. Soms vertelde Iris iets over deze vrouw met haar lieve gezicht en haar houding van rustige, hartelijke gereserveerdheid. Zij was soms thuis als de *Dichter* met Iris in bed lag, en hij bezit van haar nam alsof hij een god was. Dat vertelde ze me later, voor we gingen trouwen, toen de liefdesrelatie met die man beëindigd was en hij ons, zoals ze zei, zijn zegen had gegeven. Ze bleef hem af en toe opzoeken en hij bleef de wereld van haar verbeelding betoveren, hoewel ze zei dat ze hem, door op haar eigen manier over hem te schrijven, uit haar systeem had weten te krijgen en uiteindelijk in zekere zin ook uit haar boeken.

De *Dichter* was een *Dichter* in de Duitse zin van het woord, niet echt een poëet, maar een grote literaire geest. Hij was bevriend geweest met een andere Duits-joodse schrijver, een echte dichter, op wie Iris erg verliefd is geweest. Ze zou waarschijnlijk met hem getrouwd zijn als hij was blijven leven, maar hij had een ernstige hartafwijking en wist dat hij niet oud zou worden. Hij is een jaar voor ik haar leerde kennen gestorven. Ze heeft diep om hem gerouwd. Het moet een ontzettend leuke man geweest zijn, aimabel (net als al Iris' vrienden, in tegenstelling tot haar 'goden') en humoristisch. Ik verdenk de goden ervan dat ze geen gevoel voor humor hadden; misschien is dat beneden de waardigheid van een god.

De dichter werkte in Oxford aan de Faculteit voor Antropologie, hoewel hij niet sterk genoeg was om 'veldwerk te doen', zoals dat heet. Hij had Iris verteld dat hij, als hij college moest geven, zichzelf keer op keer met een lege bladzij geconfronteerd zag, waarop alleen stond: 'Zoals ik in mijn vorige college al zei...' In de tussenliggende week lukte het hem nooit meer op papier te krijgen en op de ochtend van het college moest hij het altijd weer met die ene regel doen. Het was een grap tussen hen geworden en nu is het een grap van Iris en mij. Nog steeds. Ze begrijpt hem altijd en als hij weer eens opduikt, noem ik de dode dichter bij naam maar weet niet of ze zich hem herinnert. Alleen de grap leeft voort.

De ernst van Iris kon werkelijk verontrustende vormen aannemen. Ze had zich eens vreselijk aan een vriendin geërgerd die had laten doorschemeren haar altijd zo serieus te vinden dat ze zich niet kon voorstellen dat Iris wel eens plezier had. Tot mijn grote smart had ze me nooit gezegd dat ze besloten had met me te trouwen – de zaak zou tot een paar weken voor ons huwelijk hangende blijven – maar op een keer op haar kamer vroeg ze me te gaan zitten omdat ze me nu maar eens alles over de mensen uit haar verleden moest vertellen. Ik moest denken aan haar vroegere opmerking dat het tijd werd om met elkaar naar bed te gaan. Ik schrok van haar bijna plechtige manier van doen. Had ik tijdens onze intieme momenten al niet alles gehoord?

Dat bleek van niet. Allerlei onbekende figuren kwamen als in de optocht van de koningen in *Macbeth* voorbij en bekeken mij in het voorbijgaan met ernstige nieuwsgierigheid. Daar had je Dinges met wie ze het eerst naar bed was geweest, en Dinges, en Dinges, die met haar hadden willen trouwen. Er was ook een vriend geweest, een medestudent op wiens avances ze niet was ingegaan in haar maagdelijke periode (zo drukte ze zich natuurlijk niet uit) en die aan het begin van de oorlog in dienst was gegaan en haar half in scherts ten huwelijk had gevraagd. Hij wist zeker dat hij toch dood zou zijn voor de oorlog afgelopen was en dan zou zij een weduwenpensioen krijgen. Toen ze dat vertelde liet ze haar ernst even varen en moest ze zowel lachen als huilen. Ze had hem gezegd dat ze dan nog niet met hem wilde trouwen, maar dat ze wel met hem naar bed zou gaan voor hij weg moest. Hij is vrij laat in de oorlog aan het front gesneuveld; zij had toen een baan als ambtenaar in Whitehall.

Wat kunnen er op dat soort momenten toch rare dingen door je hoofd gaan. Terwijl zij mij dit alles vertelde was ik even terug op de lagere school, toen de hoofdonderwijzer iedereen een paar minuten apart riep in zijn kamer om ons over 'de feiten van het leven' in te lichten. Nu kwamen de 'feiten' van Iris' leven in een sombere optocht voorbij. Ik onderdrukte de neiging haar dat te vertellen. In plaats daarvan hoorde ik mezelf ineens zeggen dat zelfs een officiersweduwe maar een kleine jaarlijkse uitkering kreeg. Dat wist ik omdat enkele van mijn medesoldaten ook in de oorlog gesneuveld waren. Het was een zwakke poging om me te laten gelden met mijn eigen ervaringen, al waren die wel erg magertjes, vergeleken bij haar litanie van andere tijden, mensen en passies, waar ik op geen enkele manier aan kon tippen. Ik voelde zelf dat het belachelijk was om op dat weduwenpensioen in te gaan, maar ik wist ook niet wat ik anders moest zeggen.

Het brak de spanning toch. Iris begon te lachen en kuste me. 'Wordt het na dit alles niet eens tijd voor een vriendelijk woord?' vroeg ik en toen lachten we allebei. Ik zeurde regelmatig om een 'vriendelijk woord'; het was onderdeel van onze liefdestaal geworden. Dat is het nog en die woorden betekenen nog steeds iets voor haar. We deelden een taal die alleen van ons was, dat dacht ik in die tijd zeker te weten, en daar had ik ongetwijfeld gelijk in. Ik kon me namelijk niet voorstellen dat de god van Hampstead ooit een 'vriendelijk woord' kreeg of er een weggaf. Zelfs bij die rustige professor Oude Geschiedenis was zoiets ondenkbaar. Wat wij met 'vriendelijke woorden' bedoelden hoorde niet bij hen. Dat was tenminste een troost. Toch was er nog even iets van wantrouwen omdat ik al wist dat ze heel goed was in het opbeuren van anderen. Ze deed dat met zoveel succes bij sommige van haar studenten – meestal was het iemand met een droevig gezicht – dat ik ze wel eens naar haar had zien kijken met een blik van diepe dankbaarheid en adoratie. Maar wat ze dan zei was natuurlijk niet te vergelijken met wat ze bij mij deed als ik om een vriendelijk woord vroeg.

Dat nam niet weg dat ik behoorlijk terneergeslagen was door haar bekentenissen. Er waren wel erg veel fortuinlijke figuren de revue gepasseerd en tot mijn verbazing waren het in mijn ogen vaak zulke gewone mensen. Allerlei bekenden en zelfs collega's van mij, waren op een zeker moment de ontvangers van haar vriendelijkheid geweest. Zij hadden haar begeerd en waren niet afgewezen. Hoe anders die 'vriendelijkheid' ook was en hoe onvergelijkbaar met wat ik vroeg en kreeg, ze had zich er toch maar voor geleend. Terugkijkend vanuit de huidige opvattingen lijkt het allemaal heel erg onwerkelijk en zo ouderwets. Maar een vrouw met een verleden was in die tijd iets anders, zoals het verleden zelf altijd anders is, altijd een vreemd land. Als je vandaag de dag om het verleden geeft, schijnt dat op zich al iets te zijn dat niet van deze tijd is. Dat gesprek van ons en de ernst waarmee Iris alles naar voren bracht en hoe het mij ten diepste raakte, dat alles lijkt nu bijna middeleeuws.

Dachten en deden we werkelijk zo? Het heeft er alles van weg. En toch, bijna vijftig jaar later, zijn we voor onszelf nog steeds hetzelfde stel, al kan ik dat bijna niet geloven als ik bedenk hoe we ons toen gedroegen. Terugkijkend kan ik ons maar moeilijk scheiden. Het is of we altijd samen zijn geweest. Toch valt er een scherpe scheidslijn te trekken. De man die ik toen was komt mij vreemd voor — was ik *echt* zo verliefd? Heb ik, althans soms, werkelijk al die gevoelens van jaloezie, extase, ellende, verlangen en wanhoop gehad? Soms vermengd met een koortsachtig gevoel van hoop en geluk? Ik kan het nauwelijks geloven. Maar wat Iris betreft heeft mijn herinnering zich als een strak kledingstuk dichtgeritst tot op de huidige seconde. Als ik 's morgens vroeg in bed aan het werk ben, typend op mijn oude draagbare schrijfmachine met Iris slapend naast me, voelt haar aanwezigheid precies zo als vroeger, en zoals het altijd moet blijven. Ik weet dat ze anders geweest moet zijn, maar ik heb geen echte herinnering aan die ander.

Als ze heel even wakker wordt uit haar vredige slaap, kijkt ze doezelig naar de 'Tropen Olivetti' op mijn knieën die door een van haar truien ondersteund wordt. Toen ik haar een tijdje geleden vroeg of ze er last van had, zei ze dat ze het wel leuk vond om bij dat rare geluid wakker te worden. Ze is het natuurlijk gewend, want ik heb altijd zo gewerkt, maar nog niet zo lang geleden stond ze om deze tijd – zeven uur – zelf op om aan haar werkdag te beginnen. Tegenwoordig slaapt ze door, soms ligt ze een beetje te pruttelen of mompelt ze iets. Ze slaapt vaak tot ver over negenen, dan sta ik op en kleed haar aan. Dat vermogen om op elk uur van de dag en de nacht als een poes te slapen is een van de weinige zegeningen van de ziekte van Alzheimer; die rust is omgekeerd evenredig aan de angstige toestand waaraan ze is uitgeleverd als ze wakker is en verontruste vragen stelt als: 'Wanneer gaan we?'

Meestal is het aankleden een tamelijk vrolijke en komische aangelegenheid. Ik weet nog steeds niet zeker wat de voorkant van haar onderbroek is. Meestal besluiten we samen dat het er niet toe doet. Haar lange broek is makkelijker: die heeft binnenin aan de achterkant een groezelig etiket. Ik zou haar eigenlijk in bad moeten doen of tenminste een beetje moeten wassen (tegen een bad protesteert ze), maar ik neig er steeds vaker toe dat tot de volgende dag uit te stellen. Op de een of andere manier is het makkelijker haar later op de dag, op een stil moment, onverwacht in bad te stoppen en te doen alsof dat de gewoonste zaak van de wereld is. Iris protesteert dan nooit; dan is het of ze het zowel normaal vindt als volstrekt ongewoon, alsof die twee begrippen bij haar zijn samengevallen. Misschien dat ze daarom zo goed in staat lijkt haar toestand te accepteren; alles is raar maar nooit anders geweest. Zo denkt ze geloof ik ook dat niemand haar veranderd vindt. Ik ga er altijd maar van uit dat het bij haar ongeveer zo werkt als bij mij: zo is ze nu, en zo lijkt ze altijd geweest te zijn.

Zo lijkt het ook normaal dat de oude sleur van het dagelijks wassen en aankleden verdwenen is, alsof die nooit bestaan heeft. Als ze zich die routine zou herinneren, wat ze niet doet, kan ik me voorstellen dat ze tegen zichzelf zou zeggen: 'Moest je nou echt al die onnodige rituelen elke dag herhalen?' Zoals mijn eigen herinnering ongelovig staat tegenover al die andere rituelen waar ik doorheen ben gegaan: verliefd worden, opgewonden, extatisch, verward...

Tegelijkertijd zijn haar sociale reflexen nog verbazingwekkend intact. Als er iemand aanbelt – de postbode, de man van het gas – en ik ben ergens anders bezig, ontvangt ze hem met haar sociale glimlach en roept me met die ongehaaste, minzame stem die echtelieden bijna automatisch in het bijzijn van een vreemde bezigen: 'O, ik geloof dat het de meneer is die de meter komt opnemen, liefste.' Zo gaat ze ook met complexere sociale situaties om. Ze volgt schijnbaar het gesprek en vult instinctief stiltes op door een vraag te stellen. Het zijn wel vaak dezelfde vragen: 'Waar komt u vandaan?' of: 'Wat doet u tegenwoordig?' – en ze blijft ze herhalen. Vrienden, maar ook vreemden, passen zich snel aan zodra ze door hebben wat er aan de hand is. Ze gaan dan meestal over tot hetzelfde sociale rollenspel dat zij aan het spelen is.

Ik heb ontdekt dat ik wel eens bewust gebruikmaak van die rudimentaire gedragsinstincten. Toen we pas getrouwd waren gooide ik me nog wel eens in een kinderlijke driftbui als er iets verkeerd was gegaan of niet goed gedaan was, iets waarvoor Iris volgens mij, terecht of ten onrechte, verantwoordelijk was. Ze werd dan kalm, geruststellend, bijna moederlijk. Het was een diepe, onbewuste vrouwelijke reactie die normaal gesproken niet aan de oppervlakte hoefde te komen, wat wel het geval zou zijn als we een jong gezin met kinderen waren geweest. Iris was gewoonlijk helemaal niet 'vrouwelijk'; er bleven zich tijdens ons huwelijk momenten voordoen waarop ik weer wist dat ik daar dankbaar voor moest zijn. Maar tegenwoordig maak ik bij gelegenheid opzettelijk gebruik van die diep begraven reflex. Als ze me de hele dag, net als Maria's reetje, achterna gelopen heeft en mijn moeizame werkzaamheden onderbreekt of het schrijven van brieven (vaak aan haar eigen fans) onmogelijk maakt, barst ik uit in wat zelfs voor mijzelf op een ongecontroleerde woedeaanval lijkt. Ik stamp op de grond, gooi papieren en brieven in het rond en zwaai overdreven met mijn armen. Het werkt altijd. Iris zegt dan 'Sorry... sorry' en geeft me een schouderklopje voor ze stilletjes weggaat. Ze is snel weer terug, maar dat geeft niet. Mijn driftbui heeft haar meer gerustgesteld dan liefdevolle of kalmerende pogingen om haar rationeel te benaderen ooit voor elkaar gekregen zouden hebben.

De dame die zo nodig lollig over Alzheimer wilde doen door haar opmerking over het geketend zijn aan een lijk, zei in haar montere wanhoop ook nog: 'En het is, zoals jij en ik weten, een lijk dat almaar klaagt.' Dat weet ik niet. Ondanks haar angstig en voortdurend gevraag, schijnt Iris niet eens te weten hoe ze moet klagen. Dat heeft ze nooit gedaan. Alzheimer kan karaktertrekken zo accentueren dat het wel een duivelse parodie lijkt, maar bij haar valt alleen haar natuurlijke goedheid nog meer op.

Op goede dagen is haar behoefte aan aanwezigheid, goedkeurende klopjes en liefdevol wederzijds gemompel bijna engelachtig te noemen; zij heeft dan iets van een beeltenis op een icoon. Dat alles is nog belangrijker op dagen van stille tranen, als ze verdriet heeft zonder zich bewust te zijn van de mysterieuze creatieve wereld die haar ontvallen is, terwijl ze toch voelt dat er iets ontbreekt: het doel waar het 'stiertje' iedere morgen vastberaden naar op weg was. Die kant van haar was het meest zichtbaar als ze 's ochtends met gebogen hoofd richting badkamer ging en eenmaal aangekleed nog even bij me langskwam, terwijl ik in bed al aan het werk was. Daarna ging ze naar beneden om de tuindeuren open te gooien en te kijken wat er buiten allemaal aan de hand was. Het weer en de vogels, hoe alles erbij stond, de geluiden die ze hoorde; soms maakte ze daar aantekeningen van in haar dagboek, voor ze met haar echte werk begon. Ontbijten deed ze nooit. Als ik thuis was bracht ik haar later op de ochtend een kop koffie met een chocoladebiscuitje.

Nu zijn die goede morgens van weleer het ergste moment van de dag geworden. Vergelijkbaar met wat soldaten meemaken die op wacht staan in de loopgraven. Loopgravenhumor is dan je enige verweer, al kun je een wrange grap natuurlijk alleen aan jezelf vertellen. Terwijl ik denk over manieren om de dag door te komen, ontstaat er plotseling een gevoel van verbondenheid met de vrouw die probeerde wat lucht te krijgen door schertsend over zichzelf en haar Alzheimer-echtgenoot te praten. Hoewel ik niet van harte had meegedaan, zag ik nu in dat die houding beter was, veel beter dan met een uitgestreken gezicht begaan te zijn met het slachtoffer, als je je in dezelfde situatie bevindt. Want natuurlijk hebben mensen die in hetzelfde schuitje zitten er behoefte aan hun aantekeningen te vergelijken.

Een keurige grijze heer die ik van vroeger ken, toen we als achttienjarigen samen in dienst zaten, schreef me op een dag om zijn deelneming te betuigen. Naast zijn baan als effectenmakelaar waren meisjes en oude auto's altijd zijn voornaamste hobby's geweest. Zijn vrouw was dan ook veel jonger dan hij, maar toen ze Alzheimer kreeg en snel achteruit ging, heeft hij haar met voorbeeldige toewijding verzorgd. Hij bracht zo nu en dan verslag uit over hoe de zaken er voorstonden en deed dat in korte, krachtige briefjes. 'Vroeger placht ik de goddelijke vrouwelijke vorm in een heel ander licht te zien. Nu zet ik er alleen nog maar iedere morgen de douche op,' schreef hij eens. Dat doe ik veel minder vaak. Maar ik moet inwendig grinniken als ik aan zijn woorden denk terwijl ik Iris tussen haar benen was en de contouren van haar 'goddelijke vrouwelijke vorm' inzeep. Het edwardiaanse cliché van mijn oude dienstmaat had James Joyce al aangesproken. Ik hoefde niet te proberen dit idioom met Iris te delen. Niet dat ze er bezwaar tegen zou hebben, maar de absurde tegenstelling zou haar uiteraard ontgaan.

Kort geleden stuitte ik op een verzameling palindromen die iemand ons jaren geleden stuurde. De vernuftige en surrealistische zinnen waren heel goed geïllustreerd en een ervan vonden we echt heel leuk, ook door de illustratie: 'Nora bedroog, o zo goor, de baron.' Toen ik hem pas geleden aan Iris liet zien, glimlachte ze welwillend, ze had de grap graag met mij willen delen, maar ik zag dat hij niet overkwam. Aan de andere kant kijkt ze naar kinderprogramma's op de televisie en vooral naar tekenfilms met bijna opgetogen betrokkenheid. Dat soort programma's kunnen een enorme steun zijn, vooral van tien tot elf 's morgens, wat het lastigste tijdstip is. Meestal kijk ik met haar mee naar de Teletubbies en raak dan zelf geobsedeerd door hun zonovergoten wereld, vol echte konijnen, echte wolken en echt gras. Zo lijkt het althans. Bewegen ze door menselijke tussenkomst en zit er echt een vernuftige homunculus in die kleine lijfjes? Zo ziet het er in ieder geval uit en die illusie fascineert ons allebei.

We hebben pas een paar maanden televisie, eerder hadden we er nooit behoefte aan. Nu luister ik naar het geluid vanuit de keuken en hoop dat hij aanblijft. Als ik niets hoor, weet ik dat Iris hem heeft uitgezet en daar maar bewegingloos zit. Gebrek aan belangstelling schijnt het probleem niet te zijn. Ze kan volledig in beslag genomen worden door een voetbalwedstrijd, cricket, bowlen, of tennis, zonder de spelregels te kennen of de stand te weten. Ze wordt ondergedompeld door het gevoel dat er iets gaande is. Mijn aan een lijk geketende vriendin zei elke avond tegen haar man: 'Er is snooker op de televisie.' En dan draaide ze een oude videoband af. Het was iedere keer weer nieuw voor hem.

Jammer genoeg is er geen handige zesjarige in onze buurt, zodat ik nooit een video heb leren programmeren. Hoe dan ook, Iris zet de tv niet uit omdat het haar verveelt – verveling schijnt bij haar een onmogelijke geestesgesteldheid te zijn – maar omdat haar instinct haar zegt dat ze weg moet. Meestal volgt dan snel: 'Wanneer gaan we?' of: 'Moeten weg.' Als ik bezigheden voor haar verzin, begint ze eraan maar laat ze om dezelfde reden in de steek, zodat ik er maar stilzwijgend mee opgehouden ben. Wanneer laten ze ons eruit?

Vanaf het begin van ons huwelijk hebben we geen van beiden ooit erg veel aan het huishouden gedaan. Er bestond geen regelmaat in het doen van karweitjes. We voelden ons geen van beiden geroepen het huis schoon te houden en we zagen er tegenop om het door iemand anders te laten doen. Ik denk dat het huis nu het aangename punt heeft bereikt waarop we niet meer terug kunnen. Vroeger scheen er nooit iets gedaan te hoeven worden, althans dat vonden we, maar nu kan er niets meer gedaan worden. Als vrienden merken hoe het er hier uitziet – erg gezellig overigens – zeggen ze niets. Niettemin denk ik soms dat we er een gewoonte van hadden kunnen maken de dagelijkse karweitjes samen te doen. Daar hadden we dan nu mee kunnen doorgaan. Zelfdiscipline. En een manier om de tijd door te brengen. Maar, zoals de landloper in *Waiting for Godot* ongeveer zegt, de tijd gaat op een of andere manier toch wel voorbij.

We houden er nog net geen stofmuseum op na, zoals Miss Havisham bij Dickens. Maar als je stof ongemoeid laat, valt het op het laatst niet meer op. Net als kleren, boeken, oude kranten, brieven en kartonnen dozen. Bovendien kunnen dat soort zaken later nog van pas komen. Iris is haar hele leven iemand geweest die niets kon weggooien. Ze had altijd een zwak voor opengescheurde enveloppen of plastic flessen zonder dop, maar dat is nu obsessief geworden. Dode bladeren en stokjes worden gered, zelfs de peuken van sigaretten die door meisjes van de naburige middelbare school op straat zijn opgerookt – niet eens meer stiekem tegenwoordig. Roken is vandaag de dag een buitensport geworden. En een zeer gezonde, denk ik wel eens.

Het is heerlijk vredig om in bed te zitten met Iris rustig in slaap, zachtjes snurkend. Zelf even wegzakkend in een halfslaap, heb ik het gevoel een rivier af te drijven en zie ik alle rommel uit ons huis en ons leven — het goede en het slechte — langzaam in het donkere water naar beneden zinken tot het in de diepte verdwenen is. Iris drijft of zwemt rustig naast me. Wieren en waterplanten zwaaien en strekken zich naar het licht. Blauwe libellen hangen stil boven het wateroppervlak. Bij de oever schiet plotseling een ijsvogel voorbij.

Vier

Rivieren speelden een belangrijke rol op onze huwelijksreis. We trouwden in 1956, bijna drie jaar na onze eerste ontmoeting. Ik heb een keer uitgerekend hoeveel dagen er zijn verstreken sinds ik haar langzaam langs mijn raam zag fietsen, maar ik ben vergeten hoeveel het er waren en het zou me te veel tijd kosten om het nog eens uit te rekenen. We trouwden voor de burgerlijke stand in St. Giles, dat is een brede straat die loopt van het Martyrs' Memorial aan de zuidkant tot het Oorlogsmonument aan de noordkant. Daar splitst St. Giles zich in Woodstock Road en Banbury Road. Tegenover de burgerlijke stand, nu verdwenen of verhuisd, is het rechtershuis, een mooi gebouw in de stijl van Palladio, dat vermoedelijk de inspiratiebron was voor het huis in *The Spoils of Poynton* van Henry James.

Ik praat nu als een stadsgids omdat ik op de ochtend van ons huwelijk naar de bekende bezienswaardigheden keek alsof ik ze voor het eerst zag. Ik had ze eigenlijk ook nooit gezien. Ik was er altijd achteloos aan voorbijgelopen, altijd gehaast, altijd te laat, altijd bezig met mijn eigen zaakjes. Nu keek ik ineens om me heen, terwijl ik op een hoek op de bruid stond te wachten en ik zag alles zoals je voor het eerst of het laatst naar de dingen kijkt. De schilder David heeft een schets gemaakt van Marie Antoinette toen zij in een mestkar op weg was naar haar executie, waarbij het hem opviel dat ze maar gebiologeerd om zich heen bleef kijken, alsof ze de straten en pleinen van Parijs nog nooit had gezien. Zo voelde ik me ongeveer.

Verder werd ik nogal in beslag genomen door de trouwring, zoals dat hoort bij een bruidegom. Ik had hem met nog meer dingen in mijn rechter broekzak zitten, duidelijk een onbevredigende plaats, maar ik kon geen betere bedenken. Ik droeg een donker pak zonder vest dat nog stamde uit de demobilisatietijd, negen jaar daarvoor. Een vest was in die tijd een noodzakelijk onderdeel van een pak, maar dat zat er niet bij of misschien was het weggeraakt. Ik had nog wel andere, lichtere pakken, maar ik had dit gekozen omdat het bijna nooit gedragen was, behalve op bijzondere gelegenheden zoals deze — trouwerijen, doopplechtigheden en begrafenissen.

De ring had ik de vorige dag bij de lommerd gekocht. Het was een degelijk exemplaar, glad en ouderwets, misschien wel van de hand gedaan door een armlastige weduwnaar. Ik had op mijn eigen houtje besloten er een te kopen. Iris had het er zelfs niet over gehad. Ze droeg nooit een ring en omdat we nooit verloofd zijn geweest, was ik ook niet maar waar zouden ze geweest zijn zonder dat spul? Iris drinkt wijn, net als altijd, alleen in kleinere hoeveelheden, wat geen moeite kost. Aan sterkedrank heeft ze geen behoefte, ze taalt er niet naar, terwijl er overal in huis allerlei flessen liggen.

Hetzelfde gold meer dan veertig jaar geleden voor kinderen: ze taalde er niet naar. We spraken er nauwelijks over, haar standpunt had iets vanzelfsprekends. Iris stond niet afwijzend tegenover voortplanting, evenmin als tegenover seks; het liet haar eerder op een onbevangen manier onverschillig. Ze had andere dingen te doen. Hoeveel vrouwen voelen niet hetzelfde, maar denken dat het onnatuurlijk is eraan toe te geven, alsof het moederschap een verworvenheid is die ze zich niet mogen ontzeggen? Stevie Smith, een dichteres die Iris graag mocht, zei altijd: 'Mijn gedichten zijn mijn kids.' Iris zou dat nooit over haar romans zeggen: ze had het gewoon nooit over kinderen. Haar terughoudendheid over het onderwerp was volkomen natuurlijk.

De D.H. Lawrence-cultus begon in het midden van de jaren vijftig om tot een soort climax te komen in 1963, het jaar waarin er een rechtszaak liep tegen *Lady Chatterley's Lover*, die in het voordeel van de roman uitviel, zodat Penguin Books het ongehinderd kon uitgeven. In datzelfde jaar kwam volgens een sardonisch gedicht van Philip Larkin 'de seksuele gemeenschap' op gang. Dat gold zeker voor Engeland, waar seks tot op dat moment weinig gemeenschappelijks had. Er werd eenvoudigweg niet over gesproken. Daarom sprak Lawrence de naoorlogse generatie zo aan, wist dat ze graag kleinkinderen had gehad, hoewel ze er nooit iets over zei, daar was ze veel te verstandig en te tactvol voor. Ze had drie zoons en maar een daarvan heeft voor een erfgenaam gezorgd. Nadat ze zich in het begin niet helemaal op haar gemak had gevoeld met Iris – ze had haar voor het huwelijk nauwelijks gezien – raakte mijn moeder meer en meer gehecht aan haar steeds beroemder wordende schoondochter en dat bleef zo tot ze niet zo lang geleden stierf, diep in de tachtig. Toen was de moeder van Iris, zelf een slachtoffer van Alzheimer, al overleden.

Het is nooit bij ons opgekomen dat de ziekte erfelijk zou kunnen zijn. Er was toen trouwens nog geen specifieke naam voor, de verschijnselen vielen onder de algemene term *dementia senilis*. De specialisten die we in verband met haar moeder consulteerden, wisten er ook weinig van af. Het enige wat ze deden was fysiologische oorzaken aandragen, die ze vervolgens wilden behandelen. Mrs Murdochs eigen dokter, een Londense huisarts die geen blad voor z'n mond nam, gaf de schuld aan haar liefde voor de ginfles. Daar was Iris behoorlijk door van streek, hoewel het voor mij al geruime tijd duidelijk was dat haar moeder er aardig raad mee wist. En waarom niet? Het was niet uit eenzaamheid, want we hadden een oude vriendin van haar, een fantastisch mens, gevraagd tegen betaling bij haar te gaan inwonen en voor haar te zorgen. Wat mij betreft hebben mensen met ouderdomsproblemen absoluut recht op alles wat het leven maar enigszins kan veraangenamen. Bij de meeste Alzheimerpatiënten verergert alcohol ongetwijfeld de symptomen, althans voor mij, een niet geheel betrouwbaar instrument, zeker niet voor zo'n belangrijke reservering.) De meisjes achter de receptie wisselden een snelle blik. 'Dat moet geweest zijn toen Camilla dienst had,' mompelde een van hen. Ik begreep onmiddellijk wanhopig dat Camilla een plichtverzakend meisje was, inmiddels ongetwijfeld ontslagen, omdat ze vergat reserveringen te noteren. De modieuze plattelandshotels gingen er in die tijd prat op aantrekkelijke parttimers in dienst te hebben. Camilla was vast aantrekkelijk geweest, maar blijkbaar niet betrouwbaar. Overlopend van verontschuldigingen reserveerde men telefonisch een kamer in een degelijk ouderwets hotel in het naburige Henley. Het heette The Catherine Wheel.

Onze moeders konden het op de trouwerij aardig met elkaar vinden en dat bleef zo omdat ze elkaar niet te vaak zagen, tot ze op oudere leeftijd beter bevriend raakten. De moeder van Iris leek het vanzelfsprekend te vinden dat we geen kinderen namen. Zelf had ze ze eigenlijk ook niet willen hebben, maar toch was Iris altijd haar trots en oogappel geweest. Mrs Murdoch scheen ervan uit te gaan dat we met z'n drieën een harmonieuze driehoek zouden vormen en genoeg zouden hebben aan elkaar, ongeveer zoals het vroeger met haar man en haar dochter was gegaan. Daar kreeg ze tot op zekere hoogte gelijk in; hoewel ze het erg naar haar zin had met ons, merkten we niet veel van haar aanwezigheid. Ze bleef in Londen wonen en viel ons nooit lastig.

Mijn eigen moeder drong zich evenmin op, maar ik

maar hoe die overkwam weet ik niet meer, want we werden onmiddellijk ondergedompeld in het feestgedruis, hoe bescheiden het aantal aanwezigen ook was. Het feestje werd gegeven in de kleine ontvangstkamer van mijn College; de butler van het College, een joviale vaderfiguur, had me voorgesteld overjarige champagne uit de College-kelders te serveren. Die wilde hij opmaken. 'Ik moet u er wel bij vertellen dat er flessen tussen kunnen zitten die over de kop zijn, meneer,' waarschuwde hij, 'maar u mag ze voor een zacht prijsje hebben.'

Uiteindelijk bleken alle flessen even verrukkelijk. De champagne was diep goud van kleur en niet al te mousserend meer, maar wel in staat de paar gasten op de juiste manier te laten bruisen en het bruidspaar tot een waardevolle steun te zijn. Ik herinner me de romantische merknaam nog: Duc de Marne. De welwillende steun van de hertog hielp ons door de verdere beproevingen van de dag, tot het moment dat we ons meldden in The Compleat Angler, een chic hotel in Marlowe, waar we de nacht zouden doorbrengen. De naam had veelbelovend geklonken; toen we er naar binnen waren gegaan om een kamer te reserveren, hadden we gezien dat de Theems zich onder de ramen over een stuw stortte. Dat leek ons het perfecte bruiloftslied voor de eerste nacht.

Toen we eenmaal in de receptie stonden, was het personeel beleefd maar verbijsterd. Het hotel was vol. Hadden we wel besproken? Jazeker, we waren dat een week geleden zelfs persoonlijk komen doen. (In die tijd leek de telefoon, eerder op het idee gekomen haar er een te geven. Ik wist niet of de maat goed zou zijn en daar zat ik behoorlijk over in. Gelukkig paste hij perfect en ze draagt hem nog steeds, hoewel de oude robuustheid tot het dunst denkbare ringetje is afgeslankt.

Na de drie minuten durende operatie – je kon het nauwelijks een ceremonie noemen – zei de vrouw van mijn oudere collega drukdoenerig: 'Ik ga even met Mrs Bayley praten.' Ze bedoelde mijn moeder. Haar echtgenoot zei met wat Iris later beschreef als 'een grimmige lach': 'Alle dames hier heten Mrs Bayley, behalve jij.' Dat was waar. Mijn moeder en mijn schoonzuster, ook een Mrs Bayley, waren samen met Iris de enige dames. Iris zei later dat dit het akeligste moment van de voor haar toch al gruwelijke vertoning was. Ze was nu op een hoop gegooid met een heleboel andere Mrs Bayleys. Haar eigen moeder had trouwens kans gezien de trein van Paddington naar Oxford te missen. Na de plechtigheid gingen we naar het station om de volgende trein af te wachten, waar ze gelukkig in zat. We doken direct een pub in en eenmaal met een glas in de hand klaarden we aanzienlijk op.

Het was geen denderend begin; het was eigenlijk helemaal geen begin, eerder een anticlimax. Ons nieuwe leven begon niet knallend, maar als nat vuurwerk. Tegelijkertijd was het gevoel van *détente* erg welkom. Alle vraagtekens en onzekerheden, alles wat jarenlang spanningen had gegeven, was nu voorbij. Dat was echt een pak van ons hart. Althans voor mij, en toen Iris op het station in mijn hand kneep en zei hoe fijn en vertrouwd en toch vreemd het was om samen te zijn, wist ik dat alles goed was. Dat was de geruststelling die ik nodig had.

De schrijver Anthony Powell merkt in zijn memoires op dat het huwelijk absoluut op geen enkele andere menselijke ervaring lijkt. Je kunt jaren met iemand samenleven zonder je ook maar enigszins getrouwd te voelen. Maar het is ook mogelijk dat je de stap eindelijk waagt, zoals Iris en ik, en plotseling merkt dat je je heel anders gaat voelen en gedragen. Op welke manier het anders is valt niet uit te leggen, dat kun je, zoals Powell schrijft, alleen maar ervaren.

De kennismaking met Iris' moeder stelde me ook gerust. Het was een bijzonder aardige vrouw, die er zelfs haast jonger uitzag dan haar dochter. Ze was negentien toen Iris geboren werd. Ze kwam uit Dublin. In 1917 was een jongeman uit Belfast verliefd op haar geworden nadat hij net in dienst was gegaan. Iris was er trots op dat haar vader, die op een boerderij was opgegroeid, ingedeeld was bij King Edward's Horse, een cavalerie-regiment dat voornamelijk uit kleine landadel bestond. Dat heeft waarschijnlijk zijn leven gered, want de cavalerie was nauwelijks inzetbaar in een loopgravenoorlog. Iris' moeder was een zeer veelbelovende amateursopraan geweest maar gaf het zingen op toen ze eenmaal getrouwd was. Iris heeft haar zangstem enigszins geërfd en ze heeft het altijd jammer gevonden dat haar moeder niet is doorgegaan met een serieuze muzikale carrière.

In plaats daarvan kreeg ze Iris. Het was een moeilijke bevalling waarop ze in stilte het besluit nam geen kinderen meer te nemen. Iris had dat altijd instinctief geweten, hoewel haar moeder er nooit iets over gezegd heeft. Als er meer kinderen gekomen waren, zou haar leven er totaal anders uitgezien hebben. Nu had ze haar ouders helemaal voor zichzelf gehad en was op voet van gelijkheid omgegaan met zowel haar vader als haar moeder, die haar adoreerden. Na de Ierse Onlusten was het gezinnetje naar Engeland verhuisd, waar haar vader een eenvoudige ambtenaar werd. Iris heeft haar jeugd doorgebracht in een klein huis, twee onder een kap, in Chiswick. Eerst ging ze naar een Fröbelschool in hetzelfde district. Daarna werd ze naar Badminton gestuurd, een uitstekende kostschool voor meisjes, vlakbij Bristol. Zo'n privéschool kost veel geld en dat moest geleend worden, wat geheel indruiste tegen de opvattingen over zuinigheid en godvruchtigheid waarmee haar vader in Belfast was grootgebracht. Maar haar ouders hadden tegen die tijd alle belangstelling voor religie verloren. Iris' jeugd was onbekommerd goddeloos.

Haar hang naar het geestelijke ontwikkelde zich toen ze in Oxford filosofie ging studeren, en werd vooral gevoed door Plato. Het spirituele maakte deel uit van de innerlijke wereld van haar verbeelding en kwam nooit aan de oppervlakte. Het verliefd worden toen ze jong was, en het soort mensen op wie ze verliefd werd, symboliseerde in zekere zin de zoektocht naar wijsheid, autoriteit en geloof, waar velen, oud of jong, op een bepaald moment in hun leven behoefte aan hebben. Tegelijkertijd denk ik dat Iris ook altijd ongrijpbaar is gebleven en iets onverzettelijks had, wat misschien kwam door haar Noord-Ierse voorouders. Het verliefd worden op iemand met geestelijk overwicht, iemand die wijs was, of een weldoener, of in het bezit van een duistere, raadselachtige kracht, zag zij als een avontuur voor de ziel, die zich daardoor ontwikkelde. Ze hunkerde ernaar, ze had het nodig, maar ze was wel zo verstandig er nooit verslaafd aan te raken. Net als de jonge Dora Greenfield in haar roman *The Bell*, kon ze wanneer ze maar wilde wegglippen: haar gezonde verstand was in laatste instantie altijd de baas over haar emoties.

Misschien kwam het wel door haar gelukkige jeugd en de goede relatie met haar ouders dat ze later behoefte kreeg aan een heel ander soort ervaringen. Maar bij haar ouders en ook bij mij had ik het gevoel, scheen ze altijd terug te keren naar dat vrolijke, onschuldige kind. Ze ging met haar moeder om alsof ze zusjes waren en zij de oudste, de ondernemendste. Haar vader was toen wij trouwden net gepensioneerd en al bijna invalide. Hij stierf het jaar daarop aan kanker. (Hij had altijd drie pakjes per dag gerookt, maar ja, haar moeder ook.) Iris was enorm aan hem gehecht en ze miste hem vreselijk. Instinctief nam ze na zijn dood de rol over die hij in haar moeders leven had gespeeld. Ik wou dat ik meer tijd had gehad hem beter te leren kennen.

Toen we met z'n drieën van het station terugkwamen, aarzelde mijn moeder even bij de confrontatie met Mrs Murdoch en haar dochter. Met wie van de twee was haar zoon nu zojuist getrouwd? De verwarring was vergeeflijk, en ik probeerde er wat onhandig een grap van te maken, niet als schrijver, maar als cultfiguur, net als de pas beroemd geworden Beatles, als een symbool van verlichting en moderniteit. Voor Iris deed hij er alleen toe als schrijver. Ik herinner me dat ik eens een filosofische collega van haar heb horen klagen over Lawrences 'halfbakken religiositeit' *in sexualibus*. Iris maakte voorzichtig bezwaar en zei dat hij zo'n geweldige schrijver was dat het niet uitmaakte waarover hij schreef. Maar seks werd zeker een nieuwe religie in de jaren zestig en zeventig en toen de teleurstelling inzette sloeg men door naar de andere kant: seks werd een prestatiesport, waarbij men zichzelf op welhaast faustiaanse wijze probeerde te overstijgen door naar almaar nieuwe records en meer kunstjes te streven. Dat alles ging aan onze genoeglijke en rustige benadering van de zaak voorbij.

Ik heb me wel eens afgevraagd hoe het Iris in bed afging met minnaars wiens benadering ambitieuzer en veeleisender was dan de mijne. Ik kwam daar toevallig iets over te weten toen een kennis die zoals ik wist korte tijd een succesvol bewonderaar van haar was geweest, zich versprak. Ik mocht die man niet zo erg. Hij was briljant op zijn vakgebied, maar zijn zwakte was dat hij zijn vrienden iets te nauwkeurig op de hoogte hield van zijn liefdesaffaires. Hij moest altijd kwijt in welke pijnlijke, of extatische situatie hij zich nu weer bevond. Bij deze gelegenheid merkte hij op dat je een meisje kon leren aan te voelen wat jij wilde; als ze maar gek genoeg op je was, zou ze alles voor je doen. 'Niets is ontmoedigender dan een partner die niet bedreven genoeg is om het spel mee te spelen,' merkte hij wijs op, en toen keek hij me plotseling schuldbewust aan, alsof hij te veel gezegd had. Het was niet waarschijnlijk dat hij wist dat ik wist dat hij iets met Iris had gehad, maar die heimelijk schuldbewuste blik gaf me sterk het idee dat hij haar tekortkomingen in bed in gedachten had en zich realiseerde dat hij het daar beter niet met haar echtgenoot over kon hebben.

Onze slaapkamergewoonten (de diepe, diepe tevredenheid in het tweepersoonsbed, na het tumult van de chaise longue, zoals Mrs Pat Campbell ooit schreef) waren altijd op een kalme manier bevredigend en we vroegen ons nooit af of het nog beter of meer kon zijn. De dame in Iris' roman *A Severed Head* die klaagde dat haar huwelijk 'nergens toe leidde' zou waarschijnlijk hetzelfde gezegd hebben over haar seksleven. Wij verwachtten niet dat seks of het huwelijk ergens toe zouden leiden: we waren blij dat alles gewoon z'n gangetje ging.

Hoewel Iris zelf geen enkele behoefte had aan een gezinsleven, was het aandoenlijk te zien met hoeveel gretigheid ze deelnam aan familieactiviteiten. Ze was als enig kind heel blij met het vooruitzicht twee zwagers te krijgen, hoewel die geen van beiden erg veel belangstelling voor haar toonden. Ze liet haar teleurstelling daarover nooit blijken en in de loop van de tijd werd ze beloond door de toenemende waardering, bijna toewijding, van mijn middelste broer Michael. Hij was brigadier in het leger geweest en nu met pensioen. Hij had een eminente militaire staat van dienst, maar na zijn pensionering hield hij zich voornamelijk bezig met het herstellen van monumenten in vervallen kerken. Het waren vaak schitterende bouwwerken, voornamelijk in East Anglia. Hij was vrijgezel en niets scheen hem meer plezier te doen dan ons rond te rijden om Iris zijn werk te laten zien. Hij wees dan op de subtielste details bij het restaureren van albast – zijn specialiteit – of was trots op de vondst van een of ander verwaarloosd beeld of een cherubijnenkopje.

De nu gerestaureerde kerk in Lydiard Tregoze, Wiltshire, was een bijzonder pronkstuk van hem. Hij was zuinig – met zijn restauratiewerk verdiende hij nauwelijks iets – en ging zorgvuldig met zijn pensioen om. Als hij aan het werk was bleef hij gewoonlijk op zijn kampeerbed slapen in de kerk, hoe afgelegen en desolaat die ook was. Ik vroeg hem eens of dat niet een beetje spookachtig was. Hij wuifde dat weg maar zei even later dat hij zich een keer ongemakkelijk had gevoeld toen hij midden in de nacht wakker was geworden in de privékapel van het landgoed Harewood in Yorkshire. We vroegen of daar een verklaring voor was. Nee niet echt, zei hij, en toch was hij overvallen door het gevoel dat er iets van aanzienlijke afmetingen, iets plats en donkers, in het halfdonker over de vloer bewoog en langzaam naar zijn bed kwam. Ik bracht onmiddellijk nogal tactloos het spookverhaal van M.R. James te berde, dat 'The Treasure of Abbot Thomas' heet en over een merkwaardig wezen gaat, dat lijkt op een vochtige leren zak. Het speelt in de Middeleeuwen en het vreemde schepsel moet voor een satanische geestelijke een schat bewaken die verborgen ligt onder het schip van de kerk. Nee, dat had hij niet gelezen, zei hij nogal kortaf. Ongeveer het enige boek dat hij sinds zijn schooltijd wel gelezen had was *A Month in the Country*, niet het toneelstuk van Toergenjev, maar een korte romance van J.R. Carr, over een jongeman die net als hij bezig was met restauratiewerk aan een kerk. Daarover wilde hij nog wel eens enthousiast worden.

Ik denk niet dat hij ooit een boek van Iris heeft gelezen, maar op zijn eigen manier respecteerde hij wat ze deed. Misschien zag hij haar in zekere zin als een toegewijde medesoldaat: iemand die als een goede bevelhebber bereid was zich totaal te wijden aan het winnen van de strijd. En misschien voelde zij zich wel het meest met hem verbonden door zijn extreme terughoudendheid. Hoewel ze elkaar maar zelden zagen, alleen met Kerstmis en dergelijke, was het duidelijk dat ze op elkaar gesteld waren. Sinds Iris Alzheimer heeft, heeft hij de nogal onkarakteristieke wens te kennen gegeven ons regelmatig te willen bezoeken. Hij komt dan op zondag met de auto uit Londen om te lunchen. Hoewel Iris zich hem van tevoren niet voor de geest kan halen, fleurt ze altijd op van zijn bezoeken.

Mijn eigen gevoelens zijn gemengder, omdat ik hem iets moet voorzetten wat op een echte lunch lijkt, in plaats van onze dagelijkse picknick. Thuis en op het werk leeft mijn broer op sardines en tomaat, een gezond dieet, hoewel hij zich niet om dat soort zaken bekommert. Maar als hij komt lunchen verwacht hij dat zijn jongste broer moeite voor hem doet. Op een bepaalde manier is dat wel aandoenlijk, want hij bedoelt het goed en ik vind het zelfs wel prettig dat hij zich af en toe als de grote broer opstelt, maar het is ook een hoop werk. Hij is overdreven stipt met drank als hij nog moet rijden en brengt daarom altijd zijn eigen fles alcoholvrij bier mee, met een of andere militaire naam, zoiets als Caliber.

Ik plaagde Iris vroeger wel eens door te zeggen dat ze een milde vorm van het 'Lawrence of Arabia'-complex had. Dan glimlachte ze maar ontkende het niet. Ik ben altijd van mening geweest dat T.E. Lawrence een nepfiguur was. *The Seven Pillars of Wisdom*, eens het cultboek van homoseksuelen uit de hogere klasse en academici die hevig verlangden naar actie, is voor mij zo hoogdravend geschreven dat het bijna niet te lezen is. Ik ben dat altijd blijven vinden, maar Iris bleef het boek en de auteur stilletjes trouw. Ze had het op school gelezen, 'vlak na mijn Rafael Sabatini-periode,' vertelde ze eens. (Sabatini, de auteur van *Captain Blood* en *The Black Swan*, een enorme zwetser, schreef een groot aantal populaire boeken.) Haar onkritische houding ten aanzien van *The Seven Pillars* hing samen met de invloed die dat boek op haar heeft gehad. Zij was uiterst gevoelig voor T.E. Lawrences soort romantiek en die is dan ook in veel van haar eigen romans terug te vinden. Haar personages hebben voor veel van haar verslaafde lezers dezelfde aantrekkingskracht die de persoon van Lawrence en de legende om hem heen ooit hadden. Hoewel ze haar protagonisten natuurlijk altijd naar haar eigen hand zet, net als de wereld die ze hen laat bewonen. Alles wordt door haar getransformeerd.

Zo ook mijn broer, die in sommige van haar romans

als een schaduw aanwezig is, hoewel ik betwijfel of hij zichzelf zou herkennen. In *An Unofficial Rose* verschijnt hij bijvoorbeeld als iemand die Felix heet. Tegenover Iris heb ik daar nooit commentaar op geleverd. Zij had er een vreselijke hekel aan als haar personages op de een of andere manier te identificeren waren, zeker als het haar eigen familie betrof. Ze had ze verzonnen: ze waren geheel en al van haar en maakten deel uit van haar eigen universum, wat in zekere zin natuurlijk ook zo is.

Toen we trouwden had ze al drie succesvolle romans geschreven en was ze bezig met de vierde. In haar derde, *The Sandcastle*, komt een onvergetelijke scène voor waarin een groene auto, een Riley, een ingewikkeld onderwater-avontuur beleeft. Ik was er trots op dat ik wist waar die Riley vandaan kwam, want ik had hem zelf voor Iris gevonden, na ijverig bestuderen van de advertenties in de *Oxford Mail*. Het werd de opvolger van haar lichtblauwe Hillman Minx waar ik een ongeluk mee had gehad. Ze had de Hillman Minx gekocht met de opbrengst van haar vorige roman, *The Flight from the Enchanter*. In de zomer van 1955 was ik haar rij-instructeur geworden. Ik had een oude Morris die ik goedkoop van mijn ouders had overgenomen toen zij een nieuwe kochten. Iris leerde snel en reed uitstekend. Het zou arrogant zijn te zeggen dat ik haar dat geleerd heb, maar ik zat in ieder geval naast haar en gaf aanwijzingen. Wij noemden mijn auto EKL, de letters van de nummerplaat, wat werd uitgesproken als het Duitse *ekelhaft*, dat 'afschuwelijk' betekent – maar we waren natuurlijk dol op hem. Iris deed er examen in en slaagde de eerste keer. Toen de examinator bij haar instapte hing ik ergens op de achtergrond rond en zag tot mijn opluchting dat ze de achteruitkijkspiegel ostentatief goed zette voor ze wegreed, zoals ik haar had aangeraden.

Na al mijn wijze raadgevingen en instructies was ik evenwel degene die de arme Minx op een beijzelde weg in elkaar reed. Ik had de auto geleend om naar een feestje buiten Oxford te gaan. Iris was ontzettend blij met haar Minx en nu was zijn leven door mij wel heel verdrietig bekort. Ze nam het slechte nieuws fantastisch op. Terugkijkend was dat denk ik het moment waarop ons leven samen echt begon, hoewel er nooit iets gezegd werd over trouwen en ik het allang had opgegeven er zelfs maar op te zinspelen. Dit soort kleine huiselijke rampen stellen een relatie echt op de proef en uit de manier waarop ermee wordt omgegaan blijkt of het iets kan worden. Iris was zo opgelucht dat ik niet gewond was, dat de Minx haar niet zoveel meer kon schelen. Het ongeluk had duidelijk gemaakt dat ik belangrijk voor haar was. Geen liefdesverklaring van mijn kant was in staat een overtuigender reactie los te maken. Daarenboven vergoedde de verzekering alles, en was de groene Riley, hoe onpraktisch ook, veel romantischer en mooier dan de Minx. Het was er een uit 1947, bijna tien jaar oud, en zijn donkergroene carrosserie, niet zo lang daarvoor nogal amateuristisch overgespoten, contrasteerde mooi met de elegante zwarte spatborden en de gracieuze kromming van de radiator, met de naam in blauw emaille erop. Niemand was minder wispelturig dan Iris, maar door de opwinding over de Riley was de Minx al gauw uit haar gedachten, hoewel zij hem nooit helemaal zou vergeten.

Dat wil zeggen, tot voor kort, want de herinnering aan de Minx is uit haar geest verdwenen. Als ik daarentegen de Riley noem en hem beschrijf, is er wel degelijk iets van een glimpje herkenning. Ze moet zelfs lachen als ik haar herinner aan z'n slechte gewoonten en z'n slechte remmen. Hij zou als hij nu nog bestond veel waard zijn. Na zijn eervolle pensionering, hebben we hem meer dan twintig jaar in de garage laten staan, tot we de ruimte nodig hadden en hem voor een paar pond van de hand hebben gedaan.

Zoals ik al zei speelden rivieren een belangrijke rol op onze huwelijksreis. We hadden gepland in een kalm tempo een culturele tocht door Frankrijk te maken, en dan over de Alpen naar Noord-Italië te gaan. Beroemde steden als Florence en Venetië lieten we links liggen; die zouden we bewaren voor een andere keer. In plaats daarvan logeerden we in Urbino, San Gimignano en Arezzo. Die plaatsen waren Iris met klem aangeraden door een stel dat ik haar 'kunstvrienden' noemde — Brigid Brophy en haar man Michael, de latere directeur van de National Gallery. Brigid had Iris ernstig aangesproken op het feit dat ze zich met zoiets banaals als het huwelijk had ingelaten, maar haar sarcasme werd enigszins ontkracht doordat ze, zij het met tegenzin, de stap zelf ook had genomen. Ze wilde ervaren hoe het was om een kind te hebben. Alleenstaande moeders hadden in die dagen nog niet de eervolle status die ze later zouden krijgen.

We waren zo verstandig niet met de Riley op huwelijksreis te gaan, maar met een kleine Austin bestel, die ik net voor een zacht prijsje nieuw had gekocht. Hij was extra goedkoop omdat het een 'bedrijfswagen' was en daarom vrijgesteld van wat toen weeldebelasting heette. Dezelfde Elaine Griffith die me op het feestje had uitgenodigd waar ik Iris ontmoette, had er ook net een gekocht en slim als ze was, had ze door een garage de metalen zijpanelen laten vervangen door ruiten. Zo werd het een luxe-auto en was je niet meer gebonden aan de toen voor bestelwagens geldende maximumsnelheid van dertig mijl per uur. Zij raadde mij hetzelfde aan, maar we besloten het niet te doen, jammer genoeg, want al gauw werd ik bekeurd door een weinig sportieve politieman toen ik bijna veertig mijl per uur reed.

Ondanks deze tegenslag hield ik vol dat het beter was dat het een bestelwagen bleef, omdat we er dan in geval van nood in konden slapen. We hebben dat eigenlijk maar één keer gedaan, en dat pas jaren later in het westen van Ierland. We waren naar de beroemde zwarte granieten Moher-klif gaan kijken toen een boom van een boer, die we de Moher Gigant doopten, ons vroeg of we hem met onze bestelwagen wilden helpen het hooi binnen te halen van een veld dat zich tot de rand van een afgrond uitstrekte. Hij wilde onze auto zelfs kopen en vroeg nieuwsgierig 'wat de prijs nu in Engeland zou zijn'. Nadat we enige uren later in een staat van uitputting kans zagen van hem af te komen, vonden we een vissershotel waar ze ons een *high tea* met gegrilde forel konden bieden maar geen kamer voor die nacht. Dus reden we naar een rustig strandje, maakten een souper van bacon en eieren in de geblutste pan die we op de markt in Belfast hadden gekocht, en installeerden ons voor de nacht. We sliepen als een roos en werden gewekt door het krijsen van meeuwen die de binnen tuffende mosselvissers tegemoet vlogen. Voor het ontbijt gingen we terug naar het hotel en kregen bacon en mosselen, het favoriete ochtendmaal van die goeie ouwe koningin Elizabeth I, die het altijd wegspoelde met een pint bier. In plaats daarvan namen wij een Irish coffee.

Tijdens deze tocht, waarbij we de rotsachtige kusten van County Clare verkenden en die vreemde steenwoestenij die bekendstaat als 'The Burren', rijpte bij Iris het idee voor haar mysterieuze roman *The Unicorn*. Dit was het landschap dat de juiste sfeer had voor het verhaal van een vrouw die hevig betrokken raakt bij de seksuele praktijken in een klooster vlakbij de onherbergzame kust. *The Unicorn* is voor mij altijd de meest Ierse van al haar romans geweest, zelfs nog meer dan *The Red and the Green*, dat gaat over de Paasopstand van 1916.

Ik ontdekte op die tocht dat het mogelijk was aangenaam te zwemmen in koud water, of liever gezegd, niet te zwemmen maar te drijven. Ik hing stil in een nauwe baai met een duikbril en een snorkel om de flora en fauna van de zeebodem te bekijken. Aan de rotsachtige noordelijke kusten is het leven onder water veel betoverender dan waar ook in de tropen. De donkerrode en amethysten bladeren van het zeewier golven zachtjes over de grote gladde stenen die door de winterstormen zijn gepolijst. Groene krabben zo groot als soepborden strompelen zijwaarts weg. Vissen zijn zeldzaam, maar een schol die eruitzag als een gespikkelde patrijs, lag half verborgen onder het witte zand en keek schuin naar me op. Ik was zo geboeid dat ik ongevoelig was voor de kou. Toen ik eruit kwam, rilde en trilde ik vreselijk. Iris wreef me als een moeder afkeurend tuttuttend droog, tot er weer wat gevoel terugkwam, maar toen ik haar de snorkel en de duikbril gaf, werd ze net zo gegrepen als ik en voelde ook geen kou. Het leek of ze uren in het water bleef. Intussen maakte ik met bevende handen van wrakhout een vuur waar ik bovenop kroop en ik nam een paar flinke slokken uit onze whiskyfles. Later heb ik geprobeerd in zee te gaan met al mijn kleren en mijn regenjas aan en dat ging goed, hoewel het niet meeviel die oververzadigde kleren uit te trekken. Ze bleven als een ijzig Nessuskleed aan mijn lichaam kleven. Dan was ik even behoorlijk jaloers op Heracles, bij wie dat fatale kleed in brand vloog.

Toen ik er eenmaal aan gewend was hield ik meestal een hemd aan tijdens het zwemmen, zelfs als het water niet koud was. Ik was in de haven van Pisa in de motregen een keer vissen aan het bekijken. Bij het havenhoofd zaten er heel veel, sommige zelfs fel gekleurd. Iris had besloten om niet in het water te gaan en stond onder een paraplu te kijken. Er zaten ook een paar vissers. Later vertelde ze dat een van hen plotseling geschrokken was opgesprongen en dat ze daarna allebei gespannen in het water hadden getuurd.

Toen ik opdook met mijn snorkel en mijn ouderwetse hemd, werd pas duidelijk waarnaar. 'Die vissers wilden het merk van je hemd weten,' grinnikte Iris. 'Echt waar, ze probeerden het label te lezen.' Vooral het moment waarop ze hun hoofd er bijna afgedraaid hadden om de onder hen doorzwemmende verschijning te volgen, had ze erg grappig gevonden en later deed ze dat nog wel eens na.

Een halve eeuw geleden waren de wegen in Frankrijk leeg. De lange rechte wegen met populieren waren nog vol *déformations* door verwaarlozing na de oorlog, maar heerlijk om in een *rêverie à deux* overheen te zoeven. Door een stad rijden was geen enkel probleem. Een behulpzaam bord beloofde TOUTES DIRECTIONS; een verveelde gendarme blies onnodig op z'n fluitje, restaurants prezen hun *repas* aan met een bord op de stoep. Frankrijk bestond niet voor de toeristen en al evenmin voor de eigen bevolking (waar was die? wie waren zij?), maar voor huwelijksreizigers zoals wij, met weinig geld. We luisterden hoe iedere populier 'sssst' fluisterde als je erlangs reed, met dezelfde rustgevende regelmaat waarmee je in die tijd langs de trein telegraafdraden op en neer zag gaan.

Dan stopten we bij zo'n klein restaurantje dat voor driekwart leeg was en namen *charcuterie* en *entrecôte aux endives* en onbeperkte hoeveelheden rode wijn die nooit per fles besteld hoefde te worden. De piepkleine hotelletjes (de la Poste, of de la Gare) hadden geboende vloeren en roken naar knoflook en Gauloises. De inboorlingen waren zwijgzaam, de taal formeel en afstandelijk, maar het viel me op dat zelfs de ernstigste Fransman (voor mij hadden ze allemaal de ernst van monniken en nonnen) op Iris' glimlach reageerde.

Zij kende Frankrijk natuurlijk al, alleen een ander Frankrijk — in mijn ogen geheel bewoond door schrijvers en intellectuelen die in cafés tussen consumpties door boeken zaten te schrijven. Niet lang daarvoor was Iris in de ban geraakt van Sartres *La Nausée* en van *Pierrot Mon Ami* van Raymond Queneau. Ze had Queneau aan het eind van de oorlog wel eens in Brusselse cafés ontmoet en van hem gehoord over Becketts vooroorlogse roman *Murphy*. Voor *La Nausée* had ze filosofische belangstelling en aan *Murphy* had ze voor haar eigen eerste roman *Under the Net* iets van de grillige bohemienwereld ontleend. Ten tijde van het existentialisme leek Iris merkwaardig genoeg eerder minder geëngageerd te worden dan meer, zelfs een beetje onverantwoordelijk — misschien wel als reactie. Ze deed me denken aan de jongeman in Boswells *Life of Johnson*, die filosofie wilde studeren, maar 'er kwam steeds iets vrolijks tussen'.

Onze eigen vrolijkheid vond een uitstekend decor in het rustige, lege, ontoeschietelijke Frankrijk, dat ons zo verrukkelijk en voordelig voedde en waar je over eindeloze wegen honderden, ja zelfs duizenden kilometers kon afleggen zonder ooit moe te worden.

Onze eerste duik in Frankrijk was in een diepe, kalme zijrivier van de Somme in het departement Pas de Calais. Misschien wel op dezelfde plek waar in het gedicht van Wilfred Owen de hospitaalschepen lagen, tijdens de nutteloze offensieven van de Eerste Wereldoorlog. De volgende duik was veel zuidelijker, in een stijle vallei met dichtbeboste hellingen vol dennen en kastanjes. Het water was warm en de plek zo eenzaam dat we er naakt in glipten. Op een ondiepe plek voelden mijn voeten een glad rond voorwerp. Het was half begraven in de modder, maar ik had het zo boven water en zag dat het op een Griekse of Romeinse amfoor leek. Hij was aardekleurig, maar op een of twee plaatsen gebarsten. Hij was duidelijk niet oud – in de bodem was een merknaam gestanst – en ik stond op het punt hem weer naar zijn onderwaterhuis terug te laten zakken toen Iris, naast mij watertrappend, heftig protesteerde. Ook toen wilde ze al alles houden wat we vonden. Ingepakt in Franse kranten kreeg hij een rustplaats op de vloer van onze bestelwagen en in een hoekje van onze tuin heeft hij nog jaren voortgeleefd. Totdat de vorst de barsten in de gaten kreeg en hij uit elkaar viel.

Nadat we hem op de oever hadden gezet gleden we er weer in. Iris was dromerig en afwezig. 'Stel je eens voor dat we een grote oude kerkklok hadden gevonden,' zei ze even later tijdens het afdrogen. Ik zei dat dat buitengewoon onwaarschijnlijk zou zijn, op zo'n afgelegen plek, ver van een stad of dorp. Maar daar wist haar verbeelding wel iets op.

'Hij kan uit een toren gestolen zijn en in de rivier verstopt tot ze hem konden verkopen. In Engeland wordt op het platteland toch ook heel vaak lood uit kerken gestolen? En hier zijn de dieven gewoon nooit teruggekomen.'

'Een redelijk recente gebeurtenis dus? Niets legendarisch?'

'Nee wacht even... De kerk was tijdens de Reformatie ontheiligd door de — hoe heetten ze ook weer in Frankrijk?' Haar gezicht stond ernstig. Ze zat onder de modder die ze met haar handdoek afwezig over haar hele lichaam aan het verspreiden was.

'Hugenoten?'

'Ja, de hugenoten hebben de klok naar beneden gehaald en wilden hem kapot maken of smelten of zoiets, maar het lukte een paar toegewijde parochianen om hem te stelen en hier in veiligheid te brengen.'

Hoewel ze was afgestudeerd in Oude Geschiedenis had Iris als student haar beste essays over filosofie geschreven. Dat had ze me tenminste verteld; en haar historische kennis was inderdaad nogal schetsmatig. Maar zoals duidelijk wordt uit haar romans beschikte haar verbeelding soms over een bijna betweterige nauwkeurigheid.

De treffendste episode in de daaropvolgende roman, *The Bell*, kwam zeker uit die rivier. Er wordt een grote klok gevonden in een oude abdij, die in het boek het centrum van een moderne religieuze gemeenschap is geworden. Wat de klok symboliseert is raadselachtig, maar de indringende portretten van de personages die een religieus leven willen leiden zijn buitengewoon helder en scherpzinnig.

De volgende dag kwamen we in een bergachtig gebied, vlakbij de grens. Om vroeg de Alpen over te kunnen steken, besloten we te overnachten in een stadje aan een spoorwegknooppunt. In het holst van de nacht vloog onze slaapkamerdeur open en bulderde een stem: '*Georges! C'est l'heure.*' We werden totaal verblind door het meedogenloze licht waarmee de jonge spoorwegwerker zijn kameraad wilde wekken. Toen hij zijn vergissing doorhad, mompelde hij op gedempte toon: '*Ah, Madame, mille pardons.*'

Terwijl ik me de volgende dag door de haarspeldbochten wrong, kon ik over niets anders praten dan over Hannibal. Ik herinnerde me het verhaal van Livius. Toen Hannibal in een pas op een massieve rots stuitte, waarschijnlijk het gevolg van een aardverschuiving, liet hij grote vuren aanleggen en probeerde het obstakel te laten barsten door er daarna azijn over te gooien. 'Waar haalde hij zoveel azijn vandaan,' wilde Iris weten, 'en werkte het? Heeft iemand het wel eens geprobeerd?' Dit scepticisme was een typisch voorbeeld van de nauwgezette manier waarop zij omging met onwaarschijnlijke voorvallen in haar fictie, die ze altijd omzichtig en met gezond verstand aftastte om er zeker van te zijn dat wat ze verzon ook kon. *The Bell* is daar een goed voorbeeld van. De ontdekking van de klok is op een wonderbaarlijke manier aannemelijk, ongeveer zoals de beschrijvingen van de vreemde avonturen van *Alice in Wonderland*, wat trouwens een van Iris' lievelingsboeken was.

We vervolgden ons gesprek over de logistieke problemen van Hannibals campagne en de moeilijkheden die zijn kwartiermeesters met de bevoorrading van de azijn gehad moeten hebben, tot we zo hoog waren dat we de mist in reden en het geluid van koebellen hoorden. We hadden voor dit plechtige moment een fles mousserende bourgogne bij ons die we boven op de pas opdronken. We legden de lege fles onder een steen langs de weg. Ik markeerde de plek zorgvuldig, tenminste dat dacht ik, want we wilden hem op de terugweg oppikken. Iris vond het vervelend om hem daar achter te laten. Maar toen we de ceremonie op de terugweg herhaalden met een Asti Spumante, gekocht in zijn geboorteplaats, kon ik de andere fles niet terugvinden, hoe ik ook zocht. Dus legden we de Italiaanse fles maar op een soortgelijke plek, waarvan Iris hoopte dat het dicht genoeg bij de andere zou zijn om hem gezelschap te houden.

Ze was altijd begaan met het lot van levenloze dingen. Ik plaagde haar wel eens met de bloem van Wordsworth, die volgens de dichter 'genoot van de lucht die hij inademde'. Iris zei dan ongeduldig en enigszins raadselachtig: 'Over die bloemen hoeven we ons geen zorgen te maken. Er zijn andere dingen die onze aandacht veel meer nodig hebben.' Die achtergelaten flessen gingen haar echt aan het hart, hoewel ze zich er uiteraard bij neerlegde. Maar ik moet wel eens aan ze denken als ik nu zie hoe ze zich als een oude zwerfster bukt om snoeppapiertjes of sigarettenpeuken van de stoep op te rapen. Ze voelt mededogen en wil ze een thuis geven.

Ik heb gemerkt dat intellectuelen geneigd zijn dit soort zaken in haar romans af te doen als eigenaardig of sentimenteel. Maar ze nemen niet de moeite zich te verdiepen in de betekenis van de terloopse ernst waarmee ze dit soort dingen te berde brengt. Ik noem het voor mezelf haar boeddhistische kant. Ze heeft altijd grote waardering voor die religie gehad, die, zoals de aanhangers ervan je kunnen vertellen, eigenlijk helemaal geen religie is. Een van de meest verlichte aanhangers is professor Peter Conradi, die bezig is met een biografie over Iris. Zijn waardering voor haar romans heeft zeker met zijn boeddhisme te maken. Je 'gelooft' niet als je boeddhist bent, zelfs niet in de heiligheid van boeddha. 'Als je boeddha op straat tegenkomt moet je hem doden,' is een oud gezegde dat Peter vaak met een ernstige glimlach aanhaalt. Het is zonder twijfel waar dat Iris' verbondenheid met de dingen zijn weerklank vindt in de leerstellingen van het boeddhisme.

Toen we eenmaal veilig de Alpen afgedaald waren, aten we in Susa onze eerste spaghetti. Het was zonnig en warm na de grijze Alpen, terwijl we toch nog vrij hoog zaten. Toen we Susa verlieten, vol spaghetti en rode wijn, stond er een dikke kruidenier bij zijn winkeldeur. Hij stapte de weg op en hield zijn hand omhoog. Wilden we misschien wat proviand meenemen? Wijn? Hij had kruiken hele goede wijn voor ons — zijn eigen wijn. Hij liet zijn stem dalen en zei dat we alles gratis konden krijgen in ruil voor een paar benzinebonnen — *coupone*. Benzine was schaars in Italië en vreselijk duur. Toeristen werden door hun reisbureau van bonnen voorzien en waren daardoor op hun rondreis door het Continent buitengewoon populair.

We hadden hem graag van dienst willen zijn, maar we hadden die bonnen zelf nodig — hoeveel konden we nog niet zeggen. De kruidenier begreep het dilemma. Als we op de terugweg coupons over hadden, zouden we zakendoen. Ongeveer veertien dagen later was dat het geval. Er werden ons zware salami's van een meter lang opgedrongen en enorme flessen wijn. Toen we weer stopten boven op de pas in de Alpen, groef Iris een grote gladde steen uit – wie weet losgeraakt bij Hannibals experiment met de azijn? – die ze zo graag wilde meenemen, dat ik hem op alle andere rommel in de bestelwagen heb gehesen. Hij moet op een van de grote wijnflessen beland zijn. Terwijl we afdaalden naar Frankrijk druppelden er ongemerkt liters wijn op de weg. Niet alles ging verloren. Ik heb nog steeds een gemarmerd hemd dat ondanks verscheidene wasbeurten het delicate patroon van roze en Toscaans rood maar niet kwijtraakt.

Onze trek in spaghetti pomodoro was onverzadigbaar. Het scheen het enige te zijn dat we wilden eten tijdens die huwelijksreis. We aten vaak in de open lucht, onder wat Shelley 'het dak van het blauwe Italiaanse weer' noemde. Bij de lunch dronken we ettelijke karaffen koude witte wijn of chianti, waarna we een heerlijke diepe middagslaap deden. De witte wijn werd geserveerd in bedauwde karaffen met een loodje erop, als waarmerk dat het een *mezzolitro* was. We hebben een van de moederlijke diensters van een *trattoria* kunnen overhalen er een aan ons te verkopen.

We zetten onze zoektocht naar rivieren voort en op de middag waarop we Susa verlieten, vonden we er weer een. Op de kaart ontdekte ik later dat het de Tanaro was, een zijtak van de Ticino, waar Hannibals Numidiërs de Romeinse cavalerie glansrijk verslagen hadden. In tegenstelling tot onze vorige rivier liep deze door een open, zonnige vlakte. Ik had gegokt dat een zandpad ons ernaar toe zou brengen en na een mijl hobbelen waren we er. Er was niemand: we hadden het hele landschap en de hete middag voor onszelf. Althans, dat dachten we. Toen we op het punt stonden uit het water te komen, zag Iris plotseling dat er mensen aan de kant stonden – een heel rijtje Italiaanse boeren, kinderen en een politieman in uniform. Misschien had een kind ons gezien en de volwassenen erbij geroepen om hun de vreemde vogels te laten zien. Ze stonden met z'n allen geanimeerd te praten en lachten ons toe met flitsende tanden in een gebronst gezicht. Vanuit het water leek het tafereel op de fries van een schilderij, zoiets als de 'Doop van Christus'. Maar ondertussen waren wij bloot en moesten zien bij onze kleren te komen zonder de lokale gevoeligheden te schokken.

De politieman scheen het probleem plotseling te begrijpen. Misschien wel door de manier waarop we keken. Hij gebruikte zijn autoriteit om de boeren en kinderen – er waren geen vrouwen bij – terug te sturen naar de weg. Toen ze uit het zicht waren ging hij met een uitnodigend gebaar naast onze kleren en besmeurde handdoeken staan. Er zat niets anders op. We kwamen zo waardig mogelijk te voorschijn, bogen dankbaar, glimlachten hoffelijk; we gedroegen ons maar alsof we volledig gekleed waren.

Een dag of wat later waren we in Volterra, het 'vorstelijke Volterra' uit *Lays* van Macaulay:

Het fronsend bolwerk dat bekwaam
Werd opgestapeld door giganten
Voor vorsten godgelijk van faam.

Het wemelde in de bergen van de marmergroeven, in allerlei winkels was albast te koop. We zaten vaak op hetzelfde terras op een plein waar de ober precies op een foto van de jonge Kafka leek. Hij intrigeerde Iris in hoge mate. Hij bewoog zich in tegenstelling tot de meeste Italiaanse obers beschroomd, alsof hij niet meer helemaal zeker wist wat hij op zijn dienblad had staan of waar hij het heen moest brengen. Hij leek ons wel te mogen, maar zijn glimlach was *distrait*, een beetje gekweld, alsof hij in gedachten een groot werk aan het uitdenken was, waarvan hij wist dat het nooit zou afkomen. Er vlogen altijd wespen om zijn hoofd, hij deed geen poging ze weg te jagen, alsof zij de zichtbare belichaming waren van de *Angst* die hem beheerste. 'Misschien verwerkt hij ons wel in een van zijn verhalen,' zei Iris.

Toen we de arme Kafka en de hem begeleidende wespen om Punt è Mes vroegen, een heerlijke, iets bittere Italiaanse vermouth, waar we allebei de smaak van te pakken hadden gekregen, realiseerde ik me dat er een enorm verschil moest zijn tussen hoe wij hem zagen en zijn werkelijke innerlijke roerselen. Dat verschil leek me plotseling erg belangrijk. Als onze Kafka echt een gekwelde ziel was en niet alleen maar in spanning zat over de voetbaluitslagen, konden we daar niets aan doen en op geen enkele manier contact met hem maken. Zijn neerslachtigheid, als het dat was, had te maken met een onkenbaar leven, het soort leven waar we thuis door onze boeken wel kennis van konden nemen, maar dat hier geen vorm had waar we iets mee konden. Aan die zonnige tafel werd ik plotseling overvallen door de troosteloosheid der dingen, door de tranen der dingen, zoals het bij Virgilius heet, die zich bijna surrealistisch manifesteerden in de vorm van een jonge Kafka die het café in en uit liep met glazen Punt è Mes en minuscule kopjes espresso.

Ook Iris was diep in gedachten verzonken. Ik pakte haar hand en ze kneep in de mijne. Waar dacht ze aan? Ik had geen idee, evenmin als ik kon weten wat er in Kafka omging en ik besefte heel goed dat er geen enkele manier bestond om daar achter te komen. Dat vervulde me evenwel met een diepe tevredenheid: het maakte me even gelukkig als de veronderstelde smart van Kafka me droevig had gemaakt. Wat wisten we toch weinig van elkaar, wat waren we alleen! Plotseling leek dat me het meest kenmerkende van onze liefde en ons huwelijk. We waren samen omdat we getroost en gerustgesteld werden door de eenzaamheid die wij bij elkaar herkenden.

In een achterafstraatje vonden we een oud en sjofel hotel. Door de meubelen en stoffige rode gordijnen in onze kamer was het alsof we in een vervallen palazzo zaten. Je kon er niet eten en 's ochtends gingen we terug naar het plein, waar Kafka ons koffie en broodjes bracht. Ik geloof dat we ons in Volterra pas echt getrouwd begonnen te voelen. In dat oude grootse en strenge stadje werden we op een of andere manier voortdurend gewezen op de vluchtigheid van voor- en tegenspoed, de kortheid van het leven en de vermoeiend lange weg van de geschiedenis. Het was ook in Volterra dat ik doordrongen raakte van de wezenlijkheid van Iris' geheime, creatieve leven. Ik wist intuïtief wanneer ze aan het werk was, al had ik er geen idee van wat haar bezighield, en dat gaf me een gevoel van zowel veilige als afstandelijke nabijheid. Ik denk dat ze zich toen realiseerde dat die gang van zaken mij steeds beter beviel en dat het niet lang zou duren of ik zou niet anders meer willen.

We ontdekten toen ook van elkaar dat we soms vermakelijke dagdromen hadden over de mensen die we tegenkwamen — in mijn geval gingen ze meestal over meisjes en vrouwen, bij haar over mannen. Dat was een ander aspect van onze intimiteit, er school geen enkele bedreiging in, het was alleen maar grappig. We lieten toen, en zijn dat trouwens altijd blijven doen, aan elkaar merken welke gedachten ons amuseerden. Ik denk dat Iris er een beetje over gedroomd heeft hoe het zou zijn om Kafka te bemoederen, hem aan te moedigen, en misschien een verhouding met hem te hebben.

Ik weet niet of ze ook gedroomd heeft over de politieman bij de rivier, maar dat is niet ondenkbaar, want het was een imposante verschijning. Eenmaal bij onze kleren aangekomen, pakte Iris snel een handdoek die ze omsloeg, maar de politieman had zich intussen discreet omgedraaid en stond met z'n handen op z'n rug in de verte te staren. Toen we aangekleed waren draaide hij zich met een vriendelijke glimlach om en informeerde of het water lekker geweest was. '*Non troppo fresco*?' Iris was een paar keer eerder met vakantie in Rome en Florence geweest en haar Italiaans was beduidend beter dan het mijne. Ze begon een gesprek met hem en het werd al snel duidelijk dat hij wel een lift naar de volgende stad wilde. Hij was bij familie op bezoek geweest op de boerderij vlakbij de rivier; de boerderij versmolt zo totaal met het Italiaanse landschap dat hij nauwelijks te zien was. Hij had gelukkig geen dienst, ondanks zijn grijze uniform en militaire pet, zodat een berisping wegens schending van de openbare orde achterwege bleef. Als hij praatte leek hij niet meer op een moderne functionaris, maar deed hij me eerder denken aan de waardige gereserveerde gezichten op schilderijen uit het Quatrocento.

Bleven we in Orbessano logeren? Dan kon hij een hotel aanbevelen dat door vrienden van zijn tante gedreven werd. Tegen die tijd reden we al weer hobbelend terug naar de weg, terwijl Iris bij de politieman op schoot zat. De bestelwagen had maar twee stoelen en de laadruimte was tjokvol. We namen afscheid als de beste maatjes. Op de terugweg naar huis moest ik op een vreselijk hete middag in Padua aan die politieman denken toen we tevergeefs probeerden ergens onderdak te vinden. Er liepen een hoop jonge dienstplichtigen rond en Iris vroeg aan een van hen, een spichtige jongen met een bril, een studententype, of hij een hotel wist. Hij beduidde haar beleefd hem te volgen, ik liep op enige afstand met de tassen achter hen aan. Een voorbijkomende officier vroeg de jonge soldaat nogal streng wat hij eigenlijk aan het doen was. Iris zei later dat hij waardig geantwoord had: 'Meneer, ik breng deze dame naar een hotel.' De officier ontdooide en zei toen iets dat waarschijnlijk het Italiaanse equivalent was van *'Vive le sport!'*

De politieman bij de rivier heeft in ieder geval kans gezien Iris' verbeelding binnen te dringen. In een aantal romans is hij, of iemand die erg veel van hem weg heeft, vluchtig aanwezig in steeds andere gedaanten en persoonlijkheden. Welke vorm hij ook heeft aangenomen, hij is altijd omgeven door water, alsof dat zijn natuurlijke habitat is. De vluchtige verschijning lijkt als het ware uit de zee of een rivier te zijn voortgekomen en keert daar ook weer naar terug. Iris gaf niet veel om de romans van George Eliot, maar haar eigen totaal andere plots en personages doen me soms toch denken aan Maggie Tulliver in *The Mill on the Floss*, die zegt: 'Ik ben verliefd op vochtigheid.' Maggie woont haar hele leven aan een rivier en verdrinkt daar uiteindelijk in onder nogal gekunstelde omstandigheden – veel gekunstelder dan in een willekeurig vergelijkbaar scenario van Iris.

Een paar jaar geleden kreeg Iris een opmerkelijk boek toegestuurd door de schrijver Charles Sprawson. De merkwaardige titel *Haunts of the Black Masseur* was geïnspireerd op een verhaal dat de auteur in zijn jeugd had gelezen, over een neger die massage-expert was. Het verhaal vermengde zich

in zijn geest met een film die hij fantastisch had gevonden.
The Creature from the Black Lagoon, en daaruit destilleerde hij
een hele mystiek rond het verschijnsel zwemmen. Iris had
geen mystieke gedachten over zwemmen, alleen over water,
maar we vonden het boek allebei erg goed en ik recenseerde
het onder haar naam.

Zwarte masseurs en lagunes waren ver verwijderd van
zonovergoten Italiaanse landschappen en groene rivieren
vol stroomversnellingen en gouden zandbanken. Ze meanderden door heuvels die aan de schilderijen van Bellini of
Perugino deden denken. De zee in Italië was daarentegen
de grootst mogelijke teleurstelling voor ons. Op de meeste
plaatsen was de kust verdeeld in vakantiekampen die door
prikkeldraad van elkaar gescheiden werden en het was onmogelijk om bij de zee te komen. Toen het ons een keer
toch gelukt was, bij Pesaro, en we onszelf net te water hadden gelaten, kwam er een enorme rups kleuters het strand
opgekropen die dreigden onze bezittingen onder de voet te
lopen. Ze kropen onverstoorbaar door zodat we eruit vlogen om ze te redden. Vergeleken met Frankrijk waren Italië
en de Italiaanse stranden duidelijk overbevolkt.

Rivieren en schilderijen waren de hoogtepunten van
onze vakantie. We hebben ons nooit erg aangetrokken gevoeld tot spectaculaire of pittoreske toeristenattracties,
maar een museum is een heel ander verhaal. We bezochten
Borgo San Sepolcro, toen nog een klein plaatsje in Toscane,
bij de grens van Umbrië als ik het me goed herinner. In
een kale ruimte van het stadhuis stond je ineens tegenover

het meesterwerk van Piero della Francesca, 'De Wederopstanding'. Aldous Huxley noemt het eenvoudigweg 'het mooiste schilderij van de wereld'. Wat ons met ontzag en verbazing vervulde en wat zeker de eerste indruk moet zijn van iedere doorsnee kijker, is het immense verschil tussen de Christusfiguur die Piero uitbeeldt en die op andere religieuze schilderijen. 'De Wederopstanding' heeft tijden onder een laag witkalk verborgen gezeten, misschien wel omdat de Christusfiguur zo ongelooflijk afwijkend is. Toen het eindelijk tevoorschijn kwam, was alles in uitstekende conditie. Het zag eruit alsof het net geschilderd was.

Huxleys essay 'The Greatest Painting in the World' is verreweg het beste dat er ooit over geschreven is. Hij staat niet te lang stil bij het feit dat Piero's statige figuren zo oorspronkelijk overkomen doordat de schilder een ongewone belangstelling voor meetkunde had. Kunsthistorici weiden daar altijd graag over uit en het zou best kunnen dat Piero juist door die meetkundige aanpak zoveel modernisten aansprak, want die beschouwden romantiek als een emotionele zwakte of, in de woorden van T.E. Hulme, als 'gemorste religie'. Er wordt geen religie gemorst in de schilderijen van Piero en er wordt niet bezweken aan emoties. Het is begrijpelijk dat de schilder zowel in de late Renaissance als in de negentiende eeuw verworpen werd. De figuur die zich moeiteloos uit zijn graf lijkt op te richten, met zijn ene gespierde been ontspannen op de stenen rand, is niet de Christus van het middeleeuwse of het katholieke christendom. Evenmin is het de liberale Christus die in de negentiende eeuw aan het einde van het geloofstijdperk een nieuwe menselijke rol op zich nam. Dit is, zoals Huxley zegt, een bijna onbeschaamd autonome figuur die zijn uitdrukkingsloze ogen niet op een religieus doel gericht heeft, of op iets dat de religie als een hoger streven zou kunnen herkennen. Huxley noemt deze Christus de belichaming van het klassieke ideaal, het is een superbe afbeelding van de mens die zichzelf genoeg is en in staat is zichzelf onsterfelijk te maken door de kunst.

Hoe het ook zij, het schilderij is niet alleen esthetisch bevredigend, het elektrificeert. Het boezemt zoveel ontzag in dat we die dag onze spaghetti aten met het gevoel een enorme prestatie geleverd te hebben. Want wie kan naar een groots schilderij kijken of een belangrijk boek lezen zonder een deel van de eer voor zichzelf op te eisen? Het restaurant was bijna leeg; we waren de enige toeristen in het slaperige stadje. Vandaag de dag is dat wel anders. Nu rijdt er een falanx van bussen die Duitsers en Japanners aanvoeren. Het deel van het gemeentehuis dat het fresco herbergt is veranderd in een artistiekerige kunstgalerie. Je kunt niet meer dicht bij het schilderij komen, het is verlicht en het wordt beschermd. Ik ben blij dat wij het hebben gezien voor al die veranderingen. Het schilderij zal voor Huxley nog wel meer een bijzondere ontdekking zijn geweest, omdat hij ook nog een ingewikkelde treinreis had moeten maken om in Borgo San Sepolcro te komen.

Iris was gefascineerd door het schilderij. We hadden het er veel over, maar hoe lang we er ook over praatten, ik wist dat de diepe indruk die het op haar gemaakt had onder het niveau van taal lag, als een ijsberg onder water. De god die door zijn eigen fysieke kracht en de donkere macht die in hem schuilde in staat was de graftombe te verlaten, zou haar in de toekomst nog tot vele visioenen en creaties inspireren. Toen ik ooit opmerkte dat schilderijen, zichtbaar of onzichtbaar, zo'n belangrijke rol in haar romans speelden, zei ze: 'Daar heb je gelijk in. Mijn boeken zijn eigenlijk allemaal gewoon schilderijen.'

'Nou, ik zou het niet "gewoon schilderijen" willen noemen. Ik heb me vaak bedacht dat jouw lezers je boeken onbewust zo spiritueel en verheffend vinden omdat jij zonder dat zij dat weten een stil verbond met andere grote kunst gesloten hebt. Jij bent de enige schrijfster die ik ken die de hele wereld van de kunst in romans kan laten resoneren zonder dat het intellectueel of gezocht klinkt.'

Daar was ze blij mee.'Nou, dank je wel. Ik hou er niet van om te veel over het effect na te denken als ik er gebruik van maak. Jij bent de criticus, ik niet.'

Bijna elk willekeurig schilderij kon haar op deze mysterieuze manier inspireren. We waren eens in Lille, de grote, drukke industriestad in het noorden van Frankrijk, een soort Pittsburgh, zou je kunnen zeggen, of Manchester, wat de schone kunsten betreft. We zouden er ons bekende nummer opvoeren, eerst deelnemen aan een gezamenlijke discussie, waarna er voor het publiek gelegenheid was om vragen te stellen. Het was een uitnodiging voor een festival dat het culturele leven van de universiteit en de stad moest opwaarderen. Wij vonden dat altijd leuke uitjes. Iris hield ervan nieuwe mensen te ontmoeten; en hoewel ze nooit een echte lezing wilde geven, was ze als spreker altijd ongelooflijk populair door haar informele gedrag en de warmte waarmee ze iedereen benaderde. In Lille was dat ook weer het geval. De verrassing in die stad was voor ons een voor die dagen schitterende boekwinkel die 'Le Furet' heette — De Fret of De Speurder — met daarbij een al even indrukwekkende kunstgalerie. Het was moeilijk te vinden — een lange wandeling — maar er was een schilderijtje van een minder bekende Hollandse meester waar Iris maar naar bleef kijken. Ik liep intussen rond tussen de enorme negentiende-eeuwse doeken van Bouguereau en zijn tijdgenoten — omvangrijke naakte dames die als opgeblazen ballonnen tegen achtergronden vol zoetig gekleurde bloemen lagen. Dat was ongetwijfeld waar de burgers van Lille ooit warm voor liepen, maar Iris had te midden van dit alles een kleinood gevonden (ik kan me nog steeds niet herinneren hoe de schilder heet) waar niet veel meer op stond dan een smalle witte weg die tussen bremstruiken omhoogliep over een heuvel en dan verdween. Net als de Italiaanse politieman en Piero's mysterieuze en saturnische Christus, is dit schilderij als een schaduw aanwezig in de landschappen van veel van haar latere romans.

En zo waren er meer. Van Balthus bijvoorbeeld, van het meisje dat met een sluw toegeeflijk lachje kaartspeelt met een flamboyante tegenstander die een paar kaarten achter zijn rug houdt. Was het een jongen uit de buurt, of een jonger broertje, waar ze op haar kalme, superieure manier aardig voor wilde zijn? We hadden het eerst in de catalogus gezien en zijn er toen naar op zoek gegaan in de vele zalen en gangen van het Museo Thyssen-Bornemiza in Madrid. De emanatie, zoals de dichter Blake het zou noemen, die daar plaatsvond is gemetamorfoseerd in haar volgende romans terechtgekomen. De schilderijen van Beckmann die we later in het St. Louis Art Museum zagen, vloeiden op dezelfde manier over in haar werk.

Maar het schilderij dat het grootste en tegelijkertijd het meest zichtbare effect op haar werk had, was een late Titiaan, waarop de faun Marsyas door Apollo gevild wordt. Het bevond zich in een afgelegen klooster in Moravië en was voor een tentoonstelling uitgeleend aan de Royal Academy in Londen. Iris is er talloze malen naar gaan kijken, maar zei er nooit iets over. Schilderijen in stilte in zich opnemen was haar manier van eerbetoon. Toen we er een keer samen voor stonden merkte ik op dat de gemartelde faun een soort omgekeerde Christus van Piero was, niet alleen doordat zijn gezicht naar beneden hing en dat van Christus omhoogkwam, maar zijn vreselijke glimlach – van pijn? extase? – was op een of andere manier even schrikbarend als de onverschillige gereserveerdheid op het gezicht van Christus. Ze keek me aan, dacht na en glimlachte in zichzelf, maar zei niets. De Titiaan werd haar meest 'openbare' schilderij. Het doorwerken ervan in haar romans is herhaaldelijk opgemerkt. Het is de iconische achtergrond van het portret dat de Londense kunstenaar Tom Philips van Iris maakte. Het hangt in de National Portrait Gallery.

Zo begon ons huwelijksleven. En de vreugde van de eenzaamheid. Dat is niet tegenstrijdig. Het een ging perfect samen met het ander. Jezelf omarmd weten en gekoesterd, altijd samen en toch alleen. Dicht bij elkaar, lichamelijk verstrengeld, en toch eenzaamheids vriendelijke aanwezigheid voelen, warm en herbergzaam alsof ook dat een aanraking was.

Vijf

Ik miste Iris nooit, en ik bedoel dat op een manier die omgekeerd waarschijnlijk ook voor haar gold. Als er al eens sprake was van een scheiding, voelde dat ook als een vorm van intimiteit. In die dagen, toen de televisie nog zwart-wit was en we er nooit een wilden hebben, zagen we op het flikkerende scherm van haar moeder wel eens een reclame die ons fascineerde. Je zag een jongeman op de hoek van een deftige straat in de stad terwijl het begon te miezeren. Hij deed de rand van zijn hoed omhoog tegen de regen (hoeden waren toen nog heel gewoon) en stak een sigaret op. Verderop in de straat kwamen wat jonge mensen lachend uit een vrolijk verlicht huis en stapten in een auto. De jongeman bekeek ze met een geamuseerd soort meewarigheid en trok voldaan aan zijn sigaret. De slogan luidde: 'Met een Strand ben je nooit alleen.'

We hebben die Strand-reclame vaak gezien als we bij haar moeder op bezoek waren. En zo dook ook de tv-reclame op in de wereld van Iris' romans. Voor mij bracht de reclame het soort voldoening in beeld, dat ik binnen onze eigen eenzaamheid als intimiteit ervoer.

Strand was een van de minst succesvolle sigarettenmerken die ooit op de markt zijn gebracht. Ik herinner me dat ik later van een ex-leerling die in de reclame werkte, hoorde dat Strand in die kringen in één adem genoemd werd met Craven A. Hoewel dat nog steeds een populair merk is, had het zichzelf ooit bijna de das omgedaan met de slogan: 'Craven A tast uw keel niet aan.' Rokers grepen onmiddellijk naar hun keel en dachten: O god, ik kan er beter mee stoppen. De jongeman in de Strand-reclame had een soortgelijk effect. Het was duidelijk dat hij door te roken lang, heel lang alleen zou blijven. Maar ik zag de reclame als een symbool voor onze manier van leven.

Die was heel anders dan ons leven nu. Het was alsof je alleen was zonder alleen te zijn. Ik ben nooit in de geest met Iris meegereisd als ze voor korte tijd weg was — in Londen of om college te geven — of toen ze een half semester op Yale lesgaf — en ik denk niet dat zij dan ooit de behoefte voelde naar mij terug te snellen. We waren uit elkaar maar niet gescheiden. Ik keek ook nooit naar een foto van haar. Die hadden niets te maken met hoe ik haar zag.

Nu zijn we voor het eerst altijd samen. We zijn daadwerkelijk, zoals zo vaak gezegd wordt van gelukkig getrouwde mensen, onafscheidelijk — zo ongeveer als Ovidius' Philemon en Baucis, die het door de goden gegeven was samen als twee bomen oud te worden. Het is een manier van leven waar we niet aan gewend zijn. De intimiteit die we ondervonden door ieder onze eigen gang te gaan is noodzakelijkerwijs de intimiteit van voortdurende nabijheid geworden. Dat is een hele verandering.

Niet dat ons huwelijk het best functioneerde als we zoveel mogelijk tijd zonder elkaar doorbrachten, wat niet ongebruikelijk is in academische kringen. Een van Iris' filosofische vrienden noemde dat met een zelfgemaakt woord *telegamie*. Een huwelijk op afstand werkt goed voor mensen die liever onafhankelijk blijven. Daardoor beleven ze de tijd die ze samen doorbrengen soms intensiever en het kan handig zijn als er ver van elkaar carrière gemaakt moet worden. Maar dat is niet hetzelfde als getrouwd zijn zoals Anthony Powell dat bedoelde. Je eigen gang gaan binnen een huwelijk is een toestand van liefde, en is niet afhankelijk van afstand, of praktische overwegingen.

Een gans die geen andere ganzen kan vinden hecht zich ergens anders aan – een ander dier, of zelfs een steen of een paal – en verliest dat voorwerp nooit uit het oog. De vrees om alleen te zijn, om afgesneden te zijn van het bekende, zelfs al is het maar voor een paar seconden, is een kenmerk van de ziekte van Alzheimer. Als Iris onder mijn huid kon kruipen, of in mij, als bij een kangoeroe, zou ze dat zeker doen. Ze wil onder alle omstandigheden bij me zijn. Ze beseft nooit waar ik mee bezig ben, alleen wie ik ben. We wisselen nog steeds woorden en gebaren van liefde uit, maar er is geen sprake meer van die woordeloze communicatie die bestaat bij de gratie van het vermogen taal te gebruiken. Hoe dan ook, ze is de officiële taal vergeten, maar niet onze privétaal en daar komen we nu niet erg ver mee.

Ik zit aan de keukentafel en doe wanhopige pogingen die als werkterrein voor mezelf te houden, zoals het altijd geweest is. Iris schijnt het te begrijpen en als ik haar daartoe aanspoor gaat ze gehoorzaam naar de zitkamer, waar de tv aanstaat. In minder dan een minuut is ze terug.

We hadden al een huis voor we gingen trouwen. We zijn in de Riley in de buurt van Oxford gaan rondkijken. Ondanks een stapel papieren met prijzen en bijzonderheden van makelaars, was het meer spel dan serieus. (Misschien zijn we wel nooit serieus geweest, zoals Iris' personage in *A Severed Head*, die klaagde dat haar huwelijk nergens toe leidde.) In een lichzinnige stemming bekeken we allerlei huizen. Er was een oud huis in Bampton, dat ons fascineerde omdat het naast een van de slaapkamers een poeder-kamertje had. In de achttiende eeuw moet dat door de bediende zijn gebruikt om er de pruiken van haar meester of meesteres te verzorgen. Een ander huis had een flinke vijver in de tuin, misschien wel groot genoeg om erin te zwemmen. Een derde, nogal ver buiten de stad, had een echt zwembad, maar wel klein en zichtbaar verwaarloosd. Maar aangelegde zwembaden hadden weinig aantrekkingskracht voor ons. Je kon toen voor weinig geld allerlei oude landhuizen kopen. We gingen zelfs zo ver dat we dingen tegen elkaar zeiden als: 'Dit zou jouw werkkamer kunnen worden,' of: 'Het zou heerlijk zijn om voor die open haard in de keuken te zitten werken.' Verder hadden we totaal geen verstand van zaken als verwarming, afvoer, keukens of badkamers (hoewel we er een die helemaal betegeld was met pauwblauwe tegels erg mooi vonden).

Iris werd verliefd op een huis in het dorp Taynton vlakbij Burford. De plek bij de rivier de Windrush was uitzonderlijk mooi. Dit huis moest ze hebben. Hoewel ze er nog helemaal niet zeker van was dat ze wilde trouwen. Ze kon er altijd in haar eentje gaan wonen, zei ik sluw, alsof ik de zaak uitsluitend rationeel bekeek. Ik kon haar komen bezoeken. 'Maar hoe moet het dan met de dassen?' zei ze. De grap over die beesten was toen al aardig ingeburgerd. Hoe moest zij die het hoofd bieden als ze binnendrongen en ik niet elke avond van mijn werk thuiskwam? 'Maar jij zou ook in Oxford werken. De dassen zouden voor zichzelf moeten zorgen.' We lachten en namen, behalve over dit huis, geen enkele beslissing.

Het was juni 1956. Iris ging naar Ierland om bij de schrijfster Elizabeth Bowen te logeren, met wie ze intussen bevriend was geraakt. Aan mij de taak om een bod op het huis te doen, de aanbetaling te regelen en meer van dat soort dingen. Dat deed ik en alles leek in orde. Tot de makelaar belde dat de eigenaar van gedachten was veranderd. Hij wilde het huis niet verkopen aan degene die de vraagprijs bood, maar aan iemand die daarboven ging zitten. Hij had natuurlijk gehoord dat er meer potentiële kopers waren. Ik wist hoe graag Iris het wilde hebben; ze wilde liever met dat huis trouwen dan met mij. Misschien was ik wel jaloers. Ik was in ieder geval onnozel wat betreft de verkoop van onroerend goed en had geen idee hoe dat allemaal in z'n werk ging. Ik was boos op de eigenaar omdat ik vond dat hij ons bedrogen had, hoewel de makelaar de gang van zaken als volkomen normaal leek te beschouwen. Ik zei dat we bij ons bod zouden blijven. De volgende dag belde hij om te vertellen dat we het huis niet hadden; het was naar een andere gegadigde gegaan.

De dag daarna kwam Iris terug uit Ierland. Aan de telefoon was ze uitzonderlijk vertrouwelijk en lang van stof. Ze had een fantastische tijd gehad op Bowen's Court, zoals Elizabeths grimmige landhuis in County Cork heette. Ze hadden samen uren gepraat terwijl ze Guinness en cognac zaten te drinken. Iris hield niet van de telefoon en gebruikte hem alleen voor de kortst mogelijke praktische berichten. Ik was zowel ontroerd als verontrust door haar ontboezemingen. Ik zag ertegenop haar te moeten vertellen over het huis in Taynton. Toen ik mezelf ertoe dwong met het slechte nieuws voor de dag te komen, nam ze dat heel kalm op en was vol begrip, net als toen ik de Hillman Minx in elkaar had gereden. Ze zei ruimhartig dat ik me geen zorgen moest maken – er was niets aan te doen. Ik heb me wel eens afgevraagd of die twee voorvallen niet meer tot haar jawoord hebben bijgedragen dan alle trouwe toewijding van mijn kant. Samen met tegenslag te kampen hebben, zelfs vóór de gebruikelijke tegenslagen in een huwelijk, kan kennelijk zo uitpakken.

Er kan ook iets anders aan de hand geweest zijn. Veel later, toen we al getrouwd waren en Elizabeth Bowen in Oxford woonde, vertelde Iris dat Elizabeth op haar grappige Ierse manier nieuwsgierig was geweest naar het gevoelsleven van haar jonge gast. Misschien onder invloed van de Guinness, of de cognac, was Iris vertrouwelijk geworden. Ze waren helemaal alleen in dat grote huis, afgezien van de tuinman en een meisje dat kookte, en hadden heel wat afgepraat. Elizabeth had Iris verteld over haar gelukkige huwelijk, dat veel van haar intellectuele vrienden onbegrijpelijk vonden, want hoewel het een achtenswaardige man was, paste hij volgens hen niet bij haar: hij was pijnlijk saai. Ze hadden samen besloten geen kinderen te nemen. Zij had voor alles willen schrijven; haar man had de oorlog aan het westelijk front meegemaakt en vond dat de moderne wereld te verschrikkelijk was om de verantwoording van nieuw leven op je te nemen. Anders dan Iris had Elizabeth achteraf een beetje spijt van die beslissing, zoals haar latere romans ontroerend, zij het terloops, laten zien. Het gebrek aan familie moet zij, vooral na de dood van haar man, ervaren hebben als een groot gemis, ook omdat haar eigen vader en moeder al voor haar twaalfde waren gestorven.

Ik vind het een ontroerende gedachte om die twee vrouwen, die normaal gesproken een haast mannelijke gereserveerdheid hadden, daar in dat vochtige, Ierse landhuis vertrouwelijkheden te zien uitwisselen. 's Ochtends zagen ze elkaar niet, want ze werkten allebei aan een roman. Na de lunch wandelden ze of gingen met de auto weg. Na de thee werd er weer gewerkt. Bij de maaltijden vloeide er rijkelijk rode wijn, maar het hoogtepunt van de dag was voor Elizabeth het borreluur, zo tegen zessen. Dat is goed beschreven in een van haar laatste romans, *The Little Girls*. 'Happy hour' noemde ze het grijnzend, want ze hield van Amerika en de Amerikanen. Voor dat uur was het gezelschap van wat ze een 'vrolijke kornuit' noemde van het grootste belang. Iris was er toevallig op het moment dat twee van Elizabeths beste vriendinnen net verhuisd waren en zij plotseling had besloten om Bowen's Court te verkopen en uit Ierland weg te gaan. Dat bracht hen op de vraag op grond waarvan je beslissingen nam in het leven. Voor Elizabeth was het een ramp om Ierland te verlaten zonder haar echtgenoot te kunnen raadplegen. 'Ik kon nog geen schoenen kopen zonder Alan,' zei ze. Het vreselijkste moment in haar leven was toen ze op Bowen's Court midden in de nacht wakker was geworden en hem dood naast zich had gevonden.

Iris was erg geroerd door die blijken van hulpeloze aanhankelijkheid bij die sterke, cynische vrouw, van wie ze het werk bewonderde ook al kende ze lang niet alles. Hun vriendschap had zich tijdens die gesprekken verdiept. Ook Iris was ongetwijfeld opener geweest dan gewoonlijk. Later vertelde ze me dat Elizabeth haar indringend de voordelen van de huwelijkse staat had voorgehouden. Voor ze wegging had Iris iets over mij verteld en over haar plan een huis op het platteland te kopen. Elizabeth, die ik toen nog niet ontmoet had, deed bij het weggaan de hartelijke groeten aan mij en het huis.

En toen moest ik Iris vertellen dat het niet doorging. Ik zei niet dat het door mijn eigen gebrek aan handelsgeest kwam. De waarheid was dat ik, afgezien van de jaloezie waar ik misschien last van had, nooit in dat huis geloofd heb. Er was iets mee. Iris had alleen oog gehad voor de charme, die het ongetwijfeld had, voor de schoonheid van het dorp, en de nabijheid van de rivier de Windrush. Het geval wilde dat de makelaar me een paar weken later opbelde om te vertellen dat de koop niet was doorgegaan en dat we het huis alsnog voor het oude bedrag konden kopen. Die informatie heb ik ook achtergehouden, want er was toen, gelukkig voor mij, een ander huis dat Iris' aandacht volledig opeiste.

Voor ik Elizabeth ontmoette had ik alles van haar gelezen en met immens plezier, bijna met passie, de wereld van haar romans en verhalen bewoond. *The Death of the Heart* was mijn favoriet. Ik heb ooit de fout gemaakt dat tegen Elizabeth te zeggen, die daar niet blij mee was. Ze had niet veel met *The Death of the Heart* en begreep niet dat het zoveel succes had; ze wilde dat haar fans haar nieuwste boek het meest intrigerend, uitdagend en verrassend vonden. Dat ging zeker op voor haar latere romans, *The Little Girls* en *Eva Trout*. Wat ik daarin vooral heel goed vond was haar terugkeer naar de magische plekken die ze zich toegeëigend had: het landschap van Romney Marsh bij de zee en het stadje Hythe. Ze had daar als kind gewoond, voor haar moeder stierf, en nadat ze geprobeerd had in Oxford te aarden, heeft ze een huisje gekocht op een heuvel in Hythe. Ze wist ongetwijfeld dat het een vergissing is om terug te gaan naar een plek waar je ooit gelukkig bent geweest, of misschien wist ze dat ook niet, want ze was in sommige opzichten erg naïef. Ze heeft het er nooit over gehad, maar ik had het gevoel dat het wonen in Hythe als experiment niet helemaal geslaagd was, hoewel het geen probleem was 'vrolijke kornuiten' voor haar borreluur te vinden en zich thuis te voelen in een totaal aliteraire en onintellectuele wereld, zoals ze die in *The Little Girls* en *The Death of the Heart* zo levensecht beschreven heeft.

Ze was er slecht aan toe toen ze besloot terug te komen naar Oxford en in een paar kamers van een dependance van The Bear Hotel in Woodstock te gaan wonen. Ze had keelkanker – ze was altijd goed voor zestig sigaretten per dag en rookte zelfs tussen happen door tijdens het eten – maar ze herstelde goed na haar operatie en kwam vaak bij ons op bezoek. Ik moest eens college geven over Jane Austen en tot mijn grote schrik vroeg ze of ze mee mocht. Ik was aanvankelijk van mijn stuk gebracht door haar sterke aanwezigheid, maar ze was alleraardigst en een en al rustige welwillendheid, voornamelijk stil, maar zo nu en dan stelde ze een slimme vraag of gaf bemoedigend commentaar op een opmerking van een van de studenten. Ze had geen academische geest maar was zeer belezen en van nature een scherp en geestig critica. Ongeveer in dezelfde tijd had ze veel succes als gasthoogleraar op een Amerikaanse universiteit, waar haar studenten diep onder de indruk waren van haar koninklijke verschijning.

Ze had inderdaad iets ontzagwekkends, soms op het ongemakkelijke af. Lord David Cecil, een oude vriend van haar, vertelde me eens dat hij haar gevraagd had voor een dineetje met een paar andere mensen, een zorgvuldig uitgezocht, sympathiek gezelschap, dat ze volgens hem zeker aardig zou vinden. Maar het was geen succes. Elizabeth had altijd het hoogste woord maar die avond was er geen gesprek met haar mogelijk en bleef ze uiterst gereserveerd. Naderhand zei ze streng tegen haar gastheer: 'David, ik dacht dat je me nu wel goed genoeg kende om te weten dat ik je óf alleen wil zien, óf in een groot gezelschap.' Ze kon jaloers bezitterig zijn ten opzichte van haar beste vrienden en vijandig tegen hun vrouwen of mannen, maar vreselijk loyaal ten aanzien van een instelling of een persoon, zelfs al was ze het niet eens met hun standpunt.

Haar familie was protestant — 'Ascendancy' zoals het in Ierland genoemd wordt — en als ze naar een kerk ging was het de Church of Ireland, maar ze heeft het haar collega-schrijfster Honor Tracy nooit vergeven dat ze in de *Sunday Times* een financieel schandaal van een rooms-katholieke geestelijke in Ierland openbaar had gemaakt. Honor was zelf rooms-katholiek, maar dat deed er niet toe. Al Elizabeths Ierse instincten speelden atavistisch op als ze het erover had: het was volgens haar onfatsoenlijk om niet loyaal te zijn met je buren. Door schandalen te ontmaskeren pleegde Honor Tracy verraad aan een heilige Ierse instelling, de rooms-katholieke kerk. Elizabeth wist zelf ook wel dat de betrokken geestelijke een oplichter was, zoals ze het privé uitdrukte, en ze moest ook niets hebben van de rol die de katholieke kerk in de Ierse samenleving speelde, maar dat zou ze nooit in het openbaar gezegd hebben.

Honor Tracy was ook een dikke vriendin van Iris. Ze had vlammend rood haar, was flamboyant in haar manier van doen, onverschrokken in het naar voren brengen van meningen en voor niemand bang. Ze kwam uit een oudere familie dan Elizabeth. De Normandische De Tracy's hadden meegeholpen bij de verovering van Engeland en daarna deelgenomen aan de onderwerping van Zuid-Ierland in de twaalfde eeuw. De Bowens waren veel later naar Ierland gekomen. Kolonel Bowen was een van de vertrouwelingen van Cromwell geweest en kreeg een stuk land cadeau waarop hij Bowen's Court liet bouwen. De Ierse geschiedenis betekende veel voor beide dames en op hun eigen manier waren ze allebei geducht. Niettemin vertelde Honor Tracy eens aan Iris dat ze knikkende knieën kreeg bij de gedachte aan het misnoegen van Elizabeth Bowen.

Elizabeth was vreemd genoeg niet op haar best als ze over Ierland schreef. Het leed van dat land en haar eigen verantwoordelijkheden daar, stonden misschien haar gevoel voor humor in de weg. Haar beste romans, inclusief het boek waar ze vlak voor haar dood aan werkte (waar maar één fragment van bestaat), waren komedies – soms tragikomedies – over het Engelse leven. Ze hield het meest van Londen. Hitlers *Blitz* op de stad was de inspiratie voor een van haar mooiste romans, *The Heat of the Day*, en ook voor enkele korte verhalen. Het onaardse licht van wat een 'bommenwerpers maan' werd genoemd, is sfeerbepalend voor 'Mysterious Kor', een verhaal over het gebombardeerde

Londen dat door een meisje wordt gezien als de spookstad uit een gedicht dat ze ooit heeft gelezen.

> *Niet in puin voorbij moeras en leven,*
> *Of in een woud van koorts vergeven.*
> *Hier, Raadsel Kor, staan muren godverlaten,*
> *En torens eenzaam met de maan alleen gelaten.*

Ik heb Elizabeth altijd nog eens willen vragen waar ze dat gedicht gelezen had, maar het is er nooit van gekomen. Jaren na haar dood werd dit verhaal in een van mijn colleges behandeld en vroeg een student wie het gedicht geschreven had. Ik moest toegeven dat ik geen idee had. Was het van Bowen zelf? Mijn nieuwsgierige student – nu gepromoveerd en medewerker aan de universiteit van Glasgow – ging op onderzoek uit in de Bodleian bibliotheek. Het gedicht bleek van Andrew Lang te zijn, een onbekende edwardiaanse dichter die het geschreven had voor zijn vriend Rider Haggard, een ontdekkingsreiziger en auteur van veel goed verkopende romantische verhalen waaronder *King Solomon's Mines*. Het gedicht is eigenlijk voornamelijk slecht, maar ik vermoed dat Elizabeth het toen ze jong was in een bloemlezing heeft gelezen en dat het altijd in haar geest is blijven rondspoken tot het op z'n plaats viel in dat verhaal.

De creatieve geest van Iris werkte op dezelfde manier. Haar romans zitten vol verborgen citaten die ze zich uit haar jeugd herinnerde, of die tijdens onze gesprekken naar boven kwamen. (Zo duikt 'De merelhaan zo zwart van tint', uit *A Midsummer Night's Dream* bijvoorbeeld op in *A Severed Head*, waar het citaat zijdelings verwijst naar een hanige man die in de roman bedrogen wordt. We dreunden dat soort dingen vaak op als we in de auto zaten.)

Toen we eenmaal in Steeple Aston woonden, kwamen Honor en Elizabeth soms bij ons logeren. Honor moest altijd bijkomen tussen twee afmattende journalistieke opdrachten in, en sliep meestal in de Bell Inn in Aston Clinton als ze bij ons was. Ze kende de uitbater en trakteerde ons regelmatig op geweldige alcoholische lunches en diners. Toen ze genoeg had van de journalistiek is ze in een klein huisje op Achill Island in het westen van Ierland gaan wonen om daar haar levendige komedies over het Ierse leven te schrijven. De beste is *The Straight and Narrow Path* en gaat over een Ierse priester die zijn kudde ooit aanspoorde te leven op het scherp van de snede tussen goed en kwaad. Ze moesten 'altijd het smalle, rechte pad volgen tussen deugd en ondeugd'. Honor had de preek zelf gehoord, maar hoewel de Ieren onder elkaar erg oneerbiedig kunnen zijn, vinden ze het niet prettig door anderen op de hak genomen te worden. Honors verrukkelijke romans werden niet gelezen op haar geboortegrond, en waren er ook niet te krijgen. Het is jammer dat ze nooit herdrukt zijn in Engeland of de Verenigde Staten. De eigenaardige macht van de Ierse censuur bleek verder te reiken dan het eiland zelf.

Alle verlangens naar het poëtische Taynton aan de rivier verdwenen als sneeuw voor de zon toen we het huis in Steeple Aston zagen. Het dorp en het huis waren minder mooi, maar allebei oud, degelijk en vriendelijk. Het was oorspronkelijk een boerenhuis, vlakbij de kerk, en aan het begin van de negentiende eeuw verbouwd tot herenhuis. Het bijbehorende terrein was groot, meer dan achtduizend vierkante meter, en liep stijl naar beneden naar een stroompje dat door de vallei liep. Aan onze kant van de beek waren hele oude, waarschijnlijk middeleeuwse visvijvers. Die spraken Iris onmiddellijk aan. Dat het nogal onhandig was voor twee Oxford *dons* om vijftien mijl van de stad te wonen, ontmoedigde haar beslist niet. Ze stond bij geen enkel nadeel stil. Misschien had haar verblijf op Bowen's Court daar mee te maken, dat was net zo onpraktisch. Cedar Lodge, zoals het huis nogal tuttig heette, was erg goedkoop — onbegrijpelijk goedkoop zelfs. Pas later ontdekten we dat een degelijk uitziend huis een deplorabele staat van onderhoud kan verbergen. Mr Palmer, een in zijn vak vergrijsde aannemer met zeer lichtblauwe ogen, was al gauw kind aan huis. Hij staarde vaak vol verwondering naar Iris als hij haar in een van de kamers boven zag zitten schrijven, terwijl er vanuit een onvindbare bron water door het plafond druppelde.

Afgezien van Mr Palmer, met wie we ons weinig hoefden te bemoeien, hadden we het huis voor onszelf. De vorige bewoonster ging op het eiland Guernsey wonen, in een kleine moderne bungalow die haar zoon voor haar had gekocht. Het was een oude dame die lang in het dorp had gewoond en ze raadde ons verscheidene mensen aan die ons zouden kunnen 'helpen' of voor ons konden koken. Maar wij hadden geen zin om ons te laten 'helpen'. Gedurende de dertig jaar of meer dat we in Cedar Lodge hebben gewoond, hebben we geen hulp in huis of tuin gehad. Beide verkeerden trouwens al gauw in een dusdanige staat dat er niets meer te helpen viel. Dat scheen bij ons te passen of althans bij Iris. De schrijfster Rose Macaulay, die Iris een paar keer ontmoet heeft, omschreef deze manier van leven als 'alles naar de bliksem laten gaan en kijken wat er dan gebeurt'. Ik was daar minder nieuwsgierig naar.

In het begin deed ik verwoede pogingen het huis onder de duim — mijn duim — te houden. Ik maakte schoon, maaide, hakte, schilderde en probeerde problemen met de elektriciteit zelf op te lossen. Dat heb ik al gauw opgegeven. Iris was altijd bereid me te helpen, en scheen het zelfs een leuk idee te vinden om alle dingen te doen die vrouwen normaal in huis doen, maar het bleef bij een idee, een droombezigheid. De huishoudelijke taken gebeurden in de wereld van haar verbeelding, in de boeken die ze boven in haar stoffige zonnige kamer zat te schrijven, te midden van stapels oude brieven, papieren, kapotte sieraden en stenen die ze gevonden had of van vrienden gekregen. Ik werd en word er droevig van dat die stenen, eens zo mooi en schoon door de voortdurende reinigende werking van een stroom of de getijden in zee, er zo stoffig en doods zijn gaan uitzien, net zoals alles in ons huis. Maar Iris scheen dat helemaal niet erg te vinden. Die stenen waren platoonse voorwerpen voor haar; ze leefden in een wereld van absolute vormen. Ze waren ongevoelig voor de toevallige omstandigheid dat ze deel uitmaakten van het buitengewoon groezelige stilleven dat ons omringde.

Stenen waren niet de enige platoonse objecten in ons dagelijks leven of – en dat kwam bijna op hetzelfde neer – in Iris' verbeelding. Potten en pannen die in de praktijk nooit goed schoongemaakt werden, hadden dezelfde status. En ook, volgens mij, die denkbeeldige dassen die zij had opgeroepen toen ik haar probeerde te wijzen op de zegeningen van het huwelijk. 'Ja,' had ze toen dromerig geantwoord, waardoor ik plotseling hoop kreeg dat ze het idee om te trouwen serieus ging nemen, 'het lijkt me wel leuk als jij thuiskomt en dat ik je dan tegemoetkom en zeg: "Liefste, de dassen hebben ingebroken."' Het was een gezellig soort huiselijk drama, waar ze destijds over fantaseerde, maar ze is de dassen nu vast vergeten.

Ze zei wel eens tegen vrienden, of zelfs tegen interviewers, dat ze toen we trouwden absoluut van plan was geweest zelf te gaan koken. 'Maar na een paar dagen zei John dat het misschien beter was als hij het overnam.' Het beeld van zichzelf als schortendraagster gaf ze snel op. Gelukkig bleef ze trouwer aan de voor mij verrukkelijke voorstelling van zaken waarin ze zichzelf geschetst had als de vrouw die naar beneden rende om haar man met een kus te begroeten, terwijl ze met gespeelde afschuw zei dat de dassen weer hadden ingebroken.

En toch was dat voornemen om zelf te gaan koken geen loze opschepperij. Iris kon geweldig, zou geweldig hebben kunnen koken, zoals ze ook allerlei andere praktische dingen goed gekund zou hebben. Toen ze tijdens de oorlog op het ministerie van Financiën werkte, de meest invloedrijke afdeling van de overheid, had ze zichzelf tot een expert gemaakt in iets lastigs dat bekendstond als 'denkbeeldige promotie *in absentia*'. Dat hield in dat ze de opslag en promoties moest vaststellen die functionarissen zouden hebben gekregen als ze in hun oude baan waren gebleven en niet opgeroepen waren voor het leger. Oudere collega's die haar raadpleegden verlieten zich met het volste vertrouwen op haar bevindingen. Als ze zich op een andere carrière geconcentreerd had, had ze evengoed dokter, archeoloog of automonteur kunnen worden. Er werd vroeger wel beweerd dat Shakespeare begonnen was met het vasthouden van paarden, voor het theater. Als dat waar was, heeft een negentiende-eeuwse geleerde opgemerkt, kon je er zeker van zijn dat de Bard zijn paarden beter vasthield dan wie dan ook. Een echt grote kunstenaar kan zich op vrijwel alles concentreren. Iris zou daarop geen uitzondering zijn geweest. Als ze een kind gekregen had, zou ze er beter en gewetensvoller voor gezorgd hebben dan de meeste moeders en het nog beter hebben opgevoed ook. Maar dan zou ze die boeken niet geschreven hebben.

Ik kan me niet herinneren dat ik gezegd heb dat ik wel zou koken. Het is gewoon gebeurd en het stelde eigenlijk niet zoveel voor. Het belangrijkste was dat Iris kon doorwerken, want ze werkte hard, echt hard – en ik zorgde ervoor dat ze zo min mogelijk gestoord werd. Er even tussenuit om te eten was het makkelijkst, we gingen vaak naar een pub aan de hoofdweg, waar je voor weinig geld een goed en eenvoudig maal kon krijgen. Dat was lang voor koken in Engeland ook een kunst werd die tegenwoordig serieus – al te serieus – beoefend wordt. Er bestond veertig jaar geleden nog geen miezerige nouvelle cuisine.

Toch heeft Iris zich een keer uitgesloofd als de eerste de beste misdienaar in de door media overspoelde keukens van vandaag. Ver voor we getrouwd waren besloot ze een dineetje te geven voor het stel – de universitaire jurist en zijn vrouw – bij wie we voor het eerst samen aan tafel hadden gezeten. Ze had nog een andere gast ook en ze verontschuldigde zich niet dat ze mij niet uitnodigde. Ze woonde toen op de bovenste verdieping van een huis in Beaumont Street. Er was geen eetkamer en in haar zolderkeuken was nauwelijks ruimte. Ik voelde me niettemin behoorlijk gekwetst. Als ze de Johnsons zo nodig moest uitnodigen, waarom nam ze ze dan niet mee naar een restaurant? Ze zei bedaard dat ze dat niet wilde: ze hadden haar zo vaak te eten gevraagd dat enige inspanning van haar kant wel het minste was dat ze terug kon doen. Iris kon, begreep ik toen somber, erg plichtsgetrouw zijn in die dingen.

Ze sloofde zich geweldig uit. Allereerst kocht ze voor heel veel geld een rode, geëmailleerde casserole, in de vorm van een boot, met een goed sluitende deksel. Hij woog ongeveer een ton. Ik denk dat het de eerste keer was dat we zo'n ding zagen. Ik staarde er met ontzag naar en Iris was zichtbaar trots op haar nieuwe bezit. Een culinaire vriend van haar die half Grieks was, had gezegd dat dit alles was wat ze nodig had om een zeer speciaal Attisch gerecht, *stifaclo*, te maken. Als het op de juiste manier werd klaargemaakt, zei hij, wat maar een enkele keer lukte, was het de lekkerste schotel van de wereld. Hij was filosoof, een volgeling van Plato, maar zijn werkelijke belangstelling ging uit naar koken en telefoons. Omdat hij het gerecht had aangedragen, was het logisch dat hij een van de drie gasten zou zijn.

Iris deed er twee dagen over om de *stifaclo* klaar te maken. Ik herinner me niet precies wat erin zat, omdat we nooit meer hebben geprobeerd het nog eens te maken, maar er zat erg veel eersteklas rundvlees in, van de markt, en olijfolie, aubergines, specerijen, kruiden en tomatenpuree. Het was uiteraard een doorslaand succes. De volgende dag mocht ik samen met haar de rest opeten, koud, en ik heb absoluut nooit in mijn leven iets lekkerders geproefd.

Dus Iris kon koken, en uitstekend ook, zoals ze allerlei andere dingen in de overtreffende trap kon. Maar terwijl ik daar zo zat te eten de volgende dag — ze gaf tot mijn grote voldoening toe dat het koud zelfs nog lekkerder was — bekroop mij toch een gevoel van teleurstelling. Het was eigenlijk niets voor Iris om een culinaire stunt uit te halen die de Johnsons met stomheid geslagen moet hebben. Ze waren gewend Iris te beschouwen als een enigszins vreemd maar lief mens, niet helemaal van deze wereld, filosoof, een veelbelovend schrijfster, ze wisten wat ze aan haar hadden en op bepaalde gebieden konden ze haar zelfs zo nu en dan betuttelen. Had ze het daarom gedaan? Als dat zo was, had ik waarschijnlijk hetzelfde gevoel dat de Johnsons gehad moeten hebben. Vrienden die een bepaalde plaats in je leven innemen, moeten zich niet ineens anders gaan gedragen. En zeker niet als je verliefd bent op zo iemand, zoals ik.

Iris wist dat misschien ook: bleef het daarom bij een eenmalige gebeurtenis? Toch verbaast het me nog steeds, hoe triviaal het nu ook lijkt. Dat ik er zo lang bij stil sta, komt omdat ik het zo moeilijk vind om over Iris te schrijven zoals ze vroeger was. Komt dat doordat ik alleen maar aan haar kan denken zoals ze nu is, wat voor mij gelijk staat aan hoe ze altijd is geweest? In ieder geval kan een beschrijving van iemand, hoe geliefd ook, de persoon in kwestie alleen maar schampen, niet omdat die beschrijving zijn of haar 'werkelijkheid', wat dat ook moge zijn, vervormt, maar omdat de beschrijver zelf vertrouwen verliest in het beeld dat hij creëert. Ik weet dat de Iris van mijn woorden niet de Iris kan zijn die bestaan heeft. Terwijl ik over de *stifaclo*-episode schrijf, kan ik nauwelijks geloven in mijn eigen verslag van de Iris die zich ooit heeft laten verleiden iets te doen dat zo slecht bij haar paste.

Wat die dure rode casseroleboot betreft, die is bijna nooit meer gebruikt. Ik geloof dat ik er nog een of twee keer zonder overtuiging iets misluks in gemaakt heb. Het zal wel een *stew* geweest zijn die zonder commentaar door de gasten is opgegeten, of obligaat geprezen door een van de aanwezige vrouwen. Hij is, zoals zoveel andere dingen in huis, weg, verdwenen, hoewel ik me herinner dat ik hem nog een keer vol spinnenwebben achterin een kast heb zien staan, afgeleefd, vreselijk oud en moe, met roestplekken die door het rode emaille heen kwamen. Aan niets was te zien dat hij ooit het meest voortreffelijke gerecht van de wereld had geherbergd – gemaakt door de meest onwaarschijnlijke kok van de wereld.

Ik herinner me nog een ongelooflijk kookverhaal van Iris, waar ik nog steeds ondersteboven van raak. Het moet geweest zijn toen ik haar net ontmoet had of zelfs daarvoor. Twee van haar vrienden, de resolute filosofe die aan 'telegamie' deed, en een wiskundige logicus van internationaal niveau, die vrijgezel was, hadden gevraagd of ze haar kamer voor een dag mochten lenen als zij er niet was. Die kamer had niet veel meer dan een gaspitje en een wasbak en ze hadden hem niet nodig voor geheime geslachtelijke omgang, maar de wiskundige wilde zich uitleven in een culinair experiment. Waarom daar de kamer van Iris voor nodig was is mij nog altijd een raadsel. Behalve dat ze wisten dat ze misbruik konden maken van haar grenzeloze goedheid (waar ze natuurlijk gelijk in hadden, maar ik tandenknars nog steeds als ik eraan denk, ook al zijn het nu mijn eigen tanden niet meer). Het experiment betrof een haringsoep. De mathematicus, die uit Wenen kwam maar waarschijnlijk van Baltische oorsprong was, bezwoer dat hij plotseling wist hoe hij het recept kon perfectioneren. De filosofe speelde het spel mee – ze had een flinke dosis ondeugende humor – en zwoer op haar beurt dat ze onder geen enkele omstandigheid bewogen kon worden tot het nuttigen van haringsoep, hoe verfijnd ook toebereid. Ze gruwde alleen al van het idee. Dus sloten ze een soort weddenschap af.

De wiskundige won. De soep was een groot succes: de filosofe capituleerde. Ze at hem met smaak. Toen Iris een paar dagen later thuiskwam, bleken ze haar kamer in een ongelooflijke wanorde te hebben achtergelaten, stonk alles naar vis en was haar hospita woedend. De andere kamerbewoners hadden geklaagd over het lawaai en de stank. De vlekkeloze reputatie van Miss Murdoch lag in duigen. In de ogen van de hospita was en bleef ze een gevallen vrouw: iemand die de onbeschrijfelijkste orgieën in haar kamer toeliet en er daarom zelf ook wel niet afkerig van zou zijn. Iris is er vrij snel weggegaan, hoewel ze het er erg naar haar zin had. Maar dat was niet waar ik me zo over opwond, toen Iris me het verhaal zonder een spoor van wrok vertelde.

Ze bleef met allebei zeer goed bevriend, hoewel ze geen van beiden ooit ergens hun excuus voor hebben aangeboden. Het ergert me enorm dat ze ondanks alles op hen gesteld bleef. Ik kan nog razend worden als ik eraan denk dat Iris een van haar meest geliefde bezittingen afschuwelijk verkracht op de vloer aantrof. Het was de blauwe zijden shawl die haar moeder haar voor haar verjaardag had gegeven. Hij was er toen ze hem vond zo weerzinwekkend aan toe dat er voor Iris niets anders opzat dan hem met dichtgeknepen neus in de vuilnisbak te gooien. Om zijn meesterwerk te filtreren had de logicus de allerfijnste zeef nodig gehad en had de filosofe de eerste de beste la opengetrokken en hem de shawl overhandigd.

Ik zie voor me hoe die twee er de laatste druppel uitwringen. Ik heb ze allebei een paar keer ontmoet, ik moest erg mijn best doen om beleefd te zijn.

Het is nu te laat om Iris aan dit verhaal te herinneren, maar als dat zou kunnen, weet ik zeker dat ze dezelfde Christus-achtige tolerantie, geamuseerdheid en wezenlijke goedheid tentoon zou spreiden — vergevingsgezindheid kwam er niet eens aan te pas — die ze gevoeld moet hebben toen ze naar die vreselijke scène staarde. Of misschien werd het alleen maar zo vreselijk door de manier waarop zij het vertelde. Al mijn instincten zouden mij tot een wilde wraakactie hebben aangezet. Ik zou achter hen zijn aangegaan, een enkele of een dubbele moord gepleegd hebben, of tenminste alle spullen die ik van ze kon vinden met een scherp mes in repen hebben gesneden. En toch wilde ik, toen Iris me het verhaal vertelde, niets liever dan mijn leven delen met deze engelachtige vrouw.

Dat maakte me denk ik het meest van streek. Ik vond het zo onnatuurlijk. Als ik niet oppas kan ik me ook nu nog opwinden door me af te vragen of het echt engelachtigheid was, waardoor zij zich zo gedroeg. Was er niet iets in haar dat er stiekem naar verlangde door die twee vernederd te worden? Had ze op een of andere manier deze wellustige machtsuitoefening over zich afgeroepen? Onderwierp ze zich aan deze goden van logica en filosofie zoals ze zich onderwierp aan het goddelijk monster van Hampstead? Was zij, bijna als in een van haar romans, het afwezige slachtoffer van een ritueel waaraan ze als gewillige prooi had meegedaan als ze erbij aanwezig was geweest?

Dat idee doet me nog steeds een beetje huiveren. Heb ik echt mijn leven gedeeld met zo iemand? Maar als dat zo is, heeft het er nooit erg veel toe gedaan, hoewel het idee dat ik daar dan zo onwetend naast geleefd zou hebben me zo nu en dan een schok van ongeloof kan geven. Eén ding is zeker: Iris had altijd een aversie tegen vis en haring kwam er het slechtst vanaf: daar gruwde ze van. Dat was misschien al eerder zo maar sindsdien in ieder geval.

Hoe zou het komen dat iemand die zo van water houdt zo weinig geeft om de schepselen die erin leven? Of zou het zijn dat ze een onbewuste verwantschap voelt en er dus niet aan moet denken ze op te eten? Om de zaak heel duidelijk te stellen, ze eet mijn zwaar met kerrie gekruide sardientjesmousse *wel*. Misschien herkent ze dat niet als vis? De walgelijke lucht van haar shawl herkende ze in ieder geval wel, toen ze het arme verfomfaaide ding opraapte. Mijn eerste impuls zou geweest zijn te proberen hem te wassen, hem te redden en te koesteren. Maar zo was Iris niet. Ze offerde de shawl blijmoedig op het heilzame altaar van de vriendschap. Dat lijkt tenminste de beste verklaring.

Zes

'De opstallen met land, bekend als Cedar Lodge,' zoals het in de oude akten heet, waren niet warm en niet droog te krijgen. Bij de ingang van de tuin was een enorme schijf verrot hout het enige dat aan een ceder herinnerde. Vorige bewoners hadden zich waarschijnlijk aan de reus vergrepen in een ijdele poging het huis warm te stoken. Wij hebben ook van alles geprobeerd: een oud Rayburn-fornuis dat we van mijn moeder hadden gekregen; elektrische radiatoren op nachtstroom; elektrische kachels; een duur ding in de hal met een mooi gegroefde roestvrijstalen voorkant waar antracietnootjes in gingen die bijna net zo duur waren als het ding zelf – niets leek te helpen. Pas toen een van de romans van Iris verfilmd werd, hebben we gedeeltelijk centrale verwarming genomen en die deed het ook niet goed. Er was iets met de zwaartekracht, de plaats van de olietank, de installatie van de buizen... De goeie oude Mr Palmer was toen al dood en zijn zoon installeerde hem.

Maar we vonden de kou en het vocht gek genoeg niet erg, ik geloof zelfs dat we er wel van genoten. Ik herinner me dat we op een avond in de sneeuw thuiskwamen en hand in hand door de tuin renden, opgewonden wilde kreten slakend bij het zien van zoveel maagdelijke sneeuw met alleen onze voetafdrukken erin. In Steeple Aston sneeuwde het veel vaker dan in Oxford omdat het bijna honderd meter hoger lag.

In bed hadden we het altijd heerlijk warm en achteraf gezien lijkt het of ik daar de meeste tijd heb doorgebracht: al gauw werd het een gewoonte om er te werken. Het was de enige plek waar ons huis veilig en vriendelijk aanvoelde. Het bed was ons thuis. Het was zelfs mogelijk dat er aan het andere einde van het langgerekte huis onbekende schepsels woonden die niet eens van ons bestaan afwisten.

Toen Iris voor een paar dagen weg was, ontdekte ik dat die medebewoners niet alleen in onze fantasie bestonden. We hadden nooit wat gehoord, maar toen ik een keer uit de tuin kwam en de donkere smalle trap opging, zag ik iets voor me uit lopen. Het bleek een grote rat te zijn. Eenmaal boven keek hij kalmpjes om zich heen en floepte door een spleet achter de eikenhouten betimmering naar binnen. Hij was thuis.

Het waren echte heren, die ratten. Ze hadden ons helemaal geen last bezorgd. Zij leidden hun leven en wij het onze. Maar nu we wisten dat ze er waren en zij wisten dat wij wisten dat ze er waren, veranderde er iets in onze relatie. Ze stelden zich bijvoorbeeld niet meer zo bescheiden op.

We hoorden ze nu vaak onder de vloer rondlopen, in hun eigen onderaardse wereld. Het huis was in slechte staat, maar degelijk gebouwd zoals vroeger gebruikelijk was, en er moet genoeg ruimte in die andere wereld geweest zijn. En genoeg massief houtwerk om op te knagen. De ratten beschouwden dat knagen als hun nachtwerk en soms leek het of ze uit pure *joie de vivre*, om een of twee uur 's nachts, in die lange onzichtbare gangen op en neer renden. Ze woonden hier waarschijnlijk al generaties lang en hadden het duidelijk naar hun zin.

Er moest iets gebeuren. Van de plaatselijke drogist kreeg ik grote hoeveelheden korrels die de ratten niet alleen pijnloos zouden verdelgen maar waar ze enorm van zouden genieten, voor zolang het duurde. We lepelden ze rijkelijk door de spleten naar binnen. Het genieten werd al snel hoorbaar. Nu werd er 's nachts niet alleen gestoeid, we hoorden ook kreten van extase. Iris begon bezorgd te kijken, zelfs gekweld. Vond ik niet dat we ermee op moesten houden nu het nog niet te laat was? Ik twijfelde, maar gelukkig losten de ratten het probleem zelf op. De geluiden hielden abrupt op alsof de dieren besloten hadden dat ook zij geen zin meer in spelen hadden als wij niet meededen — dan gingen ze maar liever weg. Iris keek gekwelder dan ooit; ik was bezorgd over de mogelijke geur van rattenlijkjes. Maar het oude koude huis bleef vrij van luchtjes. Het was echt alsof ze een laatste feestje hadden gevierd en daarna waren vertrokken.

En waarom zou het niet zo gegaan zijn? Ik denk dat

het besef van elkaars aanwezigheid ze van de wijs heeft gebracht waarna ze hun gewoonten hebben veranderd. Schijnbaar hadden ze zich aan ons aangepast door 's nachts buiten aan het werk te gaan en overdag in huis te slapen. Dat gaf geen problemen en ik weet bijna zeker dat de vorige bewoonster, de vriendelijke oude weduwe Blanche Tankerville-Chamberlayne (zo heette ze echt) ze nooit heeft lastiggevallen en zij haar niet. Misschien wist ze niet eens van hun bestaan.

En toen misten we ze natuurlijk. Hoewel Iris zich niet langer ongerust leek te maken en we het nooit meer over ze hebben gehad, denk ik dat we allebei, niet zonder weemoed, wel eens luisterden of we ze hoorden als we 's nachts wakker lagen. Hun haast sympathieke aanwezigheid is voor mij voelbaar en hoorbaar in sommige van Iris' romans die vlak boven hun hoofd geschreven zijn; want toen we ze ontdekt hadden zei ze dat ze hun gezelschap zowel overdag als 's nachts om zich heen voelde en dat prettig vond, zelfs stimulerend. 's Zomers vermengde hun gestommel zich met de geluiden uit de tuin, het lied van de merels en het gekwetter van de zwaluwen – de 'Weatherbys' – op de telefoondraad voor het raam.

Nadat ze haar docentschap aan St. Anne's had opgegeven, schreef Iris iedere morgen, van negen tot een. Als ik in Oxford was, luisterde ze daarna naar het nieuws, at iets, en ging de tuin in. Ze tuinierde niet echt, of eigenlijk echt niet, maar hield ervan plekjes uit te zoeken om iets neer te zetten. Er kwamen toen nieuwe rozenstruiken in de mode met prachtige namen: Duc de Guise, Captain John Ingram, Cuisse de Nymphe en Cuisse de Nymphe Emu. Ze hadden zijdeachtige bloemblaadjes en roken naar wijn. De witte bloembladeren waren zo doorschijnend als ijs, met een helder groen hart ('vertroebeld centrum' stond er in een boek, dat werd een favoriete uitdrukking van Iris). De dieppaarse bloemen van de Captain Ingram werden op den duur bijna zwart.

We kochten ze in het weekeinde bij een rozenkwekerij en daarna zette ik ze niet erg vakkundig in de grond. Niettemin had Iris al gauw haar rozenpaadje. In zekere zin waren het allemaal 'Onofficiële Rozen', het soort dat haar heldin Fanny Peronet goedgekeurd zou hebben. (De titel van haar roman *An Unofficial Rose* kwam uit een gedicht van Rupert Brooke waar Iris altijd dol op geweest is.) We hadden er geen idee van hoe we ze moesten verzorgen, terwijl rozen juist veel zorg nodig hebben. Ze begonnen er al gauw ziekelijk uit te zien en de bladeren kregen zwarte vlekken. Een vriend plaagde Iris door te zeggen dat het was of ze er een concentratiekamp voor rozen op nahield. Het was een smakeloze grap en hij viel helemaal verkeerd. Even bekoelde de vriendschap. Ze kon tamelijk lichgeraakt zijn, maar niet lang en de vriend was al snel weer in de gratie. Ik denk niet dat hij haar van de rozen afgeholpen heeft, maar daarna werd het nooit meer iets, en de meeste hielden er gewoon mee op zonder dat een van ons er zich druk over maakte. Eentje bleef er leven, herinner ik me, hij bleef zelfs bloeien en kon blijkbaar zonder verzorging of aandacht. Hij had dikke weelderige bladeren met diepe groeven en inkepingen als een tropische plant en zijn vuurrode rozenbottels waren groot en glanzend als tropisch fruit. Hij heette geloof ik de Koningin van Denemarken.

Ik had zoveel energie in het huis gestopt dat ik waarschijnlijk daardoor binnen een jaar de ziekte van Pfeiffer kreeg. Zoals bij een Victoriaanse ziekte verzwakt de patiënt en lijkt pijnloos weg te kwijnen. Als je aan de beterende hand bent ben je er niet van af want de ziekte blijft met regelmatige tussenpozen terugkomen. Toen ik voor het eerst wat opgeknapt was, wankelde ik vaak naast Iris door het hoge gras naar de vijver waar zij wat rondzwom – of liever rondpoedelde – en de donkere modder loswoelde. Ik had het gevoel dat ik erbij moest zijn, hoewel ik veel te zwak geweest zou zijn om in te grijpen als er wat mis zou gaan. Maar er gebeurde natuurlijk niets en ik vond het heerlijk haar zo te zien ronddobberen in de schaduw van de wilg, gelukzalig naar me opkijkend. Daarna klom ik moeizaam maar dankbaar weer in bed.

Het was het soort bed waar je in moest klimmen. Het was Victoriaans, hoog en breed, met een bewerkte eikenhouten ombouw en een groot, zacht, zwoel matras. We hebben het in Oxford voor een pond op een veiling gekocht. Niemand anders wilde het hebben en toen ik moed verzameld had om een bod te doen, keek de veilingmeester pijnlijk getroffen. 'Dat is wel een erg laag bod, meneer,' merkte hij op, 'een heel erg laag bod, maar omdat er geen andere kopers zijn, zal ik het moeten accepteren.' In de zomer van mijn Pfeiffer werd het bed mijn thuis, meer dan het huis dat ooit voor elkaar gekregen heeft. Ik las er, at er, dronk er en schreef er stukken, want ik bleef recenseren voor de *Spectator*, zodat het bed altijd bedolven was onder boeken.

Rechtop zittend in bed, door de hoge ombouw veilig beschermd tegen de buitenwereld, wist ik dat dit het echte nirwana van de huwelijkse staat was. Een van de boeken die ik in die dromerige tijd recenseerde, was van Pamela Hansford Johnson, een begaafde schrijfster uit de jaren vijftig. Zij was de vrouw van C.P. Snow, een wetenschapper die ook romans schreef. Hij was vooral geïnteresseerd in macht: *The Masters*, over de machtsstrijd tussen de hoofden van Colleges, was een vroeg voorbeeld van de universiteitsroman. Snows vrouw had naar mijn idee subtielere interesses en ik had genoten van de roman die ik moest bespreken. Een eerder boek dat op het omslag vermeld stond en dat ik niet kende, ontleende zijn titel aan een gedicht van Donne: *This Bed Thy Centre*. Dat moest ik natuurlijk lezen, om vervolgens te ontdekken dat die titel ironisch bedoeld was. De roman was een vroeg-feministisch protest tegen de seksuele en huiselijke ondergeschiktheid van vrouwen. Voor mij was huiselijkheid op en in het bed puur geluk.

Iris beschouwde het grote bed zeker niet als haar centrum en dat beviel mij uitstekend. We deelden ons huwelijksleven, maar verder was het bed van mij. Overdag zat Iris er alleen naast, als ze me bijvoorbeeld gerstewater of sinaasappelgelei bracht. Dat was het enige wat de etterende klieren in mijn keel konden verdragen. Toen ik aan de beterende hand was, leefden we voornamelijk op gepocheerde eieren. Iris had daar een handigheid in gekregen waar ik jaloers op was. Ik heb het nooit zo onder de knie gekregen als zij: ik beschouw het pocheren van eieren als de ultieme kooktest.

Wat me ook beviel was dat Iris niet het soort vrouw was dat zich totaal in dienst stelt van een zieke. Ze was absoluut geen Florence Nightingale. Ze zorgde wel voor me, maar ik zag aan haar gezicht dat haar gedachten elders waren. Het uitwerken van de plot van de roman waaraan ze bezig was ging gewoon door. Ze vond het helemaal niet lastig dat ik ziek was en vertelde me later dat ze het begin van de roman die ze in die tijd schreef, te danken had aan de rust die de ziekte voor ons beiden met zich meebracht. Dat gaf me zoveel voldoening dat ik meteen weer ziek werd.

De tweede aanval was erger dan de eerste. Bij onze dokter, een wat oudere parmantige man met altijd een roos in zijn knoopsgat, bespeurde ik iets wat bij zijn Victoriaanse voorgangers waarschijnlijk gebruikelijk was: echte bezorgdheid achter het joviale professionele masker. Daar was ik blij om, want Iris leek zich nergens zorgen over te maken. Zij wist op een of andere manier dat we nergens bang voor hoefden te zijn, hoewel ze beleefd deelde in de opluchting toen de dokter na het bloedonderzoek kwam vertellen dat mijn bloed het 'Paul-Bunnell-effect' vertoonde, wat betekende dat het inderdaad klierkoorts was en niet iets ergers.

Tijdens mijn ziekte kwam deze charmante en buitengewoon competente arts iedere dag uit Bladon, toch een flinke afstand. Het was in de eerste dagen van de Nationale Gezondheidszorg en dokter Bevan — toevallig was zijn naam hetzelfde als die van de minister die zich het meest voor die zorg had ingezet — nam geen particuliere patiënten aan; maar hij gedroeg zich altijd alsof wij zijn enige patiënten waren en geen moeite hem teveel was. Hij bekeek ons vaak met zijn sprankelende oude ogen, alsof hij niet kon geloven dat deze twee absurde maar wel aardige mensen werkelijk in dit huis woonden en speelden dat ze man en vrouw waren.

Ondanks de geamuseerd ongelovige blikken waarmee dokter Bevan ons eerder als twee rare kinderen beschouwde dan als een getrouwd stel, ervoer ik juist die zomer van mijn ziekte het huwelijk heel intensief als een comfortabele toestand van afstand en afzondering; van elkaar ruimte geven. Toen het eerste trimester van het academische jaar aanbrak, kon ik nog steeds niet werken. Ik gaf me over aan de weelde van het ziekteverlof terwijl Iris doorwerkte aan de roman die nu bijna af was. Het bed had mij in zekere zin ook geïnspireerd. Ik concipieerde er een boek dat *The Characters of Love* zou gaan heten, een gedetailleerde studie van drie teksten — een gedicht, een toneelstuk en een roman — die mij op de een of andere manier exemplarisch leken voor het soort liefde dat ik in mijn relatie met Iris had leren kennen. Dat was natuurlijk erg naïef, hoewel ik sommige commentaren op Chaucers *Troilus and Criseyde*, *Othello* van Shakespeare en *The Golden Bowl* van Henry James, nog steeds redelijk goed vind als ik ze herlees. Dat soort literaire kritiek was toen in de mode en *The Characters of Love* werd goed ontvangen. Ik kan me nu niet meer voorstellen dat iemand die in de huidige literatuurwetenschap is opgeleid het zou willen lezen. Literatuurwetenschappers van de nieuwe stempel zouden het waarschijnlijk niet eens meer kunnen lezen. De bekommernis om waardeoordelen en hoe die tot stand komen is hun vreemd. Het taalgebruik waarmee waardering onder woorden wordt gebracht verschilt te veel van wat nu in de mode is.

De grootste voldoening die het boek mij heeft opgeleverd was dat Iris het wilde lezen terwijl ik eraan bezig was, en er commentaar op leverde met een onverwachte warmte. Dit was geen vanzelfsprekende loyaliteit of gespeelde belangstelling voor wat mannie deed, net zomin als de verzorging tijdens mijn ziekte een imitatie van echtelijk gedrag was. Ze was echt geïnteresseerd. We praatten er veel over, hoewel we zoals altijd geen poging deden een rationele en serieuze discussie te voeren, zoals ze dat zou doen met haar leerlingen of met vrienden en collega's. Wij waren in onze relatie als Pierre en Natasja in Tolstojs *Oorlog en Vrede*, wij begrepen elkaar en voelden elkaars standpunt aan zonder de noodzaak er uitvoerig of samenhangend over te zijn. Ik was op mijn beurt gefascineerd toen ik later ontdekte hoeveel van onze gevoelens en gesprekken er terechtgekomen waren in Iris' essays, die absoluut niet onsamenhangend zijn. *Against Dryness* en *The Sovereignty of Good* waren mijlpalen in haar carrière en zijn nog steeds van grote invloed. Het zijn geen 'vertroebelde centra' maar heldere dauwdruppels, parels van gedistilleerde wijsheid, en toch herken ik er dingen in waarvan we ons samen bewust zijn geworden door er op onze eigen intieme manier over te praten.

Iris is zonder twijfel het meest wezenlijk bescheiden mens dat ik ooit heb ontmoet, of me überhaupt kan voorstellen. Bescheidenheid krijgt gauw iets gekunstelds, hoewel iedereen al dan niet bewust een persona opbouwt waarmee hij of zij de wereld tegemoet treedt, om op een bepaalde manier over te komen. Iris was niet bewust bescheiden: ik denk niet dat ze wist dat ze het was. Bijna alle succesvolle schrijvers maken zich druk over de status en toekomst van hun schrijverschap — of ze het, om het maar eens simpel te stellen, wel vol kunnen houden — maar daar hield Iris zich totaal niet mee bezig. Nu ze hoe dan ook alles vergeten is, treft mij de bijna griezelige overeenkomst tussen de amnesie van vandaag en de kalme onverschilligheid in het verleden. Zij deed rustig haar werk en wilde er nooit over praten, ze had geen behoefte aan vergelijkingen of discussies, las nooit recensies, wilde er niets over horen en had niet, zoals de meeste schrijvers, de voortdurende geruststelling nodig van vrienden, het publiek of de media.

De behoefte aan status, aan de geruststelling dat je je een 'gepubliceerd schrijver' kunt noemen, desnoods op bescheiden niveau, kan iets aandoenlijks hebben en gepaard gaan met echte bescheidenheid en zelfkritiek, waarbij een schrijver weet wat hij waard is. Dat geldt bijvoorbeeld voor de schrijfster Barbara Pym. Ik heb altijd bijzonder van haar romans genoten en ze vaak herlezen, net als die van Raymond Chandler, C.S. Forester, Anthony Powell en nog een paar anderen. Ik kan ze steeds opnieuw lezen, alsof ik daarmee toegeef aan een troostrijke zonde waar ik niemand kwaad mee doe.

Ik heb Pyms boeken aan Iris aangeraden en ze binnen haar bereik gelegd, maar ik geloof niet dat ze ze heeft gelezen. Ze las bijna nooit een eigentijdse roman, behalve als een vriend of een vriend van een vriend er een geschreven had en vroeg of ze het kon opbrengen haar oordeel te geven. Dan las ze het boek woord voor woord nauwgezet uit. Ze was meestal enthousiast; soms enigszins overdreven, vond ik, als ik hetzelfde boek ook gelezen had. Ik geloof niet dat het alleen voortkwam uit vriendschap en loyaliteit, het was ook een soort onschuld: ze had geen enkele ervaring met de hedendaagse roman en was snel onder de indruk van iets waarvan ik haar zo had kunnen vertellen dat het weinig origineel was, maar gewoon in de mode.

In het verleden, voor ik haar leerde kennen, had ze de klassieken niet alleen gelezen maar geïnternaliseerd. In onze begintijd herlas ze regelmatig Dostojevski, Dickens en soms Proust. Het werd onze gewoonte om tijdens de lunch allebei met een boek te zitten en ik herkende bij haar mijn eigen totale geabsorbeerdheid, hoewel ze het nooit erg vond als ik haar onderbrak om haar iets uit mijn boek voor te lezen.

In de periode waarin ik het meest verslaafd was aan Barbara Pym, vond ze het altijd leuk als ik de komische scènes voorlas. Ze moest misschien wel vooral lachen omdat ik zo moest lachen. Als iemand je een komische passage voorleest – stel van P.G. Woodhouse – kan dat behoorlijk vermoeiend zijn: er moet hilariteit ontstaan terwijl je die misschien niet ervaart. Maar Pym, net als Austen, leent zich uitstekend voor het voorlezen van korte passages. We hebben haar maar één keer ontmoet, samen met een jonge vriend, een vroegere student van mij. We mochten haar en haar zuster graag, voorzover je daar van kunt spreken op basis van een kortstondige ontmoeting die gepaard ging met de gebruikelijke Engelse onhandigheid. Ze was heel groot, en toen haar dagboeken postuum gepubliceerd werden, stond er een brief aan Philip Larkin in, waarin ze schreef het gevoel gehad te hebben dat ze 'boven Iris uittorende (alleen qua lengte natuurlijk)'.

Barbara Pym was zowel bescheiden als ironisch over haar schrijverschap. In dat opzicht was ze, zoals blijkt uit haar dagboeken, totaal anders dan Iris. Iris had er geen behoefte aan zich bewust te zijn van haar auteurschap; Pym was daar wel mee bezig, zoals de meesten van ons. In een aandoenlijke dagboeknotitie stelt ze zich voor hoe mensen die van haar hebben gehoord, naar haar kijken en een van hen dan zegt: 'Daar heb je Barbara Pym, de schrijfster.'

Er bestaan literaire persoonlijkheden die door de Duitsers eerbiedig met de term *Dichter* worden aangeduid. Zij stralen zoveel indrukwekkende heroïek uit dat vragen over bescheidenheid, imago en poseurschap zich nog nauwelijks voordoen. Zo iemand was de schrijver over wie ik het al gehad heb en die ik in het begin, toen ik Iris pas kende, het 'monster van Hampstead' noemde (een van zijn vrouwelijke discipelen heeft een roman geschreven over zulke monsters). Het voorkomen van de *Dichter* was ontegenzeggelijk indrukwekkend, ondanks zijn gedrongenheid. Hij had iets dwergachtigs, met zijn enorme hoofd en dikke zwarte haar. Hij leek op een reus die vanaf zijn middel was ingekort, wat de Duitsers een *Sitzriese* noemen. Deze imposante figuur won op hoge leeftijd eindelijk de Nobelprijs. Hij werd vooral in Duitsland vereerd (hij schreef in het Ladino en in het Duits), hoewel hij toen hij jong was vlakbij Manchester woonde en een groot deel van zijn leven in Londen doorbracht.

Ik heb de *Dichter* een paar keer ontmoet en maar één keer, op een literair feestje, met hem gesproken. Hij vroeg me wat ik van *King Lear* vond. Dat is geen gemakkelijke vraag. Ik had op dat moment niets aan mijn ervaring als docent in Oxford, waar ik dat toneelstuk aan studenten probeerde te 'onderwijzen'. Ik gaf toch min of meer antwoord en hij luisterde met vleiende aandacht. 'En wat vindt u ervan?' vroeg ik, na me lang genoeg aan zijn doorborende blik te hebben onderworpen. Het bleef lange tijd stil. Eindelijk sprak hij. 'Mijn vrienden zeggen dat mijn boek onverdraaglijk is.' Gelukkig wist ik dat dit een verwijzing was naar zijn lange roman *Die Blendung*. Ik knikte ernstig. Er volgde weer een stilte. '*King Lear* is ook onverdraaglijk,' verklaarde hij ten slotte.

Ik boog mijn hoofd. Shakespeares meesterwerk zou nooit een groter compliment krijgen dan dit. Hoe dan ook, de magiër had zonder meer hypnotische gaven. De plechtige sfeer van ons onderhoud begon zelf onverdraaglijke vormen aan te nemen. Tot mijn opluchting werden we onderbroken door een opgeblazen jongeman die zich hoog op een golf van zelfwaardering bevond. Zijn boek over hedendaagse 'Angst' werd als een meesterwerk geprezen en was een onverwachte bestseller geworden.

'Wat vond u van mijn boek?' vroeg hij opgewekt, er duidelijk van overtuigd dat de grote man die ervaring niet gemist kon hebben. De *Dichter* keek naar de jongeman op met een blik van milde welwillendheid. Hij leek de vraag niet helemaal begrepen te hebben, hoewel Engels in feite zijn eerste taal was en hij die net zo volmaakt beheerste als het Duits. Er volgde een lange pauze. De jongeman keek hem met toenemende verlegenheid aan. Eindelijk sprak de *Dichter*, vol verbazing, en zonder enige ironie: 'U vraagt mij — *mij* — of ik uw boek gelezen heb?' De reden voor het herhalen van het persoonlijk voornaamwoord was dat hij er geen enkel misverstand over wilde laten bestaan om wie het ging. De jongeman mocht eens denken dat hij het tegen een gewone sterveling had. Er viel weer een lange stilte, waarin hij maar vriendelijk naar de jongeman omhoog bleef kijken. Die mompelde uiteindelijk iets verontschuldigends en glipte weg.

Ik werd heen en weer geslingerd tussen onwillekeurige bewondering en hevige afkeer. De afkeer won, zoals ook bij andere gelegenheden waar ik het magische monster meemaakte. En toch kon hij je niet alleen het gevoel geven met warme belangstelling naar je te luisteren, soms trad hij je ook bijna verlegen tegemoet, met een enigszins bedeesde charme, die uitsluitend voor jou bestemd leek. Geen wonder dat hij vereerd werd. Ik was tijdens dat literaire feest zelf gefascineerd en benieuwd hoe hij zich verder zou gedragen. Hij negeerde alle aanwezige schrijvers, intellectuelen en belangrijke mensen en dwong hen zo ook hem te negeren. Na zijn gesprek met mij liep hij geheel op zijn gemak rond en werd door iedereen gemeden. Niemand durfde hem aan te spreken. Of misschien had men wel stilzwijgend besloten hem eens op zijn nummer te zetten; als dat het geval was, zou hij dat alleen maar amusant gevonden hebben. Ik zag dat hij een gesprek aanknoopte met een jongeman die een beetje aan de kant stond omdat hij klaarblijkelijk niemand kende. Er werd al gauw gelachen; ze leken het direct uitstekend met elkaar te kunnen vinden. Ik kon het niet nalaten dichterbij te gaan staan en toen herkende ik het komisch schurkachtige gezicht van een filmacteur die ik vaak had gezien in B-films, waaraan ik in die tijd verslaafd was. Ik mengde me in het gesprek en zei genoten te hebben van zijn optreden op het witte doek. Dat vond hij leuk, maar hij zei het jammer te vinden dat hij nog nooit de gangsterbaas had mogen spelen, alleen bijrollen. Daarna werd hij aangesproken door een medeacteur die net was binnengekomen en verdween hij in de menigte. De *Dichter* informeerde bij mij wie hij was. 'Hij is de enige hier die de moeite waard is om mee te praten,' was zijn commentaar.

Bij dat oordeel was ik uiteraard inbegrepen, dus ik probeerde me uit de voeten te maken, maar op dat moment legde de gastvrouw gelukkig beslag op de *Dichter* en kwam de jonge acteur op mij af. Hij vroeg wie dat grappig uitziende kereltje was. 'Wat een *fantastische* vent! Echt interessant. Hij vond me aardig.' Zijn enthousiasme kreeg iets toneelmatigs. 'We hadden het over vissen. Daar ben ik helemaal gek van – dat doe ik echt het liefst van alles. Ik begrijp niet hoe, maar het was net of hij dat wist...'

Isaiah Berlin, een invloedrijke figuur in Oxford, was in vrijwel alle opzichten anders dan de magische *Dichter* – hij was om te beginnen wezenlijk aardig – maar wat hij met hem gemeen had, was de gave om mensen in zijn ban te krijgen, louter door de manier waarop hij naar hen luisterde. Hij vertelde me eens dat hij wel van saaie mensen hield, daar verveelde hij zich nooit. Dat was waarschijnlijk nog waar ook. Hij wist door zijn warmbloedig Russische manier van doen iedereen voor zich in te nemen – verlegen ega's van academici, doorgewinterde society gastvrouwen, wetenschappers en intellectuelen, filosofen en muziekliefhebbers. Zijn sociale vaardigheid was zo groot dat sommigen daar neerbuigend over deden. Zij suggereerden dat zijn faam en reputatie uitsluitend daaraan toegeschreven moesten worden en niets met intellectuele kwaliteiten te maken hadden.

De favoriete auteurs van Isaiah Berlin waren Herzen, de Russische memoires-schrijver waarvan hij het werk als zijn bijbel beschouwde, en de romanschrijver Toergenjev. Qua stijl, smaak en persoonlijkheid leken ze allebei op hem, hoewel hij dat zelf nooit gezegd zou hebben. De boeken waar de *Dichter* zich het meest mee verwant voelde waren veel mysterieuzer, ongetwijfeld omdat hij dat zelf wilde zijn. Hij had de gewoonte zijn volgelingen op een bepaalde tekst te wijzen die het helemaal was, *echt* helemaal, zonder erover te willen discussiëren of een reden te geven waarom dat zo was. Op zijn orakelachtige manier raadde hij eens met klem de *P'ing Ching Mei* aan, een lange ingewikkelde Chinese roman uit de zeventiende eeuw. Iedereen, inclusief Iris, haastte zich hem te lezen, maar niemand kon doorgronden wat er nu zo bijzonder aan was. Zat er een sleutelgedachte in verborgen, zoiets als het 'patroon in het kleed' van Henry James — misschien zelfs een sleutel om de ware grootsheid van de *Dichter* te kunnen begrijpen? Herzen en Toergenjev waren even toegankelijk, briljant en fascinerend als Isaiah Berlin zelf. Maar wat was het geheim van de *P'ing Ching Mei*, of welk ander werk dan ook waaraan de *Dichter* zijn stempel van goedkeuring gaf, of, nu ik het er toch over heb, zelf geschreven had? Daarop leek geen antwoord mogelijk. Geheimzinnigheid bleef het kenmerk van de magiër.

Het werk van Iris is, voor mij althans, echt geheimzinnig, net als dat van Shakespeare. Ik heb geen enkele twijfel over haar grootsheid als schrijfster, hoewel ze van nature nooit het soort charisma bezat, of probeerde te cultiveren, waaraan wijzen of magiërs hun succes ontlenen. Haar boeken creëren een nieuwe wereld, die op een inspirerende manier ook heel gewoon is. Ze zijn zonder zelfverheerlijkende bijbedoelingen geschreven; ze zijn vrij van intellectuele pretentie en er wordt niet met vorm geëxperimenteerd omdat ze zo nodig anders wil zijn. Ze zijn niet het product van een persoonlijkheid die erop uit is haar lezers te hypnotiseren, of de aandacht op zichzelf te vestigen. Hoewel er vaak gezegd wordt dat een bepaalde persoon of een bepaalde gebeurtenis alleen maar in een Murdoch-roman kan voorkomen, betekent dat niet dat de persoonlijkheid van de schrijfster daar mee samenvalt.

Haar bescheidenheid had niets geposeerds, zoals meestal het geval is. Ze had nooit de behoefte zich af te zonderen omdat ze zich te goed voelde voor anderen. Ze stond juist altijd voor iedereen open en had een onvoorwaardelijk vertrouwen in mensen en hun verhalen. Ik was er vaak verbaasd over hoe gemakkelijk zij, in mijn ogen, om de tuin te leiden was. Ze was er niet op uit om iemand 'door' te hebben, om mensen ergens op te betrappen, of hun zwakke kant te ontdekken. Naar aanleiding van een uitspraak van Napoleon, dat een heer in de ogen van zijn knecht geen held kan zijn, merkte Hegel op dat dat waar was – echter niet omdat de held geen held was, maar omdat de knecht een knecht was. Voor Iris was iedereen die ze ontmoette zogezegd een held, tot het bewijs van het tegendeel geleverd was. Ik heb nooit iemand ontmoet die van nature minder kritisch was. Ze hield haar veroordelingen – als daar al ooit sprake van was – voor zichzelf, ze werden nooit publiek gemaakt.

Dat was zo ongewoon in academische en intellectuele kringen dat ik vermoed dat mensen die wat levendiger en roddelachtiger van aard waren, een gesprek met haar nogal saai vonden, hoewel ze altijd respect voor haar hadden. Religieuze mensen voelden zich daarentegen, net als haar studenten, onmiddellijk instinctief tot haar aangetrokken. Alleen praatten ze nooit over religie of geloof. Het 'spirituele' — anders kan het denk ik niet genoemd worden — maakte deel uit van haar sfeer, hing als het ware om haar heen, als een vanzelfsprekendheid. Toen W.H. Auden een gedeelte van het jaar in Oxford kwam wonen, hebben ze elkaar bij verschillende gelegenheden ontmoet. 'Hij houdt ervan om over bidden te praten,' zei ze op een keer met een lachje. Ik vroeg of ze meningen hadden uitgewisseld over hoe je dat moest doen. 'O nee, we doen het geen van beiden,' zei Iris. 'Maar hij maakt er grappen over hoe hij het zou doen als hij het zou doen.'

Hoewel Iris geschoold was in de filosofie van Plato, wat sfeerbepalend is voor veel van haar romans, was daar voor zover ik dat kan beoordelen in haar leven niets van te merken. Dat gold zelfs voor het boeddhisme, waar ze heel veel van wist, vooral dankzij haar grote vrienden Peter Conradi en James O'Neill, beiden praktiserend boeddhist. Ik vermoed dat het woord 'praktiserend' in feite irrelevant is, net zoals je iemand geen 'vrome' of 'serieuze' boeddhist kunt noemen. (Iets dergelijks geldt ook voor Iris' schrijverschap: haar een 'praktiserende' of 'serieuze' romanschrijfster noemen is op dezelfde manier irrelevant. De vergelijking met Shakespeare dringt zich weer op: in welke zin was hij een 'serieuze' toneelschrijver?) Ik denk niet dat Iris ooit zou zijn gaan mediteren, zoals Peter en Jim deden. Haar gevoel voor de dingen werkte anders; ze kon op haar manier op het eerste gezicht verliefd worden. Bijvoorbeeld op de hond Cloudy, de collie van Peter en Jim, een prachtdier met een grijs-witte vacht en blauwe ogen. Hij verschijnt in haar een na laatste roman, *The Green Knight*, als de hond Anax.

Iris is en was een *anima naturaliter Christiana* – religieus zonder religie. Ze heeft ook nooit een religie van de kunst gemaakt, en toch betekenden schilderijen meer voor haar dan elk ander product van de geest, inclusief literatuur en filosofie. Ik heb het over Piero gehad, en hoe we zijn 'Wederopstanding' in Borgo San Sepolcro beleefden; heel toevallig zouden we vijf of zes jaar na die huwelijksreis de schilder Alex Colville in Canada ontmoeten, die erg beïnvloed was door Piero's kunst. Het was de eerste keer dat we samen naar de Nieuwe Wereld gingen; Iris was ongeveer een jaar na ons trouwen naar Yale geweest om daar een maand les te geven. Ze ging met tegenzin alleen op reis, maar toen ze er eenmaal was had ze het naar haar zin. Tot voor kort was het altijd een probleem om naar de Verenigde Staten te gaan, door een wet die de uitgifte van visa aan ex-leden van de Communistische Partij streng aan banden legde. Toen ze studeerde was Iris heel even lid van de Jonge Communisten geweest. Ze had de partij alweer verlaten voor de oorlog uitbrak, maar ze was te scrupuleus om dit feit maar wijselijk te vergeten, zoals haar politieke vrienden uit Oxford hadden gedaan toen ze een formulier voor een visum moesten invullen. Het reizen in Amerika werd dan ook beperkt tot eenmalige bezoeken, met een strikt academisch doel.

Dat bleek lastig te zijn toen we in Canada waren, waar die beperkingen niet golden. Onze gastheer op de McMaster Universiteit was van plan ons mee te nemen naar de Albright-Knox Art Gallery in Buffalo en ons de Niagara Waterval van de kant van de vs te laten zien. Dat kon niet doorgaan omdat Iris op de terugweg in Chicago een lezing over filosofie zou geven. Daar wilde ze ook graag naar het Art Institute of Chicago — ze had al kans gezien de National Gallery in Washington, D.C., te bezoeken toen ze op Yale zat. Die expeditie kon alleen maar doorgang vinden als we haar kostbare eenmalige visum niet zouden opmaken aan een bezoekje aan Buffalo. Ze stond erop dat de rest van het gezelschap wel zou gaan en zij bleef alleen aan de Canadese kant tot we terug waren. Dat werd de volgende dag goedgemaakt. We moesten naar Stratford voor het Shakespeare Festival, waar ik beloofd had een lezing te geven over de stukken die daar opgevoerd zouden worden. We maakten een omweg voor een duik in het Huronmeer, met golven die wonderlijk veel leken op die van de oceaan; ze smaakten alleen niet zout.

Stratford was eerder gedenkwaardig door een uitvoering van *The Mikado* — die niet verbeterd kon worden — dan door Shakespeare. De echte openbaring van ons bezoek aan Canada waren evenwel de schilderijen van Alex Colville. De kunstenaar leidde een teruggetrokken bestaan in St. John in New Brunswick en schilderde één, hooguit twee doeken per jaar. Hij besteedt buitengewoon veel aandacht aan details, zijn composities zijn tot in de finesses uitgewerkt, wat prachtig contrasteert met de standbeeldachtige stevigheid van zijn menselijke figuren, die net zo massief en mysterieus zijn als die van Piero. Toch worden ze volledig in beslag genomen door de gewone bezigheden van het hedendaagse leven. Iris werd erdoor gebiologeerd. Zij en Colville voelden zich onmiddellijk tot elkaar aangetrokken en hij liet haar alle portfolio's zien die hij bij zich had, want hij had zich laten overhalen tot een symposium waaraan wij ook deelnamen. Die symposia gaan altijd over de vraag 'waar het heen moet met de kunst', zodat schrijvers en academici er op de automatische piloot kunnen aanschuiven en er min of meer voor de gezelligheid bijzitten. Door de aanwezigheid van Colville en het gemak waarmee we zijn wereld betraden, kregen die dagen plotseling iets bijzonders, alsof hij ons persoonlijk in zijn ongewone schilderijen ontving. Op de een staat een man naakt en peinzend de inhoud van een koelkast te bestuderen, alleen beschenen door het licht dat daaruit komt; op een ander houdt een vrouw die er even ondoorgrondelijk uitziet als iemand op een schilderij van Piero, de deur van de auto open om haar kinderen erin te laten.

We hadden Alex Colville graag wat vaker willen zien en spreken, maar hij komt zelden naar Europa. We hebben één keer een ontmoeting in Londen kunnen regelen, toen hij op weg was naar Den Haag. Daar moest hij een klein beschadigd plekje in een hoek van zijn schilderij 'Stop for Cows' herstellen. Er was een krasje op gekomen bij het transport en het museum liet Alex overkomen voor de restauratie. Ze moeten het schilderij wel erg belangrijk hebben gevonden, en terecht. Een meisje met dikke wangen en billen heft een majesteitelijke arm om een onzichtbare automobilist tegen te houden. Voor haar zie je de massieve achterwerken en staarten van zwart-witte koeien, de horizon suggereert de nabijheid van de zee. Aan de ene kant is het schilderij geruststellend Hollands, robuust, zelfs humoristisch lichamelijk. Aan de andere kant slaagt het er ook in van een magische vervreemding te zijn die volledig in contrast is met de uiterlijkheden. Hoe Colville dat doet blijft een mysterie, een mysterie waar Iris zich onmiddellijk toe aangetrokken voelde. Vroeger zat ze urenlang haar boek met Colville-reproducties te bestuderen. Ze is haar belangstelling voor schilderkunst nu kwijt, maar als ik het album van Colville opdiep en voor haar neerleg, is er heel even iets van haar oude fascinatie te bespeuren.

Colville was volstrekt onmodieus, dat maakte hem waarschijnlijk ook zo aantrekkelijk voor Iris. Weinig eigentijdse schilders zullen zo onverschillig staan tegenover wat er in de kunstwereld gaande is. Net als de aquarellen van onze oude vriend Reynolds Stone, vertonen de schilderijen van Colville geen enkele aandrang verder te komen in de wereld van de elegante kunstcoterieën. Dat had Iris ook niet. Ze had geen zintuig voor 'wat in is'. Als je al kritiek kunt hebben op het sociale decor in haar boeken, zou dat zijn dat haar gevoel daarvoor niet zozeer eigenzinnig is als wel afwezig. Haar wereld is op geen enkele manier werelds. Haar romans staan vol slimme en scherpe observaties over het gedrag van mensen, maar uit niets blijkt dat zij de wereld 'doorheeft', of zelfs haar eigen wereld onder controle heeft. Ze was totaal niet door de wol geverfd zoals bijvoorbeeld Kingsley Amis, die ze kende en graag mocht, of zijn briljante zoon Martin.

Die wereldvreemdheid komt niet vaak voor bij schrijvers. Tolstoj hield tot het eind van zijn leven een onbewuste fascinatie voor de hogere kringen. Hij bleef het belangrijk vinden om te weten welke dansen er gedanst werden, en wat de meisjes aanhadden, lang nadat hij waarschijnlijk alle vleselijke verleidingen vaarwel had gezegd. Onder schrijvers zijn het meestal de hoogstaande moralisten, degenen die politiek en maatschappelijk correct zijn, die in hun privéleven net zo streberig blijken te zijn als Prousts Madame Verdurin. Sociaal snobisme in de oude betekenis is vandaag wellicht op de terugtocht, maar de drang erbij te horen is even sterk als vroeger, en dat zou ik democratische hypocrisie willen noemen; de behoefte om nu tegen de vossenjacht te zijn, is net zo snobistisch als vroeger de vossenjacht zelf. Veel van Iris' vrienden en collega-schrijvers hadden kritiek toen ze Dame of the British Empire werd. Ze vonden dat zo'n titel democratisch en politiek gezien onacceptabel was, maar ik verdenk ze ervan dat ze alleen maar vonden dat het uit de mode was – die dingen deed je nu eenmaal niet meer. Iris kon dat niets schelen. Haar moeder en haar echte vrienden vonden het leuk en dat was het belangrijkste.

Canada moet een land naar Colvilles hart zijn geweest, want niemand bemoeide zich daar met hem, en toch verkocht hij zijn schilderijen internationaal voor in onze ogen enorme bedragen. 'Ik wil een provinciaal zijn,' merkte hij bij onze eerste ontmoeting op zijn droge manier tegen Iris op, 'en je vindt het vast niet erg als ik zeg dat ik daarom van je boeken houd en nu om dezelfde reden van jou. Ik streef niet naar Mayfair in Londen, als je begrijpt wat ik bedoel.' Ik plaagde hem dat inderdaad alleen provinciaaltjes in de Fisher Art Gallery exposeerden en in het Brown's Hotel overnachtten; hij had ons verteld dat hij daar altijd logeerde als hij in Londen was.

Iris en hij waren eigenlijk de minst ambitieuze mensen die je je kunt voorstellen. Ze hadden geen enkel sociaal bewustzijn en geen enkele neiging hun voordeel te doen met hun positie. De opmerking van Colville over provincialisme was een ongebruikelijke uitschieter, veroorzaakt door het gedrag op de conferentie van een gewiekste New Yorker en zijn nog gewiekstere vrouw, beiden kunstcritici, die 's ochtends de discussie hadden gedomineerd. Daarna had Colville samenzweerderig tegen ons gefluisterd dat hij een beetje gek werd van het hele gedoe en 's avonds zagen we kans met z'n drieën te ontsnappen om in Hamilton in een bar wat te gaan drinken.

En toch heb ik nooit gemerkt dat Iris zich ergerde aan mensen met pretenties, of aan opscheppers. J.B. Priestley kon verschrikkelijk tegen haar opscheppen en wist als geen ander enormiteiten over Plato, religie, politiek of feminisme te debiteren om haar uit haar tent te lokken, wat ze eerder komisch dan ergerniswekkend vond en waar ze wel op inging maar niet te diep. Hij noemde haar 'ducky', wat ze wel grappig vond. Hij deed altijd alsof hij heftig geïrriteerd was als zij verstandig en rationeel antwoordde. Als hij een generatie eerder geleefd had, zei Priestley altijd, in een tijd dat succesvolle schrijvers nog niet hun hele inkomen aan de belasting hoefden af te dragen, zou hij een expeditie naar de Zuidpool gefinancierd hebben, of een onderzoeksinstituut in Oxford of Cambridge hebben gesticht. 'Dat zou Cambridge je niet in dank hebben afgenomen,' zei zijn vrouw Jacquetta Hawkes dan droogjes, 'dat kan ik je wel vertellen, Jack.'

Het was een aandoenlijk ongerijmd stel. Hun gelukkige relatie deed me altijd denken aan Koningin Titania en Bottom in *A Midsummer Night's Dream*. Iris was erg op hen gesteld. Ik kon goed met Jack overweg maar was een beetje bang voor Jacquetta. Ze kwam uit Cambridge, haar vader was daar een bekende bioloog geweest, en bij haar moest ik altijd aan een uitspraak van een oude *don* denken, die ooit over het verschil tussen Oxford en Cambridge zei: In Oxford glimlachen ze in je gezicht en steken een mes in je rug terwijl ze je in Cambridge met een afkeurend gezicht een dienst bewijzen. Jacquetta keek niet echt afkeurend, ze was altijd vriendelijk maar haar glimlach had ook altijd iets ijzigs. Zij had de gewoonte onverwacht vertrouwelijk te worden op een bijna wetenschappelijk afstandelijke toon. Zo vertelde ze me eens dat ze in Cambridge uit het raam was gesprongen om indruk te maken op een verwaand vriendje en dat ze daarbij haar baarmoeder ernstig had beschadigd.

Een andere keer zei ze ineens: 'Je bent charmant,' alsof het om iets ging dat je beste vrienden je niet durfden te vertellen maar zij wel. Ik wist me daar niet zo goed raad mee. Bij een andere gelegenheid zei ze op dezelfde afstandelijke manier dat Iris de enige vrouw was op wie ze niet jaloers was waar het Jack betrof. Dan bleek Titania toch ook gewoon menselijk en kwetsbaar te zijn.

Achter Jacks grote mond ging dezelfde kwetsbaarheid schuil. Hij vroeg me eens met smachtende blik of ik iemand van de British Academy kende: hoe kon je daar lid van worden? Ik had geen idee, maar hij zal gedacht hebben dat ik dat als academicus wel zou weten. Hij bekende me ook dat hij er ooit alles voor over had gehad om in chique kringen te verkeren, zoals Evelyn Waugh. Op een vreemde manier klonk dat bij hem alsof het iets was dat je moest hebben meegemaakt, zoals je een goeie kijk moest hebben op politiek of feminisme. Op die twee gebieden had hij al naam gemaakt, maar je was pas echt bekend als je ook in chique kringen had verkeerd. Ik was gefascineerd door dat soort opmerkingen maar werd er ook een beetje ongemakkelijk van, net als Iris trouwens, hoewel die nooit iets liet merken. Zij had zo haar eigen manier om met Jack om te gaan. Ze stelde hem altijd ontzettend veel vragen en hij deed niets liever dan haar uitgebreid over zijn leven vertellen. Iris was er altijd goed in anderen over zichzelf te laten praten terwijl ze zelf niets kwijt wilde. Een interviewer beklaagde zich er eens over dat zij alles over hem te weten was gekomen en hij niets over haar.

Iris' verknochtheid aan Jack Priestley leek een beetje op die van een dochter voor haar vader en ze miste hem erg toen hij was gestorven. Het was een verknochtheid die was gegroeid; toch was ze ook altijd heel goed in vriendschappen op het eerste gezicht. Dat is in zekere zin nog steeds zo. Niet zo lang geleden belde er iemand op uit een Iers klooster. Hij was een bewonderaar van haar werk en had met haar gecorrespondeerd, een correspondentie die ik over had moeten nemen. Hij vroeg of hij even mocht binnenwippen, onderweg vanuit Limerick om een collega-monnik op te pikken bij een zusterorganisatie. Hij was verschrikkelijk lang, donker gekleed, chic, met die ondefinieerbare uitstraling die veel monniken hebben: alsof ze in de elegantste kringen verkeren. (Ik dacht aan Tolstoj, Jack Priestley, Evelyn Waugh!) Hij begon met ons de groeten te doen van de Hertogin van Abercorn; ik scheen haar een keer ontmoet te hebben in verband met een Poesjkin Festival.

Dit alles was aanvankelijk verwarrend, maar op het moment dat hij bij Iris ging zitten veranderde de sfeer op slag. Je zou zelfs van een buitengewoon geanimeerde uitwisseling kunnen spreken – zij begon met een zin of zei alleen het eind; hij bleek onmiddellijk aan te voelen waar ze heen wilde en vulde de hiaten met een beroepsmatige overdaad aan liefderijke aandacht. Zijn gezicht leek zich te transformeren en even later het hare ook. Ze spraken al gauw over zijn jeugd en waarom hij bij de orde was gegaan en vooral over zijn plannen om op Glenstal Abbey regelmatig discussies te organiseren over haar werk. Twee van haar romans, *The Book and the Brotherhood* en *The Good Apprentice*, waren zelfs de belangrijkste inspiratiebron geweest voor de nieuwe koers die het klooster wilde gaan varen. Iris' gezicht werd weer uitdrukkingsloos. Misschien had ze een vleugje Ierse overdrijving ontdekt; misschien was ze domweg verbijsterd door de titels van haar romans. Wat voor boeken waren dat? En wie had ze geschreven? Ze stelde hem die vragen niet, ze informeerde alleen voor de derde of vierde keer waar hij woonde, waar hij geboren was en of hij Dublin kende.

Een staat van vervoering kan niet te lang duren. Zijn enthousiasme was al gauw niet uitzonderlijker dan die van de meeste religieuzen. Iris' eigen levendigheid verwelkte tot een verloren blik; de aanwezigheid van die lange knappe monnik met zijn ongerijmde stadskleren scheen haar plotseling in verwarring te brengen. Geoefend als hij was in dat soort situaties en zich ten volle bewust dat het juiste moment voorbij was, stond hij snel op, zegende haar en vertrok. Het bestelwagentje waarin hij helemaal van Limerick naar Holyhead en dwars door Wales naar Oxford was gereden, stond te wachten bij de stoeprand. Ik vertelde dat wij ooit eens in zo'n bestelwagen Ierland rond hadden gereden, maar hij was niet geïnteresseerd. Ik voelde dat hij wist wat voor vlees hij in de kuip had; academici waren in zijn ogen nogal stompzinnig en volstrekt ongevoelig voor zaken waar het werkelijk om ging. Hij zei dat hij nu zijn collega op moest halen, een benedictijner. Zelf was hij van een andere orde, al weet ik niet meer welke, maar als saluutschot merkte ik op dat de benedictijners de geleerdste monniken waren. 'Geloof dat maar niet,' antwoordde hij met een schampere lach en een minachtende blik die ik natuurlijk had verdiend.

Binnen had Iris weer iets van haar levendigheid teruggekregen, het bezoek had haar kennelijk plezier gedaan. Ze had begrepen dat de monnik Iers was, maar dat was dan ook alles. Ik probeerde haar in herinnering te brengen dat ze een paar jaar geleden les had gegeven in Maynooth, het grote rooms-katholieke seminarie buiten Dublin. Het was op het hoogtepunt van de Onlusten in Noord-Ierland geweest en haar gastheer had verwezen naar de IRA-gevangenen daar, 'de mannen achter het prikkeldraad', zoals ze in de Ierse Republiek werden genoemd. 'Zitten we niet allemaal met die mannen achter het prikkeldraad?' had hij retorisch gevraagd en zijn medepriesters hadden instemmend geknikt. Iris was witheet geworden van woede. Ze vertelde me later dat ze nauwelijks in staat was geweest haar gewone beminnelijkheid te bewaren. Ik ben ervan overtuigd dat de priesters geen idee hadden wat voor heftige gevoelens ze ongewild hadden losgemaakt. Ze waren ervan uitgegaan dat Iris, net als alle Londense intellectuelen, er ten aanzien van de Ierse eenwording modieus correcte opvattingen op na zou houden. Dat was niet het geval. Het was het enige politieke item waarbij het presbyteriaanse atavisme van haar Noord-Ierse voorouders volledig bezit van haar nam.

Soms plaagde ik haar door haar te herinneren aan een fout die een typiste eens gemaakt had in een van haar essays. Ze kon Iris' handschrift niet goed lezen en had regelmatig de naam 'De Rede' getypt wanneer 'de rede' opdook in de tekst, in de veronderstelling dat het een of andere filosoof was waar Iris regelmatig aan refereerde. Dat leverde een aantal zinnen op die begonnen met 'De Rede vereist' of 'De Rede is de beste raadgever wat betreft' en zo werd De Rede een vertrouwde figuur in onze privétaal. Maar hij had wat Iris betreft niets in te brengen als er onder vrienden een discussie plaatsvond over de toekomst van Noord-Ierland. Dan hield ze zo lang mogelijk haar mond, maar uiteindelijk barstte ze toch los. Ze legde me een keer het zwijgen op toen ik voor de grap aan De Rede refereerde. Streng citeerde ze Hume: 'De rede is, en behoort slechts de dienaar van de passie te zijn.' Dat standpunt hield ze er in geen enkele andere context op na.

Iris' gewone schrift was goed te lezen, het was een mooi persoonlijk handschrift. Als ik haar 's morgens in Steeple Aston een kop koffie bracht, bleef ik wel eens staan kijken hoe haar pen bladzij na bladzij over het losbladige papier gleed. Soms gebeurde het dat haar pen over het papier vloog en dan was haar handschrift moeilijker te ontcijferen voor degene die haar manuscript moest uittypen. Norah Smallwood bij Chatto regelde altijd wie dat moest doen. Ze was een bewonderenswaardige maar strenge directeur, die Iris altijd moederlijk vastberaden en aardig behandelde. Norah, die zelf geen kinderen had, gedroeg zich als een tiran tegenover haar jonge werkneemsters, behalve als ze problemen hadden of als ze hen in tranen aantrof door haar strenge optreden.

Iris was altijd in voor een praatje en vond het niet erg om gestoord te worden. Als ik daarentegen iets in bed probeerde te typen, was elke onderbreking fataal voor de grammaticale constructies die mijn geest tot samenhangende zinnen probeerde te ordenen. De gammele constructies stortten dan als kaartenhuizen in en het kostte me moeite opnieuw te beginnen en me te herinneren wat ik had willen zeggen. Als Iris haar hoofd om de deur stak om iets te vragen over de bezigheden van die dag, snauwde ik haar soms af, maar goedmoedig als ze was, kon het haar niet veel schelen. Ze mompelde dan iets sussends en trok zich terug. Ik moet daar vaak aan denken nu ze me overal in huis volgt, of als ik van een boek opkijk en zie dat ze in de deuropening stil naar me staat te staren.

Ik stond een keer naast haar terwijl zij zat te schrijven toen ik een vos over het grasveld zag kuieren. Ik wees Iris erop, omdat ze het altijd leuk vond hem te zien, ook al waren we wel gewend aan vossen. In een hoek van onze tuin woonde een vossenfamilie die daar net zo thuis was als de ratten dat ooit in ons huis waren. Vlak na de vos stak een kat het grasveld over en even later hoorden we een vreselijk gekrijs en geblaas. De vos danste om de kat en die draaide krijsend en blazend in het rond om de vos in de gaten te houden. Je kon niet uitmaken of de vos had willen aanvallen en de kat misschien zelfs had willen opeten, of dat het maar een spelletje was. Daar leek het op omdat de vos tussen zijn sprongen en manoeuvres door af en toe ging liggen en zijn snuit tussen zijn voorpoten legde. Ineens had hij genoeg van het spel, als het dat was, en wandelde weg. Toen de confrontatie nog in volle gang was, had ik de grootste moeite Iris ervan te weerhouden de tuin in te stormen om zich ertussen te storten, zoals de Sabijnse vrouwen zich ooit tussen hun Romeinse mannen en hun Sabijnse verwanten wierpen. Ik wilde zien hoe het afliep, terwijl Iris maar radeloos bleef zeggen: 'O, laten we ze uit elkaar halen – alsjeblieft.'

Ze was altijd vredelievend en als dieren elkaar kwaad berokkenden vond ze dat net zo erg als bij mensen. Toen de plaatselijke jachtvereniging in een naburig veld een vos gedood had, was ze meteen tot de tanden gewapend gaan protesteren bij een verbouwereerde jager die met een verontschuldigend gezicht vanaf zijn paard had gezegd: 'Neemt u mij niet kwalijk, Miss Murdoch, ik dacht dat u een voorstander van de jacht was.' Dat was ook zo, maar er is een verschil tussen gematigde belangstelling voor een traditioneel gebruik en horen dat een van je eigen vossen, dat dacht ze tenminste, vlakbij naar de andere wereld is geholpen, vooral als je hem nog als welp hebt gekend. Wanneer we zachtjes naar het afgelegen hoekje bij de muur van onze tuin liepen, waar braambossen en vlierbomen welig tierden en waar op mysterieuze wijze aarden heuveltjes waren ontstaan, konden we dat kleine kopje met bijziende bleekblauwe oogjes vaak naar ons zien gluren. De vrouwtjesvos bracht meestal vijf of zes jongen per jaar groot.

Iris vond dat de vossen deel uitmaakten van het huishouden. Voor mij was het een teken, net zoals bij de ratten, dat we hier niet hoorden, dat we hier slechts op bezoek waren. Daar maakte Iris zich niet druk over. Ze was vaak weg, naar haar moeder en haar vrienden in Londen. Ze deed erg luchtig over bezit; ze zei eens tegen me dat ze er niet meer belangstelling voor had dan voor zichzelf. Ik begreep wat ze bedoelde en toch was het niet helemaal waar. Ze bewaakte haar bezittingen angstvallig – haar stenen, rozen en schilderijen – en tegelijkertijd keek ze niet echt naar ze om, het kwam niet bij haar op ze te verzorgen of schoon te maken, zoals echte huisvrouwen bijvoorbeeld met liefdevolle aandacht hun zilver poetsen. Haar bezittingen mochten nooit weggegooid worden of verplaatst, dat was alles. Dus zag het huis er altijd verwaarloosd uit, net als het piepkleine pied-à-terre, later in South Kensington.

Ik voelde me in ons Londense hol net zomin thuis als in Steeple Aston, hoewel ik me in Steeple Aston gek genoeg het meest op m'n gemak voelde op dagen dat Iris er niet was. Toen ze in 1980 of zo naar China ging (waar ze deel uitmaakte van een imponerende delegatie en Deng Xiao Ping, de communistische leider, heeft ontmoet) kreeg ik ineens de geest en begon het huis schoon te maken. Het was vakantie, dus ik hoefde geen college te geven in Oxford. 's Morgens werkte ik aan Shakespeare en 's middags ruimde ik op en maakte schoon. Ik kreeg aardigheid in dit vrijgezellen-ritme, te meer daar ik wist dat het tijdelijk was.

Iris was erg onder de indruk toen ze thuiskwam, zelfs ontroerd. Ik denk dat ze plotseling besefte dat ik het altijd zo gewild had. Maar nee: ik had er geen idee van wat ik in dit of in welk ander opzicht wilde, als zij er maar was, en doordat zij zich niet kon identificeren, noch met zichzelf, noch met het huis, kon ik me er ook niet thuisvoelen – behalve als ze er niet was. Zij woonde dag in dag uit, maand in maand uit, in de onuitputtelijk creatieve wereld van haar romans. En zo keerde na mijn vrijgezellenschoonmaakwoede de huwelijkse vervuiling al snel en aangenaam terug.

Toch hield ze op haar manier van het huis, veel meer dan ik. Cedar Lodge was haar Camelot, al wilde ze er nooit meer naar terug toen we het eenmaal verkocht hadden, terwijl ik daar juist een soort morbide plezier aan beleefd zou hebben. Het was het huis waar ze haar troostrijke visioen had gehad: van de dassen die inbraken terwijl zij naar buiten rende om het mij bij thuiskomst te vertellen. Misschien was dat wel het enige visioen waarin ze zichzelf ooit als echtgenote had gezien, een beeld dat oploste toen het huis werd verkocht en daarna wilde ze het ook nooit meer zien. Ik zei een keer plagerig dat eigenlijk de vossen hadden ingebroken, niet de dassen, maar dat was volgens haar absoluut niet hetzelfde. Gek genoeg heb ik er eens een echte das gezien, een slordig oud exemplaar, dat langsschuifelde toen ik op de helling in het lange gras zat. Het zijn eigenlijk nachtdieren en hij keek alsof hij de weg kwijt was en die zonder op te vallen terug wilde vinden.

Iris was niet erg geïnteresseerd toen ik het vertelde. Ik veronderstel dat het Platoonse idee voor haar meer telde dan de werkelijkheid. Ze hoefde niet te zien om te geloven. Toen UFO's in de mode kwamen was ze er onmiddellijk van overtuigd dat ze bestonden, zoals ze ook in het bestaan van het Monster van Loch Ness geloofde. Het door de Britse pers gekoesterde fabeldier is waarschijnlijk door de kranten zelf uitgevonden, zodat op gezette tijden kan worden verteld dat het op onpeilbare diepte levende monster weer eens boven is gekomen om zijn gezicht te laten zien aan een visser of gelukkige toerist. Toen we in de Schotse Hooglanden bij onze vrienden John en Patsy Grigg logeerden, konden we Iris er niet van weerhouden om uren in de hei boven het Loch te gaan zitten en hoopvol in het water te staren. Ik denk niet dat ze erg teleurgesteld was dat er niets gebeurde.

Sinds mijn kindertijd houd ik ook van het onderwatergebeuren, maar dan van onderzeeërs. Het is nooit een al te serieuze interesse geworden, evenmin als die voor vliegtuigen, maar toch heeft Iris eens een serie tijdschriften over de twee wereldoorlogen voor me besteld, waarin de verschillende types uitgebreid besproken en afgebeeld werden. Ze wilde ze zelf nooit bekijken, maar hield ervan mij met mijn 'vliegtuigboeken' bezig te zien en me erover te horen vertellen. Zij zelf was toen verslingerd aan de avonturen van Kuifje, dat parmantige Belgische baasje, verzonnen door Hergé. Zijn strips zijn met zoveel oog voor detail getekend dat ze hier en daar aan sommige oude Vlaamse meesters doen denken. Iris had Kuifje leren kennen door de Griekse vriend van de legendarische *stifaclo*. We waren direct allebei verzot op de geestige Franse dialogen, waar in de Engelse vertaling niet veel van overblijft. Van die Kuifjes heb ik een hoop Frans geleerd, vooral idioom dat nu gedateerd aandoet, maar waar we samen veel plezier aan beleefd hebben. Ik herinner me een scène waarin de Schurken een duiker hebben ingehuurd om een kleefmijn aan het schip van de Goeien te bevestigen. Als hij daarmee bezig is wordt het anker uitgegooid, boven op z'n hoofd, en wordt hij met mijn en al de diepte ingeslagen. '*Fichu métier!*' merkt hij filosofisch op in zijn duikershelm. Dat is van een bondigheid die even onvertaalbaar is als poëzie.

Iris heeft Hergé een enthousiaste brief geschreven en in zijn bedankje vermeldde hij dat hij kort daarop in een speelgoedwinkel in Regent Street zou signeren. We zijn erheen gegaan en Iris heeft hem uitgebreid gesproken. Ze vertelde hem over haar Brusselse tijd, net na de oorlog, toen ze bij de UNRRA-hulporganisatie werkte. Daar sprak ze nooit met iemand over. Hij was een grote slungelige man, met peper-en-zoutkleurig haar, net een hopman, bedachten we achteraf, die uitstekend Engels sprak. Kuifjes vriendschap met zijn enigszins alcoholische oudere vriend, Kapitein Haddock, had Iris het idee gegeven dat hun schepper waarschijnlijk homoseksueel was. Volgens mij hoopte ze dat, want ze had een vreemd romantisch gevoel voor homoseksuelen en was soms erg naïef in het vaststellen van wie wat was. Ik betwijfelde of ze gelijk had en toevallig zag ik onlangs in de krant een necrologie van Hergé waarin sprake is van een lang en gelukkig huwelijk en gesuggereerd wordt dat hij nogal een vrouwenjager was.

Ik herinner me de dag waarop we hem ontmoetten omdat we op dezelfde dag een grammofoon kochten. We hadden natuurlijk nog geen televisie, het zou zelfs nog jaren duren voor we een radio kregen. Onze eerste langspeelplaat was de 'Schilderijententoonstelling' van Moessorgsky, die toen nieuw voor ons was. Ik kan het niet horen op de radio – de grammofoon en de elpee zijn allang verdwenen – zonder voor me te zien hoe we er die eerste avond in vervoering naar luisterden en hoe volkomen 'De Grote Poort van Kiev' in harmonie was met de spaghetti die we aten en de rode wijn die we dronken. Eten en muziek kunnen elkaar wederzijds van de perfecte context voorzien. Later werden we dol op platen met liedjes, vooral Schotse en Ierse wijsjes en ook de vroege Beatles. We zongen vaak samen een denkbeeldige popsong, waarvan de woorden moeiteloos ontstonden. In de eerste versie was het iets als:

Watersnip, watersnip, 'k hou van jou
Watersnip, watersnip, hou hou hou

Dat werd ons denk ik ingegeven door de lage klokkende roep van de waterhoentjes in onze vijver. Iris heeft er later nog wat aan opgeknapt (het liedje, niet de vijver) en zo kwam het in een van haar romans terecht.

Op de radio luisterden we later vaak naar 'The Archers', een langlopende soap die uitgezonden werd om tien over half twee, tijdens de lunch. Daar legden we onze boeken voor weg. Na afloop bespraken we de personages en wat ze hadden meegemaakt of mee hadden moeten maken. Ik hield van romantiek, Iris van schurken, die onveranderlijk

BBC-Engels spraken, terwijl de rechtschapen lieden altijd een rustiek accent hadden. 'The Archers' bestaan nog steeds, maar ik vind er niets meer aan nu Iris niet meer kan mee speculeren wie wat gedaan heeft of waar ze op uit zijn. Ze kon totaal in die dingen opgaan. Nog beter dan 'The Archers' vond ze de lange vervolgverhalen die de Home Service vroeger aan het eind van de middag tussen vijf en zes uitzond. Haar lievelingsverhaal was 'Dark House of Fear', met als ster de slanke, zwartharige heldin Mary McCaskabell. Die naam deed haar misschien denken aan Noord-Ierland, en iedere avond werd ze weer totaal gegrepen door de lugubere ontwikkelingen. Ik genoot er vooral van om naar haar kijken als ze luisterde.

Ik was altijd geïntrigeerd door de manier waarop Iris' creatieve geest werkte. Die werd absoluut niet uitsluitend gevoed door 'hogere' literatuur. Hoewel ze ervan hield om Dickens, Dostojevski, Kafka enzovoort te lezen, kon ze zich helemaal verliezen in populaire rechtoe-rechtaan verhalen. Daar kon haar onbewuste iets mee beginnen, ook al las ze die verhalen nooit in boekvorm. Het deed me altijd denken aan Dostojevski's fascinatie voor lugubere verhalen in de krant, die ook vaak hun weg vonden naar zijn boeken.

Zeven

Het huis liet ons ongeveer vijftien jaar geleden weten dat het tijd werd om te vertrekken. Ons meest ambitieuze project was het verwijderen van een binnenmuur geweest, om een hal te creëren. Door het verbreden van de onderste treden van de donkere nauwe trap, kregen we een bijna te royale afdaling naar wat nu een opvallend ruime entree werd. De jonge Mr Palmer en zijn hulpje stonden op wiebelende ladders en legden handig een gigantische stalen steunbalk op de nieuwe bakstenen muurstijlen. Door een elementaire fout in de berekening was die gewalste stalen balk maar net lang genoeg om de opening te overspannen: het ene uiteinde rustte nauwelijks op het metselwerk. Nadat de balk aan het zicht was onttrokken door gips en verf, wierp ik er nog wel eens een bezorgde blik op als ik de trap afkwam, me afvragend of hij niet met evenveel donderend geraas op ons zou neerstorten als de tempel op de Filistijnen door toedoen van Simson. De balk ligt er nog steeds en het huis staat nog overeind, dus ik denk dat de geruststellende woorden van de jonge Mr Palmer terecht waren. Niettemin had ik het idee dat de eerbiedwaardige geest van Cedar Lodge zich verzette tegen die radicale verbouwing. Het huis voelde niet ruimtelijker en overzichtelijker aan, zoals we verwacht hadden; uit de nieuwe hal leek alleen nog meer kou te komen. Onze opvolgers hebben veel drastischer ingegrepen en het oude huis voor veel geld in een landhuis veranderd, dat zelfs in het blad *House & Garden* terechtkwam. Maar huizen kunnen net als mensen hun oude karakter verliezen zonder er een nieuw voor in de plaats te krijgen. Iris had waarschijnlijk gelijk dat ze er nooit meer naartoe wilde.

Ik had haar altijd een zwembad willen geven waar ze alle seizoenen in kon zwemmen, of tenminste rondpoedelen. Samen met de jonge Mr Palmer werkten we een plan uit er in een vervallen kas een te maken. Hij was maar een paar vierkante meter groot, en bijna anderhalve meter diep, zodat ze in ieder geval een paar slagen zou kunnen maken. Het geheel werd op simpele wijze overdekt met polystyreen en toen het bad eenmaal gevuld was, werd het op peil gehouden met regenwater van het dak. Het water werd bruin, met een authentieke riviergeur en de betonnen zijkanten voelden door de algen heerlijk zijdeachtig aan. Het regenwater was van een zachtheid die je niet in gewone zwembaden aantreft en bleef verrassend zuiver; ik heb er nooit chemicaliën in hoeven doen. Ik heb er wat kleine visjes in uitgezet, groene zeelten en karpers, die het in de donkere diepte behoorlijk naar hun zin leken te hebben. Het bad was omgeven door het tere soort groen dat altijd welig tiert in verlaten kassen. Op hete dagen was het er buitengewoon aangenaam, een paradijselijk dompelbad dat door sommige van onze vrienden 'De Modderpoel van Iris' werd genoemd.

Het was mijn bedoeling dat er het hele jaar door gezwommen kon worden. Ik ontwierp een verwarmingssysteem dat de nachtmerrie zou zijn geweest van iedere elektricien, als ik die erbij had gehaald. Er lag al bedrading voor een oude elektrische verwarming; omdat alles er nog redelijk goed uitzag installeerde ik een paar dompelelementen die bedoeld waren voor een boiler. Ze lagen op de bodem en als ik ze aanzette steeg er uit het bruine water een wolk van belletjes op. Ik hing uit voorzorg een bord naast het bad waarop ik door middel van een schedel met gekruiste beenderen waarschuwde dat de stroom voor het zwemmen moest worden uitgeschakeld. Dat was bij nader inzien nergens voor nodig; die verwarmingselementen zijn ontworpen voor onder water. Je elektrocuteert jezelf tenslotte ook niet als je een vinger in het water van een elektrische waterkoker steekt. Maar ik vertrouwde de kabels niet helemaal en ik moest er niet aan denken Iris bewusteloos drijvend aan te treffen. Ik zorgde er altijd voor dat ik erbij was als het bad verwarmd in gebruik was. Zijzelf was zich van geen enkel gevaar bewust.

Zoals zo vaak met briljante ideeën was deze vindingrijkheid niet voorbestemd om met succes geprolongeerd te worden. Het werkte prachtig, maar Iris' artritis werd erger (vandaag de dag gaat het onverklaarbaar veel beter) en het werd steeds minder aanlokkelijk om door de kou naar het verwarmde bad te lopen. In ieder geval was dit mijn laatste poging om verbeteringen aan te brengen. Ik verviel in vrome berusting en Cedar Lodge leek daar geheel mee in te stemmen. Iris had het altijd leuk gevonden als ik weer wat wilde veranderen, maar als er niets gebeurde vond ze het ook best. Het huis en de tuin komen in geen van haar boeken voor. Misschien was het voor haar allemaal te intiem en te dichtbij om in haar fantasiewereld te worden betrokken.

Het gras van wat vroeger gazons waren, werd langer en langer en groeide in pollen; ik deed geen pogingen meer het te maaien. De buxushagen, netjes geschoren toen we er kwamen wonen, hadden gigantische afmetingen aangenomen en onttrokken de voorkant van het huis vrijwel geheel aan het zicht. De voorkant lag op het noorden en werd zo nog somberder. De zuidkant, waar je de tuin in kon lopen, was veel zonniger en aantrekkelijker. Het op z'n beloop laten van de dingen, dat vroeger ongemerkt gebeurde, manifesteerde zich nu met een voortvarendheid waar we niet tegen opgewassen waren. Het was duidelijk dat het huis zonder verwijten op de volgende bewoners wachtte. Het had altijd al enigszins te kennen gegeven dat wij er eigenlijk niet hoorden. We waren geen plattelandsmensen; we pasten niet echt bij dat nieuwe ras van ondernemende forenzen, dat vanuit het dorp naar hun baan in Londen of Birmingham gaat en in het weekeinde terugkomt om zich bezig te houden met hun bezit.

Toch waren er nog steeds bijzondere momenten. Een paartje ijsvogels voedde hun jongen ergens in de buurt van de vijver en ik zag de kleintjes — fel turquoise met rood — op een dag als het ware exploderen tussen de wilgen, terwijl ze dunne, doordringende geluidjes maakten. Ze moesten net uit hun nest gekropen zijn via het tunneltje dat met visgraten bekleed was, want ze konden nog nauwelijks vliegen. Een andere keer, op een dag in februari die zo warm en vochtig was dat het wel zomer leek, zagen we zwart-witte spechten gaten boren om een nest te maken. De boom die ze aan het bewerken waren stond maar een paar meter van ons zitkamerraam.

En toch, ondanks al die gelukkigmakende bijkomstigheden, scheen het moment daar. Ik moest aan Maria Stuart denken, de koningin van Schotland, die vlak voor haar executie tegen haar hofdames zei dat het tijd werd om te gaan. Anachronistisch fantaserend kun je je voorstellen hoe ze haar zwartgemouwde arm optilt en op haar horloge kijkt: we mogen Koningin Elizabeth en haar beul niet laten wachten. Voor ons was het ook tijd om te gaan, alleen wisten we niet waarheen. Moesten we uitkijken naar een ander huis op het platteland? Dat had geen zin — beter dan dit zouden we niet vinden. Naar Oxford dan maar? Dat leek inderdaad de meest voor de hand liggende optie. Ik had er nog steeds mijn baan; Iris was totaal ondergedompeld in wat haar langste en zwaarste project zou blijken te zijn — de Gifford Lezingen die ze aan de Faculteit van Theologie en Filosofie van de Universiteit van Edinburgh zou geven. Later heeft ze die lezingen opgenomen in haar boek *Metaphysics as a Guide to Morals*.

Terugkijkend lijkt het wel of we op het laatst altijd afwezig waren, net als de renteniers in *De Kersentuin*, die hun tijd doorbrachten in Duitse oorden en tegelijkertijd een diep verlangen voelden naar hun landgoed in Rusland. Cedar Lodge was nog wel ons huis, maar we leken er minder en minder te komen. We brachten steeds meer tijd door bij gastvrije vrienden, die het niet vreemd vonden dat we aan het zwerven waren geslagen en begrepen dat we eerder een thuis dan een huis nodig hadden. Zo zaten we weken in Cranborne, bij mijn oude *tutor* en collega David Cecil, wiens vrouw Rachel, aan wie ik mijn eerste roman had opgedragen, net was gestorven. Janet Stone, zelf weduwe geworden, kwam vaak op de thee. Ze woonde in een klein huis in een oude straat aan de rivier, vlak bij de kathedraal van Salisbury. We konden vanuit haar tuintje het water in en zwommen in de schaduw van de oude stenen brug, waarover ooit de weg van Salisbury Plain langs de kathedraal naar de kust liep. Ik was nooit erg onder de indruk van die kathedraal, maar hij deed me altijd denken aan Thomas Hardy's verhaal 'On the Western Circuit', waar ik onder treuriger omstandigheden opnieuw aan herinnerd zou worden, tijdens Iris' Alzheimer.

Uit het raam van Janets zitkamer voerden we de bewoners van de Avon: de meerkoeten, wilde eenden en zwanen. Janet stond meestal te kijken als wij aan het zwemmen waren, haar mooie ernstige gezicht altijd droevig als het ontspannen was. Ze is nooit over de plotselinge dood van haar man Reynolds heen gekomen en ook niet, denk ik, over het vertrek uit hun betoverend mooie pastorie in Little Cheney, onder aan een heuvel in Dorset. Ze was een geweldige gastvrouw en ook een buitengewoon goed fotografe. Ze kon niet zonder mensen en was in de wieg gelegd om te verzorgen en bezoek te ontvangen. Het paste niet bij haar om weduwe te zijn. Ze hield ervan anderen bezig te houden; ze leerde Iris zelfs borduren, een vaardigheid waar Alzheimer helaas snel een eind aan heeft gemaakt. Toen Janet rustig in haar grote hemelbed gestorven was, zag ze eruit als een middeleeuwse heilige, uitgestrekt op een graftombe.

We gingen ook weer regelmatig naar het buitenland, niet met z'n tweeën, zoals toen we jong waren, maar begeleid en verzorgd door een stel heel goede vrienden, Borys en Audi Villers, aan wie Iris een van haar romans heeft opgedragen. Audi, die Noors was — Borys was joods-Russisch-Pools — was vroeger reisleidster geweest. Ze had zware astma en daarom hadden ze een charmant huisje laten bouwen in het binnenland van Lanzarote, een van de Canarische Eilanden, waar de vulkanische lucht buitengewoon zuiver en droog aanvoelt. Hun huis staat hoog en is omgeven door zwarte heuvels en lavavelden, waarop knoflook en uien groeien, de zachtste en mildste van de wereld. Dat is onverklaarbaar want het regent er nooit en de enige andere vegetatie bestaat uit zo hier en daar een verwelkt uitziende vijgen- of palmboom. Lanzarote is een heerlijk eiland als je niet op de stranden komt, die niet alleen zwart zien van de lava, maar ook van de Duitse en Engelse toeristen. Als we wilden zwemmen nam Audi ons altijd mee naar het haventje waar de pont naar het volgende eiland vertrok. De vispopulatie daar was zeer de moeite waard. Een buitengewoon mooie purperen vis in de donkerblauwe diepte werd mijn ongeluk. In mijn opwinding kreeg ik water naar binnen, spuugde het uit, en daarmee ook mijn ondergebit. Voor de rest van mijn verblijf gingen de heerlijke tapas en het knapperig gebakken zeefruit aan mijn neus voorbij. Zelfs een milde Canarische ui kon ik niet aan. Eten leek op knippen met een halve schaar. Bij thuiskomst bleek mijn tandarts zelf vakantie te houden op de Canarische Eilanden. Toen hij terug was waarschuwde hij me voor andere gevaarlijke situaties: 'Kijk uit voor honden als je een prothese draagt.' De Airdaleterrier van een patiënt had namelijk het gebit van zijn baasje gevonden en opgegeten. Hij probeerde me op te vrolijken door te wijzen op de onvergankelijkheid van kunsthars: het is het laatste wat verdwijnt in het crematorium. Mijn tanden zouden voor altijd, onbeschadigd, vijf vadem diep in de modder van de haven blijven liggen.

Sommige dingen zijn kennelijk te onwaarschijnlijk om er lering uit te trekken. Ik was het incident alweer vergeten toen ik een paar jaar later in het Comomeer aan het zwemmen was. We waren te gast op een of andere academische conferentie in een villa. Deze keer kwam het door een school keurig gestreepte baarzen dat ik erin slaagde het ongeluk te herhalen. De Italiaanse filosofen genoten van dit voorbeeld van typisch Engelse tegenspoed. Toen de dienster in de eetzaal ervan hoorde was het of ik in een opera terechtkwam. '*Niente al dente per il professore inglese!*' kweelde ze vrolijk met vibrato. Alleen Iris leefde oprecht met me mee. Met mijn duikbril op en haar achterwerk omhoog als een eend, stroopte ze de ondiepe bodem af waar mijn tanden verdwenen waren. Zonder resultaat natuurlijk.

Borys en Audi gingen graag naar Italië en namen ons vaak mee. Zij waren net zo dol op schilderkunst als wij en zo zagen we 'De Wederopstanding' van Piero nog een keer terug. We werden experts op het gebied van fresco's. Sommige bevonden zich in afgelegen kerken waar maar één meesterwerk gekoesterd werd. Als gids had Audi haar kudde ooit meegenomen naar Capri en het schiereiland van Amalfi. In 1992 wilde ze daar weer heen. Mijn gevoel zei me dat je dat soort pittoreske plaatsen beter kunt mijden, maar Audi zei met een flitsende glimlach als van de godin Freya: 'Wacht jij nou maar af.' En ze had gelijk, zoals gewoonlijk. Iris was helemaal weg van Sorrento; ik denk dat de ouderwetse zeekust van de stad haar aan Dublin deed denken, aan de haven van Kingstown en de zwembaden in zee waar haar vader haar leerde zwemmen.

De baders onder ons hotelkamerraam in Sorrento waren allemaal diep gebruind, maar op onze eerste morgen verscheen er plotseling een lange vrouw — ze was vast meer dan één meter tachtig — met zwart haar en een opvallend bleke huid. Ze droeg een donkerpaarse bikini en zag er bijzonder waardig uit, maar ook enigszins sinister, een beetje als de doodsgodin zelf die een slachtoffer kwam halen. Ze fascineerde me en ik attendeerde Iris op haar, die haar veel nuchterder bekeek en zei dat het vast gewoon een vrouwelijke drugsdealer was. Ik wist wel dat het geen zin had Iris' inspiratie een duwtje in een bepaalde richting te geven, zo werkte dat niet bij haar, maar ik hoopte toch deze scène nog een keer in een van haar romans tegen te komen. Tot mijn verrassing zei ze met een hoofdbeweging in haar richting: 'Waarom schrijf *jij* niet over haar?'

Borys en Audi hadden vanaf hun balkon ook een glimp van de geestverschijning opgevangen en bij het ontbijt sloegen we lacherig aan het fantaseren. Daardoor aangemoedigd, verzon ik een mogelijk scenario, wat later uitgroeide tot *Alice*, de eerste roman die ik na veertig jaar weer durfde te schrijven. *Alice* kreeg een vervolg, *The Queer Captain*, en door een derde deel, *George's Lair*, werd het zelfs een trilogie.

Hoewel de symptomen van de ziekte van Alzheimer bij Iris pas twee of drie jaar later volledig duidelijk werden, heb ik me wel eens afgevraagd of ze wist dat haar carrière als romanschrijfster in 1992 vrijwel voorbij was. Moedigde ze mij daarom aan weer te beginnen? Ondanks de ontegenzeggelijke charme van de plek, stemde Sorrento ons toch op een of andere manier droevig. Het zou ook de laatste vakantie van Borys blijken te zijn. Hij stierf een paar maanden later en Audi miste hem enorm. Ze bleef op Lanzarote wonen en wij gingen vaak naar haar toe.

Een van Audi's andere vakantieplannen zou voor mij ook weer een inspiratiebron blijken te zijn. Ze nam ons mee naar Den Haag voor de grote Vermeertentoonstelling. Het was er zo druk dat je de schilderijen moeilijk tot je door kon laten dringen, maar 'Het meisje met de rode hoed' was goed te zien, want het stond overal op posters. Het verhaal over haar diende zich bijna als vanzelf aan. Ik vertelde het aan Audi en Iris toen we in een eigenaardig restaurantje zaten, dat al vertellend ook een rol begon te spelen.

The Red Hat eindigt op een locatie die we allemaal goed kenden. Stephen en Natasha Spender hadden in de Provence de ruïne van een oude stenen boerderij gekocht, waar Natasha in de loop der jaren iets prachtigs van had weten te maken. Het huis stond op een afgelegen plek in de kalkstenen Alpilles, vlakbij St. Rémy. Er was aanvankelijk geen water. Iris en ik vonden het leuk dat in kannen uit de bron in het dichtstbijzijnde dorp te halen. In de meedogenloze juli-hitte plonsden we onderweg in de ijskoude 'agricultural', een oud irrigatiekanaal dat de contouren van de stijle heuvels volgde en langs dichte bossen groen riet, rozemarijn, cipressen en verwilderde abrikozen- en olijvenboomgaarden stroomde. In juni en juli zongen daar nachtegalen. Op een dag ontdekten we een tunnel waarvan de ingang bijna helemaal dichtgegroeid was. We zagen licht aan de andere kant en waagden het er doorheen te waden. In haar roman *Nuns and Soldiers* is dit de plek waar Iris' held een opwindende ervaring heeft onder omstandigheden die ik mij haarscherp herinner: de verzengende hitte midden op de dag, de betovering van de onderaardse stroom, het koele water van de Alpen dat maar voortsnelde door het verlaten, mysterieuze land — het was allemaal precies zoals Iris het beschreven heeft.

Er kwam op een dag een wichelroedeloper bij de Spenders langs om naar water te zoeken. Hij was vriendelijk en wilde graag van alles vertellen over zijn vak. Ik vond het een beetje griezelig om zijn wilgen roede vast te houden en de bewegingen en trillingen te voelen. Iris was als betoverd en stond er minutenlang roerloos mee in haar handen, tot de wichelroedeloper hem ten slotte met een hoffelijk *'S'il vous plaît, madame'* van haar overnam. Hij vond inderdaad water, maar daar moest wel een put voor gebouwd worden die uiteindelijk meer dan dertig meter diep was. Het probleem van de watervoorziening was daarmee opgelost. Iris en ik vonden het jammer dat we niet meer naar de put op het dorpsplein hoefden – we misten de aanleiding om ons op het heetst van de dag in dat ijskoude kanaal onder te dompelen.

's Avonds speelden we op Mas St. Jerome meestal scrabble, waar Stephen en Natasha vreselijk goed in waren. Buiten hoorde je tot diep in de warme nacht het slaapverwekkende geluid van boomkikkers. Het was heerlijk om te zien hoe Stephen met een onschuldig lachje sluw probeerde de meest onwaarschijnlijke woorden op het bord te leggen. Toen ik een keer met mijn zeven letters het woord 'boonvis' kon maken, hield ik voet bij stuk dat het een bestaande vissoort was. De anderen waren niet te overtuigen, maar het woord ging wel een eigen leven leiden, ook bij de Spenders. 'Een boonvis verkopen' betekende dat je iemand iets op de mouw probeerde te spelden.

Toen we na onze vakantie bij de Spenders terug waren

in Oxford, begonnen we rond te rijden om naar borden met TE KOOP te speuren. Ik was toe aan een klein huis, Iris niet. Ze vond het jammer dat er geen grote huizen waren, niet te koop althans. Eensgezind en opgelucht besloten we op hetzelfde moment het hele verhuisplan maar te laten varen en gewoon naar Cedar Lodge te gaan dat we in afwachting aantroffen: alleen niet van onze terugkeer. Het wachtte op ons vertrek, met medeneming van het vuil en en de rotzooi die zich gedurende ons verblijf had opgehoopt. Ik werd er een beetje akelig van. Iris en ik keken elkaar aan om onszelf tot de orde te roepen. We hadden het huis te veel menselijke eigenschappen toegedicht. Het was tenslotte maar een huis en dat kon geen bevelen uitdelen.

En toch deed het dat, of leek het daarop. Iris ging naar Londen. Ik naar Oxford. Na een dag collegegeven ging ik naar een makelaar en werd voorzien van een prospectus met een aantal begeerlijke woonstedes. Ik reed naar de eerste, in een lange rechte straat in Summertown, een lommerrijke buitenwijk in Noord-Oxford. En daar stond het, op een hoek, een aardig bakstenen huisje. Ik had er direct mijn hart aan verpand. Ik voelde dat we dit huis echt zouden bezitten. Het zou afgelopen zijn met getolereerd worden op een plek die altijd aan andere schepsels toebehoorde.

Ik nam niet de moeite nog meer huizen te bekijken, ik haastte me koortsachtig terug naar de makelaar. Het moest snel gekocht worden, voor iemand het voor m'n neus wegkaapte, ik wist dat de huizen in dit deel van Oxford erg gewild waren. Ik smeekte de makelaar bijna me direct het hele bedrag te laten betalen. Hij legde uit dat hij zich eerst met de eigenaar in verbinding moest stellen, maar was zo vriendelijk een aanbetaling te accepteren. Ik denk niet dat hij ooit met een naïevere koper te maken heeft gehad en hij speelde mijn enthousiasme sluw uit. Hij betreurde het dat er zoveel andere kandidaten op de markt waren, waarvan sommige alleen nog maar de financiering rond hoefden te krijgen om zich de rechtmatige eigenaar van 54 Hartley Road te mogen noemen. De gedachte aan die efficiënte, vastberaden kopers maakte me nog hebberiger.

De volgende ochtend, Iris was nog in Londen, ging ik het huis bekijken. De eigenaars waren naar hun werk. Hun dochter zat nog aan het ontbijt en moest bijna naar school. Ze keek wel vreemd op van dit vroege bezoek maar liet me toch rondkijken. Ze kwam mij voor als de verrukkelijke verpersoonlijking van een stedelijke pastorale. De schone, zonnige kamertjes roken fris en geurig; een kanarie zong in zijn kooi; een poes lag te slapen op het dressoir. Ik werd verleid tot bescheiden visioenen van een totaal nieuwe leefstijl: het roer zou helemaal omgaan, ons huwelijk zou een ongekend levensgevoel deelachtig worden. John Betjeman, die de geneugten van het wonen in een buitenwijk heeft bezongen zou zeker zijn goedkeuring hebben gegeven aan dit huis en zijn toekomstige bewoners. Ik zag mezelf al zitten, lezend bij de gashaard, terwijl Iris boven aan het werk was. Even later zouden we naar de winkels slenteren om iets eenvoudigs te kopen voor ons avondeten. In Steeple Aston waren geen noemenswaardige winkels en was er buiten onze wilde tuin niet veel om naar toe te slenteren.

Iris slikte haar bezwaren bewonderenswaardig in. Ze zal ingezien hebben dat het geen zin had in deze bedwelmde toestand met me te argumenteren. De nieuwe dagdroom had me stevig in de greep. Toch was hij allesbehalve ambitieus. Ineens wist ik hoe ik wilde leven; en dat was heel anders dan we tot nu toe gedaan hadden. Mijn instinctieve voorkeur voor deze nieuwe leefstijl had kennelijk al die jaren gesluimerd; ik denk dat Iris dat inzag en zich zelfs een beetje schuldig voelde. Hoewel er even een verslagen uitdrukking op haar gezicht kwam toen ze mijn droomhuis zag, stortte ze zich in mijn dagdroom als een Romeinse matrone die haar hand in het vuur steekt. Ze gedroeg zich alsof ze even enthousiast was als ik.

Ik zag natuurlijk wel dat dat niet het geval was. Maar ik wilde mijn zin doordrijven – waarom zou ik niet voor een keer mijn zin mogen doordrijven? En toch vervaagde de droom al voor het nieuwe huis was gekocht en het oude verkocht. Ik realiseerde me – wij realiseerden ons – dat het een vergissing was, maar een onvermijdelijke vergissing. Wat hadden we anders tegenover al die jaren op het platteland moeten stellen, meer dan dertig jaar in de gelukzalige schaduw van Iris' dagdroom? Die dassen van haar waren bij wijze van spreken eindelijk binnengedrongen. Het oude huis was er vreselijke aan toe en zo hebben we het ook achtergelaten, vol met allerlei rommel. Al was er nog heel wat dat van Iris mee moest naar het nieuwe huis, die stoffige oude stenen bijvoorbeeld. Maar ze was me al zo terwille geweest dat ik niet eens geprobeerd heb haar daar vanaf te houden.

Hartley Road werd een voorspelbare ramp, maar ik bleef er een hondse trouw voor voelen, zelfs toen bleek dat er rondom de hele dag kindergeschreeuw klonk en inbrekers ons 's nachts regelmatig een routinebezoek brachten. We hielden het er drie jaar uit, maar wilden graag weg en in 1989 kochten we het huis van een collega van mij; het was klein, lag rustig en paste bij ons allebei. Vreemd genoeg heeft Iris een deel van haar beste werk in Hartley Road geschreven, inclusief de Gifford Lezingen. Ze had haar pen dag in dag uit vastberaden voortgestuwd, ze was gedrevener dan ooit om in haar werk te verdwijnen omdat het huis, zoals ik maar al te goed wist, haar niet beviel. Ik hoef niet te vertellen dat we nooit naar de winkels zijn geslenterd; noch dat ik voor zover ik me kan herinneren ooit met een boek voor de gashaard heb gezeten, 'als een schilderij van iemand die leest', zoals Keats ooit grinnikend in een van zijn brieven schreef.

De collega die ons haar huis verkocht (ze gaf Geschiedenis van de economie) informeerde of we een of twee dagen in de week Mrs Shostakovich wilden hebben. Zij kon haar als werkster erg aanbevelen en ze was vertrouwd met het huis. Mrs Shostakovich was getrouwd met een Poolse exmilitair en bleek een hartelijke maar nogal bazige Ierse te zijn, die ons bij de kennismaking binnen een minuut doorzag. Wij hadden geen verstand van huishouden. Ze kon maandag beginnen, zei ze, en ze zinspeelde er niet onvriendelijk op dat ze ons aan het eind van die dag wel duidelijk gemaakt zou hebben wat onze huishoudelijke taken in de toekomst zouden zijn. We gedroegen ons lafhartig. We bedankten Mrs Shostakovich uitbundig en zeiden later tegen mijn collega dat we het zelf wel zouden regelen. We hadden niet drieëndertig jaar lang onze eigen boontjes gedopt om getiranniseerd te worden door een werkster die ons huis als haar eigendom beschouwde.

We regelden alles op de oude manier en slaakten een diepe zucht van verlichting dat we aan de Ierse overheersing waren ontsnapt. Bij aankomst in augustus 1989 was 7 Norbury Road smetteloos schoon, maar al gauw trad het huis toe tot de club van onze vorige verblijfplaatsen: slonzig, maar naar ik hoopte niet zonder allure. De verscheidenheid aan rommel verhuisde voor de tweede keer, samen met de boeken en leunstoelen die doortrokken waren van vier decennia stof. Misschien verwelkomde het huis ze wel met stiekeme opluchting. Er zaten vlekken en klontjes lijm op de muren, een restant van de posters en tekeningen die het zoontje van mijn collega had opgehangen en die door Mrs Shostakovich over het hoofd waren gezien. Ik begon ze te verwijderen voor ik onze eigen schilderijen ophing, maar Iris wilde dat ik daarmee ophield. Ze hoorden bij het huis, zoals wij ook onze sporen zouden achterlaten.

In de voortuin van nummer 7 stonden alleen twee grote bomen, waardoor je de voorkant van het huis bijna niet kan zien. Iris was er meteen verliefd op. In 1925, toen het huis werd gebouwd, moeten ze als miniatuurornamenten zijn geplant. Niemand schijnt toen geweten te hebben dat die nieuwe import, Metasequoia glyptostroboides — het Chinese rode hout van de dageraad — een serieuze semi-conifeer was, die dertig meter hoog kon worden, hoewel hij niet de hoogte en omvang bereikt van zijn majesteitelijke neef, de echte sequoia. Als het waait regent het voortdurend dunne rode twijgjes en grotere takken, die een soort geheimzinnig Tannenburg van onze tuin maken, zodat een Russische bezoekster, die Iris het een en ander wilde vragen in verband met een proefschrift over haar romans, de plek met enig ontzag bekeek. 'Diky sad,' mompelde ze, 'een wilde tuin.' Ik denk dat ze als rechtgeaarde Russin onbewust keek of de bospaddestoelen hun kopjes al door het kleed van bruine naalden staken.

Ook de achtertuin staat vol met bomen, waaronder drie knoestige oude Japanse prunussen met witte bloesem en bladeren die steeds donkerder worden: van paarsroze in de lente tot donkerrood in de herfst. In de zomer doet het bladerdak dienst als een diep prieel. In mei schiet onder de bomen een wilde zee op van blauwe grasklokjes en fluitekruid; dan lijkt de tuin door te lopen tot in het betoverde woud uit *A Midsummer Night's Dream*. Toen we er kwamen wonen heb ik voor Iris een zware teakhouten tuinstoel gekocht en zo begon ze op mooie dagen voor het eerst in de buitenlucht te schrijven, af en toe om zich heen kijkend. Nu pas begrijp ik dat dit een teken was dat het schrijven niet meer zo gemakkelijk ging. Als ik door het raam naar haar keek en haar zag zitten met haar pen doelloos in haar hand, had ik wel eens een angstig voorgevoel. Ze heeft altijd erg van de natuur genoten, en dat doet ze nog steeds. Maar in Steeple Aston had ze nooit oog voor de tuin gehad als ze eenmaal aan het werk was.

Tegen de achtermuur van het huis staat een mooie vijgenboom met bladeren die groot genoeg zijn om er bijbelse lendendoeken van te maken. Ik had hem gewetensvol met beendermeel bemest, maar we konden op het laatst niet meer door de ramen naar buiten kijken. De tuinman van mijn College vertelde me dat je een vijgenboom nooit mag bemesten, anders maakt hij alleen maar enorme hoeveelheden blad en geen vruchten. Onze zitkamer was een schaduwrijk prieel van het diepste groen geworden; stof en vuil vielen niet meer op. Na de woorden van de tuinman stopte ik gauw met de beendermeelbehandeling en het jaar erop zat hij vol vijgen. Merels zo tam als poezen zaten er volgevreten tussen en pikten af en toe verveeld van de overdaad. Ze lieten genoeg voor ons over. De bladeren bleven enorm zodat de zitkamer gelukkig schaduwrijk bleef.

Aan de voet van die vijgenboom heb ik een bronzen buste van Iris neergezet die in 1963 door de schoondochter van Tolkien is gemaakt. De vogels hebben er geen respect voor, maar Iris' serene trekken blijven onaangetast. De prachtige kop die Faith Tolkien van haar schoonvader maakte, lijkt op de 'Lord of the Rings' zelf. Die staat goedmoedig peinzend op een sokkel in de bibliotheek van de Engelse Faculteit.

Acht

In 1994 werden we door de Negev Universiteit in Israël uitgenodigd om deel te nemen aan een internationale bijeenkomst. Ik geloof dat het was om de meerderjarigheid van de universiteit te vieren. Ik moest een voordracht houden over 'Aspecten van de roman' of 'De roman vandaag', een van die aangenaam vage onderwerpen die weinig van de spreker en zijn gehoor vergen. Iris had gevraagd of ze geen voordracht hoefde te geven; ze wilde liever vragen over haar romans en filosofische geschriften beantwoorden. Dat had ze al vaak gedaan en altijd met succes, want hoewel ze nooit lang achtereen aan het woord was, verstond ze de kunst serieus in te gaan op alles wat door de vragenstellers naar voren werd gebracht en hun het vleiende gevoel te geven dat hun vragen de moeite waard waren om er mogelijke antwoorden op te vinden.

Deze keer ging het helemaal mis. De voorzitter was sympathiek, maar al gauw verbijsterd en ongemakkelijk door Iris' onmacht de woorden te vinden waar ze naar zocht. Haar antwoorden waren altijd traag, bedachtzaam en een beetje aarzelend geweest en in het begin was ik nog niet verontrust. Ik was ervan overtuigd dat ze zich binnen een paar minuten hersteld zou hebben als ze eenmaal voeling kreeg met het publiek. Het was moeilijk te zeggen hoe bewust ze zich was van haar probleem, maar het had al snel een verlammend effect, zowel op de luisteraars als op haar. De zaal bleef beleefd, maar de levendigheid en nieuwsgierigheid was van hun gezichten verdwenen: ze begonnen bezorgd te kijken en waren zichtbaar verlegen met de situatie. Israëliërs zijn vaak recht door zee in hun reacties. Sommige mensen stonden gewoon op en verlieten de zaal.

Ik verwachtte dat ze me naderhand wel zou vertellen hoe vreselijk het was geweest en dat ze het om de een of andere reden niet aangekund had, maar dat gebeurde niet. Ze scheen nergens last van te hebben en haalde haar schouders op over mijn omzichtige bezorgdheid. Ik deed mijn best de indruk te vermijden dat er sprake was van een fiasco. De voorzitter kwam na afloop met nog een paar mensen naar haar toe en daar stond ze heel gewoon mee te lachen en praten. Een van hen vroeg iets over haar laatste roman *The Green Knight* en haalde het boek tevoorschijn om het haar te laten signeren. Op dat moment herinnerde ik me dat ze een paar maanden eerder had verteld problemen te hebben met de roman waaraan ze werkte, *Jackson's Dilemma*. Daarvoor had ze wel vaker geklaagd dat ze vast zat; niet wist hoe ze verder moest; dat er niets van deugde. Ik maakte dan geruststellende geluiden, wetend dat dit altijd voorbijging en dat ze een paar dagen later, als we zaten te eten of te drinken aan de keukentafel, plotseling pen en papier zou pakken om iets op te schrijven. Dan zou ik vragen: 'Beter?' En zij zou antwoorden: 'Ik geloof het wel.'

Maar die laatste keer ging het anders. 'Het gaat om Jackson,' zei ze op een dag met een soort bezorgde afstandelijkheid. 'Ik kan me er maar geen voorstelling van maken wie hij is en wat hij doet.' Dat was nieuw want ze praatte nooit over de protagonisten in de roman die ze aan het schrijven was. 'Misschien blijkt hij later een vrouw te zijn,' probeerde ik behulpzaam. Iris was altijd toegeeflijk ten aanzien van mijn grapjes, zelfs als ze flauw waren, maar nu bleef ze ernstig, en keek verward. 'Ik denk dat hij nog niet geboren is,' zei ze.

Binnen het huwelijk let je niet meer bewust op elkaar omdat oplettendheid een automatisme is geworden, en je heel vanzelfsprekend totaal in de ander opgaat. Die mysterieuze opmerking van Iris was voor mij toen heel gewoon. 'Maak je maar geen zorgen – ik denk dat hij elk moment geboren kan worden,' zei ik afwezig, maar zij bleef ongerust. 'Ik kan het niet, ik zal nooit meer een boek schrijven,' zei ze op een dag, nog steeds op die merkwaardig afstandelijke toon. Ze had dit soort dingen wel vaker gezegd, maar niet op die manier. Ik wist van vroeger dat zulke stemmingen voorbijgingen; met deze zou dat ook zo gaan, hoewel hij veel vreemder was – ik kon het me niet anders voorstellen. Maar plotseling, knipperend in het droge, stoffige zonlicht van de Negevwoestijn, realiseerde ik me voor het eerst dat er wel eens iets ernstig mis kon zijn.

Ik 'realiseerde' het me, maar zonder gevoel van paniek, want ik was ervan overtuigd dat alles z'n gewone gangetje zou blijven gaan. In zekere zin had ik daar gelijk in. Wanneer de Alzheimerpatiënt zijn gevoel voor tijd verliest, schijnt de tijd ook voor de partner zijn toekomstgerichte en retrospectieve dimensie te verliezen. Ik wist dat Iris altijd dezelfde zou blijven. Het enigszins excentrieke aspect van haar opmerking over Jackson moet altijd deel van haar persoonlijkheid geweest zijn en dat zou in de toekomst zo blijven. Niets wat ze zou doen en niets wat er met haar zou gebeuren zou haar wezenlijk kunnen veranderen. Terwijl we daar zo stonden in de zon van de Negev, verdween het hele voorval geruisloos uit mijn gedachten. Het griezelige van het begin van de ziekte van Alzheimer is door het sluipende karakter ervan tegelijkertijd geruststellend. Een deel van mij wist dat ik me ernstig zorgen moest maken over de toekomst; een ander deel wist dat noch de toekomst noch het verleden van enig belang was. Zo kortzichtig mogelijk leven, daar ging het om, nog kortzichtiger zelfs dan de Eerwaarde Sydney Smith had aangeraden...

De ongerustheid kwam echter in alle hevigheid terug toen de buitengewoon sympathieke Israëlische schrijver Amos Oz de volgende dag op me afkwam. Hij zei niets over Iris, maar door de manier waarop hij naar me keek, was ik me er plotseling van bewust dat hij als het ware alles wist. Misschien omdat hij ook schrijver is, misschien omdat hij een uiterst slim, oplettend en wijs mens is. Hij zei terloops dat hij niet ver weg in de Negevwoestijn woonde en dat hij het leuk zou vinden als we bij hem zouden komen logeren. Wanneer en zolang we maar wilden, het was geen enkel probleem. Ik wist niet of hij het alleen maar uit vriendelijkheid zei of dat hij het werkelijk meende. Was hij eenzaam en voelde hij zich tot Iris aangetrokken? Of wilde hij een collega-schrijver bestuderen die het spoor bijster was – of althans bezig was te ontsporen? Zijn knappe, jeugdige gezicht, dat me een beetje aan Lawrence of Arabia deed denken, leek veel te open om er dat soort motieven op na te houden. Ik denk dat hij gewend was precies te zeggen wat hij wilde. Ik vind het soms jammer dat we niet gegaan zijn, maar het is nu te laat om op zo'n aanbod in te gaan, zelfs als het van zo'n engelachtige man komt. Ik heb altijd genoten van zijn romans. Achteraf gezien komt hij mij voor als een engel in de woestijn, van het soort dat aan Jacob verscheen.

Dat was in het voorjaar van 1994. Jeruzalem, 'de stad van licht, koper en goud', was onvoorstelbaar prachtig. Toevallig kregen we in de herfst nog een exotische uitnodiging; juist in de tijd dat Iris het eigenlijk niet meer aankon, kwam de ene na de andere uitnodiging binnen. Daarvoor waren we toevallig in geen jaren voor academische bijeenkomsten naar het buitenland geweest. Dit keer werden we uitgenodigd voor een prijsuitreiking op een Zuidoost-Aziatische schrijversconferentie in Bangkok. Alles ging goed. Waarschijnlijk waren de schrijvers uit Thailand, Singapore, Maleisië en de Filippijnen niet helemaal in staat te beoordelen dat een Europese schrijfster als Iris — trouwens de enig aanwezige westerse auteur — geblokkeerd was.

Schrijvers doen gewoonlijk niets liever dan praten over hun eigen werk en de terughoudendheid van Iris was voor de praatgrage Aziaten waarschijnlijk een teken van een haar sierende bescheidenheid. Of misschien waren ze te beleefd om iets te laten merken. Zelfs toen de kroonprins de prijzen uitreikte en we allebei een korte speech moesten houden, ging alles goed. Ik had met haar gerepeteerd en in blokletters opgeschreven wat ze moest zeggen. Van iedere schrijver die de ceremonie bijwoonde werd verwacht dat hij iets van zijn werk aan de kroonprins aanbood en Iris gaf de Penguin-editie van haar eerste roman *Under the Net*. De prins nam het boek aan en gaf het zonder om te kijken aan iemand achter hem. Het werd door een hoveling met een diepe buiging ontvangen, waarna het onmiddellijk werd doorgegeven aan een hoogwaardigheidsbekleder die weer achter hem stond. Het leek wel achterstevoren gespeeld rugby. Het boek bereikte uiteindelijk de *scrum* en verdween door de deuropening. Ik vroeg me af wat er aan het eind van de dag met die boeken zou gebeuren: of ze in de koninklijke bibliotheek zouden worden bewaard of stiekem op een afgelegen plek verbrand zouden worden.

Ons bezoek was al met al redelijk geslaagd te noemen, niet in de laatste plaats doordat een erg aardige Engelsman die voor de *South China Times* werkte, ons regelmatig kwam opzoeken. Hij leek zich op zijn gemak te voelen bij Iris en graag met haar te praten. Hij vertelde dat hij zich vaak eenzaam en gedeprimeerd voelde in Bangkok, wat ons niet verbaasde. Zelfs wij voelden ons enigszins bedrukt door een soort Verre Oosten-melancholie. Die was niet helemaal toe te schrijven aan de moesson, want het monotone neerdalen van de regen en de zachte overweldigende warmte waren zelfs wel aangenaam, althans voor een tijdje. De brede rivier liep over als thee over een schoteltje, tot aan het hotel. We stonden dikwijls gefascineerd te kijken naar de enorme takken met kransen van groene slingerplanten die ongeveer op ooghoogte voorbijdreven. De bestuurders van de sierlijke bootjes waren er niet van onder de indruk. De vaartuigjes werden voortgestuwd door een soort slagroomklopper, die aan een krachtige motor vast zat. Het brullende geluid weerkaatste over de *klongs* alsof er een expressetrein voorbijkwam. Het was vooral erg lekker om buiten in de regen te staan omdat het in de hotelkamers ijskoud was door de airconditioning. Onze suite was gemeubileerd in een sierlijk koloniale stijl en werd aangeprezen als een van Somerset Maughams favoriete logeeradressen in het Verre Oosten. De kamers leken nog steeds zijn kille aanwezigheid te ademen.

Jackson's Dilemma was eindelijk voltooid. Iris was er somber over, maar dat was ze over elk boek dat net af was en ik maakte me dan ook niet echt ongerust. Voor het eerst waagde ik het naar haar plannen voor een volgende roman te vragen. Ze had wel ideeën, zei ze, maar het bleven losse flarden. Ze probeerde ergens greep op te krijgen, maar het ontglipte haar steeds. Ze klonk alsof ze alle hoop had opgegeven. Ik bleef tegen beter weten in hopen en zeuren en viel haar elke dag lastig met vragen en opmerkingen als: 'En, gaat het? Is er al iets gekomen? Je moet het blijven proberen.' Als ik te lang doorging begon ze te huilen, dan hield ik snel op en probeerde haar te troosten. Na onze Bangkokreis zag ik soms ineens het hoofd van Somerset Maugham voor me als ik tegen Iris zei dat iedere auteur wel eens een schrijversblok had. Overal in de hotelkamer hadden gesigneerde foto's van hem gehangen: ik niet, ik nooit, leek zijn sardonische glimlach te zeggen.

Maar ook Iris niet, zoveel werd al gauw duidelijk. De ziekte van Alzheimer manifesteert zich als een verraderlijke mist, aanvankelijk nauwelijks merkbaar, tot alles rondom verdwenen is. Als het eenmaal zover is kun je niet meer geloven dat er buiten die mist nog een wereld bestaat. We gingen om te beginnen naar onze eigen vriendelijke huisarts, die er helemaal ondersteboven van was. Hij vroeg aan Iris of ze wist wie de premier was. Ze had geen idee, maar zei met een glimlach dat dat natuurlijk niet van belang was. Hij regelde een afspraak met een geriatrische specialist. Er werden hersenscans gemaakt en nadat er een artikel verschenen was over de problemen van de beroemde schrijfster, raakte de Onderzoeksafdeling van de Medische Raad in Cambridge geïnteresseerd. Ze deden een serie uitputtende geheugen- en taaltesten, die zij beleefd onderging, kennelijk om de onderzoekers terwille te zijn en omdat ze het zelfs wel leuk vond met hen samen te werken. *Jackson's Dilem-*

ma kwam uit en kreeg overwegend goede kritieken. Ik las ze aan Iris voor, iets wat ik nooit eerder had gedaan omdat ze het niet wilde horen. Nu luisterde ze beleefd maar zonder het te begrijpen.

De ironie van de zaak drong niet tot haar door. Ik vertelde haar niet dat er naar aanleiding van de recensies ook een aantal brieven waren gekomen die op fouten en inconsistenties in *Jackson's Dilemma* wezen. De opmerkingen waren vooral afkomstig van fans. Hun bewondering leed er niet onder dat hun geliefde auteur ook wel eens iets fout kon hebben. Intussen was ik druk met allerlei artsen in discussie over medicijnen die verbetering zouden kunnen brengen. Een Zweedse deskundige op het gebied van autisme, een oude vriend en fan, stuurde wat pillen om uit te proberen, een mild middel om het intellectuele proces te stimuleren. De nieuwe experimentele medicijnen werden niet aangeraden en dat was maar goed ook, want sindsdien is duidelijk geworden dat hun werking zeer kortstondig is en als ze werkzaam zijn alleen maar meer verwarring en zelfs paniek veroorzaken. De prettige mist verdwijnt weliswaar plotseling, maar alleen om een afgrond zichtbaar te maken.

Als je over het begin van Alzheimer schrijft is het moeilijk om je het verloop te herinneren – hoe en wanneer er van alles mis ging. Het is alsof de ziekte zich binnendringt in je relaas, je neigt tot herhalingen en tot bezorgde vragen die het ziektebeeld als het ware imiteren. Zoiets heb ik eens tegen Peter Conradi gezegd, de toekomstige biograaf van Iris. Hij heeft me van het begin af aan gesteund en aangemoedigd dit boek te schrijven. Hij en zijn levensgezel Jim O'Neill zijn oude vrienden van Iris; ze ging hen vaak opzoeken. Peter is een groot bewonderaar van haar werk en kent het van voor tot achter. Belangrijker is dat hij van haar en haar leefsfeer houdt. Hij kent haar denkwereld en heeft zich altijd diep verwant gevoeld met haar geestelijk leven. Hetzelfde geldt voor Jim, die door zijn gevoel voor haar, een uniek soort troost biedt. Ook hij heeft veel van haar gelezen en is zelf een uitstekend criticus.

Iris was altijd blij als ze hun blauwogige hond Cloudy weer zag, en ze hield van de gesprekken met deze uitzonderlijk toegewijde vrienden over boeken, filosofie en het boeddhisme. Hun huis staat altijd open voor bezoekers uit Tibet of Bhoetan en zij weten meditatie en periodes van retraite in te passen in hun drukke leven. Jim is psychotherapeut en Peter professor in de literatuur. Iris was in het verleden altijd vol van haar bezoek aan hen als ze terugkwam in Steeple Aston of Hartley Road. Ze vertelden haar van alles over het schooltje dat ze in Wales als tweede huis hadden en over de vijver die ze daar zelf in een veld hadden gegraven en hoe otters en ijsvogels daarop afkwamen. Ze bleven erop aandringen dat we in Wales moesten komen logeren. Tegen de tijd dat dat eindelijk lukte, kon Iris alle steun van dit fantastische stel goed gebruiken.

Jackson's Dilemma werd in 1995 gepubliceerd. Iris' toestand ging daarna gestaag achteruit. Als iemand die weet dat hij het niet veel langer kan uitstellen de kou in te gaan, deins ik nog steeds terug voor professionele hulp – de vriendelijke mensen van de Thuiszorg, zelfs voor de bemoeienis van bereidwillige vrienden. Dat alles komt nog wel, ik wil het zo lang mogelijk uitstellen: Iris is verlegen met de situatie en uit haar doen als ze voelt dat er iemand langskomt om haar gezelschap te houden, of om op haar te passen als ik weg moet. Gelukkig hoef ik bijna nooit weg, dus hebben we nog geen hulp nodig. Alles gaat nog steeds zoals het altijd gegaan is.

Peter en Jim geven niet om het vuil in het kleed en de vlekken op de glazen, hoewel je in hun huis en in hun schooltje in Wales van de vloer kunt eten. Ze halen ons nu zo vaak mogelijk op en nemen ons daar dan mee naartoe.

Als 't leven verzaakt
Waarom de reis naar Wales gemaakt?

Deze regels van Auden roepen we soms als we samen op de achterbank zitten. Voor de grap, want we weten wel beter. Net als Cloudy, die dan haar bovenlip optrekt in een glimlach terwijl haar blauwe ogen stralen van voorpret.

Nu

*Negen*

1 januari 1997

Heeft Margaret Thatcher — als Cloudy haar naam hoort begint ze te blaffen — niet eens gezegd dat er niet zoiets bestaat als een 'samenleving'? Ze zette het natuurlijk niet tussen aanhalingstekens: ze wist wat ze ermee bedoelde. Wat ze probeerde te zeggen zou niet zo evident onwaar zijn geweest als ze had beweerd dat er niet zoiets bestond als 'het volk', een woord dat alleen betekenis krijgt in een bepaalde context. 'Het volk' is een denkbeeldig lichaam waar politici zich in het belang van het democratische gevoel op beroepen, terwijl 'de samenleving' nog steeds een neutraal woord is dat van betekenis is in welke context dan ook. De Aartsbisschop van Canterbury had het zojuist in zijn nieuwjaarstoespraak op tv over 'het gewone volk' — alweer zo'n puur gevoelsmatige uitdrukking. Ieder 'gewoon' mens is buitengewoon, vaak zelfs grotesk.

Over dat soort zaken liep ik te denken terwijl ik na

de toespraak van de Aartsbisschop een drankje voor Iris aan het mixen was. Het is belangrijk daar om een uur of twaalf een ritueel van te maken. Het drankje zelf is niet helemaal eerlijk: een drupje witte wijn, een scheutje Angostora bitter, ranja, en flink wat water. Iris vindt het lekker, het heeft een ontspannend effect en zo blijft ze langer voor de televisie zitten. Anders gaat ze nogal eens met haar rug naar het toestel staan om onophoudelijk met de *objets trouvés* te friemelen die ze tijdens onze korte wandelingen van de stoep heeft opgeraapt; takjes, steentjes, stukjes zilverpapier, zelfs dode wurmen. Of ze geeft de planten in de vensterbank water, soms met haar drankje — waardoor ze al behoorlijk beginnen te kwijnen — maar nooit met een echte alcoholische versnapering. Zo slim is ze wel; haar voorliefde voor de drank is ze nog niet kwijt.

20 februari 1997

De Teletubbies. Die maken deel uit van het ochtendritueel, al moet ik er wel op aandringen, want Alzheimer schijnt tegenwoordig iets tegen vaste gewoontes te hebben. Misschien omdat we intuïtief weten dat de geest daar gezond bij blijft.

Net na tienen komen ze als onderdeel van een kinderprogramma op BBC 2. Het is een van de weinige programma's die we samen met dezelfde geestdrift kunnen bekijken. 'Daar zijn de konijntjes,' roep ik opgewonden. Het virtual reality landschap dat ons wordt voorgezet is een van de charmes van dit zeer bijzondere programma: een zonbeschenen grasveld met hier en daar wat kunstbloemen waar echte konijnen tussendoor springen. De lucht ziet er ook authentiek uit, precies het goede blauw met de juiste schapenwolkjes. De Teletubbies hebben hun eigen ondergrondse huis, netjes afgedekt met gras. Er steekt een periscoop uit. Er verschijnt een echt babykopje in de lucht. Het lacht. Ik trek er altijd een gezicht tegen, Iris glimlacht stralend terug.

De schepseltjes komen tevoorschijn, het zijn er vier, met verschillende kleuren speelpakjes aan. Hoe worden ze tot leven gewekt? Wat zit er in hun mollige lappen lichaampjes? De manier waarop ze rondhobbelen en lachen is bijna obsceen van natuurlijkheid, net als hun volwassen mannelijke stemmen. Twiggy of zoiets, en Winky en Poo... Ze trippelen maar wat rond en doen verder niet zoveel, maar als ze er zijn kijkt Iris gelukkig, zelfs geconcentreerd.

Deze vorm van kinderlijkheid is op zichzelf al virtual reality. Vroeger hadden we een echtere en spontanere variant. Vlak voor ons trouwen stuurde Iris mij eens een ansichtkaart met een jong rood poesje dat haar neusje nieuwsgierig om een deur stak. 'Ginger' stond er nogal toepasselijk op. Iris had er een ballon bijgetekend waarin 'Kom eraan' stond. Zo werd ze Ginger. Later Gunga.

'"Achtervolgd door Gunga" wordt de titel van het eerste deel van mijn autobiogafie,' zei ik een paar dagen geleden om haar te plagen. Ze lachte, ze vindt het fijn als er zo tegen haar gepraat wordt, maar ik denk niet dat ze de naam nog herkent.

De Teletubbies doen me denken aan een tochtje naar Wytham Wood. Sinds we in Oxford wonen zijn we daar elk jaar naar de blauwe klokjes gaan kijken. Met de zon erop heeft de eerste aanblik iets van de dubieuze schoonheid van Teletubbie-land. Zijn de bloemen wel echt? Ze staan in een diep, donker deel van het bos op de helling van een heuvel onder coniferen, waar hun kleur des te intenser oplicht naarmate ze meer in de schaduw staan. Ze lijken te verdwijnen in een vreemd land waar een eindeloos donkerblauw meer begint. Van dichtbij zien ze er gewoner uit – grijsachtig, purper.

Elk jaar stonden we daar onze ogen uit te kijken. Vorig jaar mei was het voor het eerst alsof Iris ze niet zag.

Op weg erheen staan een paar enorme bomen, twee gigantische esdoorns, indrukwekkend als een kathedraal. Maar Iris is al een tijd bang voor bomen. We liepen er snel langs en ik bedacht me dat we er maar beter niet meer heen konden gaan.

Toen we weer in de auto zaten, zei ik geruststellend: 'We zijn zo weer terug in Teletubbie-land.' Maar ik geloof niet dat ze zich de Teletubbies herinnerde. Zelf zou ik ze ook liever vergeten.

Het besef van andermans geest. Pas nu denk ik daar bewust over na; de geest van anderen is meestal een gegeven. Ik vraag me soms af of Iris toch nog ergens denkt: Hoe kom ik hier uit? Wat moet ik doen? Is er niets in de plaats gekomen voor al die hersenactiviteit die met schrijven en denken gepaard ging; voor dat hele geestelijke leven? Ik moet bekennen dat ik vurig hoop van niet.

1 maart 1997

Toen Iris' moeder naar een inrichting moest, vertelden we haar niet waar ze heen ging. Ik had haar maar wat op de mouw gespeld. Er leek echter geen eind aan de tocht te komen. Ze keek met een verloren blik en zonder verwijt naar ons om toen een verpleegster haar wegvoerde.

Diezelfde blik verschijnt op Iris' gezicht als ik haar een uurtje bij een vriendin achterlaat.

Net als op school. Daar alleen gelaten worden. Zulke momenten zouden waarschijnlijk niet zo pijnlijk zijn als ze niet jaren geleden op school hun sporen op onze ziel hadden achtergelaten.

Ik wist waar ik heen ging toen ik naar school werd gebracht. Maar daar alleen moeten achterblijven voelde precies zo aan als de uitdrukking op Iris' gezicht, en op dat van haar moeder. We haalden haar moeder trouwens na een paar weken weer op en brachten haar later weer weg. Net als op school.

Associaties door die blik. Ik herinner me het eerste jongetje dat ik op school leerde kennen nadat ik was achtergelaten. Hij had iets van een oud mannetje, met een droge, bleke leprozenhuid. Ik was des te verlegener omdat hij zo ontzettend aardig en vertrouwelijk was. Hij zei: 'Zal ik eens vertellen wat mijn vader heeft gezegd? Mijn vader zegt dat dat het allerbelangrijkste is wat er bestaat. Hij zegt: "Er is geen verschil tussen mannen en vrouwen. *Absoluut geen enkel verschil.*"'

Ik keek het jongetje geschokt en vol afschuw aan. Het leek me het ergste dat ik ooit gehoord had of nog te horen zou krijgen. Het paste helemaal bij de nachtmerrieachtige nieuwe wereld van school.

Lang stuk in de *London Review* over de verzamelbundel van Iris' essays, *Existentialists and Mystics*. De criticus staat uitgebreid stil bij het contrast tussen Iris' opvattingen over de roman – het belang van vrije, onafhankelijke individuen, de ontwikkeling van karakters, enzovoort – en hoe ze die in haar eigen fictie in praktijk brengt. In plaats van haar personages 'in vrijheid de mogelijkheid te geven hun eigen leven te verwerkelijken, maakt ze hen zo onvrij als vertroetelde dwangarbeiders'. Dat heeft mij ook altijd geïntrigeerd. Enerzijds heeft hij helemaal gelijk, maar wat belangrijker is: het is niet relevant. Want de wereld die Iris creëert is vrij en volledig overtuigend omdat hij op geen enkele andere wereld lijkt. Daar gaat het om, en daarom heeft die wereld zo'n hypnotische aantrekkingskracht op zoveel verschillende soorten mensen.

Het is een tautologie om te spreken over 'vrijheid' in een roman. Alleen de auteur is vrij om te doen wat hij wil. Poesjkin en Tolstoi vertelden graag dat hun personages het verhaal 'overnamen'; dat ze zelf verbaasd waren over hun daden of wat hun overkwam. Er zit wat in, maar het is niet helemaal waar. Het is een cliché van romanschrijvers. Het gaat erom dat de gecreëerde wereld zowel overtuigend als *sui generis* is. En daarin zijn Poesjkin en

Tolstoi natuurlijk volledig geslaagd. En Iris ook, op haar manier.

Jaren geleden, toen ik met een studie over Tolstoi bezig was, discussieerden Iris en ik eindeloos over de verwarrende vragen die door grote schrijvers worden opgeroepen. Ik beweerde dat Tolstois grootste kracht, of 'vrijheid', de slimme manier was waarop hij verschillende romantechnieken door elkaar vlocht. Het ene moment gedragen zijn personages zich overduidelijk als 'mensen in een roman', het volgende moment zijn het plotseling herkenbare mensen, net zo inconsequent als in het dagelijks leven. De gecreëerde personages zijn geheel zichzelf, om zich het volgende moment zo vertrouwd te gedragen dat het bijna eng is en je je verontrust afvraagt hoe de schrijver weet dat je zo in elkaar zit.

Tolstois mensen zijn zowel heel bijzonder als heel gewoon. Toen ik dat te berde bracht, keek Iris bedachtzaam. Als filosoof wilde ze de zaken duidelijker hebben; ik dacht daardoor dat er misschien een echte onverenigbaarheid bestond tussen de filosofische geest en de ongedifferentieerde warboel van het gewone leven, waarin vrije personages zich moeten bewegen. Ik was van mening dat Tolstoi de dingen helemaal niet helder op een rijtje had; hij pakte gewoon het ene op en liet het andere vallen. Plato zou daar niets mee opgehad hebben, maar hij zou ook niet van Tolstoi gehouden hebben – of van de roman in het algemeen.

'Jouw personages,' zei ik vaak tegen haar, 'krijgen zo vaak met het toeval te maken omdat jij weet dat het leven daar vol mee zit; daarom moet het ook in je romans. In sommige boeken werkt het anders; toeval kan in al zijn glorie op zichzelf staan. Dat werkt altijd grappig, zoals de hond in *Two Gentlemen of Verona*.'

'Komt er dan een hond voor in *Two Gentlemen of Verona*?' vroeg ze.

'Ik geloof het wel. Dat hoop ik tenminste, maar misschien heb ik het verkeerde toneelstuk in gedachte. Hoe dan ook, begrijp je wat ik bedoel?'

Iris begreep altijd wat ik bedoelde, of zei het althans, al hoefde dat niet in te houden dat het iets voor haar betekende. We waren dol op zulke gesprekken bij een glas wijn of aan tafel, terwijl de grammofoon op de achtergrond speelde. Het waren geen lange gesprekken, maar het was altijd leuk. Ik was later verbaasd hoeveel van wat wij aanroerden – helderder en scherper verwoord – terug te vinden was in de essaybundel *Existentialists and Mystics*. Peter Conradi heeft die teksten voortreffelijk geredigeerd en hij wees me erop hoeveel in die bundel overeenkomt met het gedachtegoed in *The Characters of Love* en *Tolstoi and the Novel*. Ik had altijd het idee dat die nu lang vervlogen gesprekken tussen Iris en mij uitsluitend van ons samen waren. Het blijft een mysterie hoe het mogelijk was dat twee zulke verschillende geesten – de hare helder, de mijne troebel – toch op eenzelfde spoor konden zitten.

We praten nog steeds met elkaar zoals toen, alleen is het nu zonder betekenis. Ik praat nu tegen haar zoals zij tegen mij praat, ik antwoord met onzin en maak grappen die haar nog aan het lachen kunnen maken. Zo zijn we toch nog steeds een deel van elkaar.

30 maart 1997

De afgrijselijke behoefte, bijna een obsessie op sommige momenten, om de ander duidelijk te maken hoe uitzichtloos de situatie is. Haar te dwingen de feiten onder ogen te zien om er niet alleen voor te staan.

Ik maakte vandaag een wrede opmerking over onze grimmige toekomst. Iris keek opgelucht en intelligent: 'Maar ik hou van je,' zei ze.

We hadden de radio aan tijdens de lunch – toast, kaas, bietjes en sla – en Iris verbaasde me met een vraag: 'Waarom zegt hij steeds "onderwijs"?' Ze klonk ongerust. Ongerustheid en agitatie bepalen voornamelijk haar manier van praten, zoals bij het eindeloze gevraag: 'Wanneer gaan we?' De lunch en het avondeten verlopen gewoonlijk vredig. Ik probeer er zoveel mogelijk een geruststellende routine van te maken. Maar deze keer raakt ze geagiteerd door iets op de radio. Ministers hebben het zo vaak over 'onderwijs'. Het zou een kalmerend woord moeten zijn, ook al is het betrekkelijk vaag.

Ik bedenk me dat Iris er misschien iets in hoort wat ze niet kan bevatten, omdat het tegenwoordig een andere betekenis heeft. En dat is in zekere zin ook zo. Het heeft nu betrekking op vaardigheden met computers en dergelijke, en daar weten wij niets van. Maar ik denk toch dat de frequentie waarmee het woord in politieke praatjes wordt gebruikt haar onrustig maakt. Het wordt bijna zoiets als haar steeds herhaalde vragen.

Ik probeer iets te zeggen over het belang van onderwijs en dat iedereen een goede opleiding moet kunnen krijgen. Ze kijkt nog steeds verontrust. 'Lezen ze ook boeken?' Ik vraag het me af. Toen wij te maken hadden met school en de universiteit, hield onderwijs het lezen van boeken in. Het brengt me in verwarring dat ze zo coherent is; normaal gesproken sterven haar zinnen weg, raken op een dood spoor en beginnen over iets anders. Alleen angstige vragen worden afgemaakt en dit schijnt er een te zijn. Ik herinner me dat de specialist in het ziekenhuis zei dat een ander woord het verstopte circuit als het ware kan doorblazen en de taalangst tijdelijk kan verminderen. 'Het gaat om geleerdheid, denk ik, net als bij ons vroeger,' zeg ik. Haar gezicht klaart een beetje op. 'Geleerdheid' is een woord dat je niet veel meer hoort en zeker niet als die geleerdheid uit boeken komt. Het is vervangen door onderwijs. Maar 'geleerdheid' is of was een meer specifieke term.

Het land verkocht, het geld verbrast,
Geleerdheid slechts blijft waardevast.

Het oude rijmpje komt vanzelf bij me op – ontstaat het in hetzelfde mysterieuze circuit dat bij Iris niet meer werkt?

'Wanneer gaan we?'
    'Ik zeg het wel als we gaan.'
    Iris reageert goed als ik iets op een grappige toon zeg,

maar dat is niet altijd vol te houden. Ik word overvallen door een onbedwingbare ergernis en voor ik het weet schreeuw ik: 'Hou op met vragen wanneer we gaan!' Niet al te lang geleden zou dit nog zijn opgevat als een kinderlijke driftbui en zou ze gereageerd hebben met die mengeling van geamuseerdheid en verdraagzaamheid. Met begrip – dat als een ongelooflijk welkom automatisme intact bleef. Het is opmerkelijk hoeveel vrouwen in het openbaar, en ongetwijfeld ook privé, op het gesnauw van hun man reageren met wat Milton als een 'zoetsappig strenge bedaardheid' heeft getypeerd. Het tegenovergestelde van begrip. Milton had het over Eva, de eerste vrouw die haar dédain voor de andere sekse openlijk toonde.

Iris heeft dat nooit gedaan. Ze werd nooit boos, en wordt het nog steeds niet. Als ik het in het verleden was, kalmeerde ze me door op een bepaalde manier te laten doorschemeren dat het niet uitmaakte of ik boos, belachelijk of vermoeiend was; ik bleef voor haar even dierbaar.

Nu verkreukelt haar gezicht in tranen. Ik neem haar in mijn armen, dat troost haar altijd onmiddellijk. We kussen en omhelzen elkaar vaker dan ooit.

Iris zegt soms iets of herhaalt een woord waardoor bij mij de meest vreemde associaties op gang worden gebracht. Ik herinner me haar moeder in het beginstadium van Alzheimer – een diagnose was er toen nog niet, er was nog geen etiket opgeplakt. Ze herhaalde vaak op ontroerende wijze een woord, alsof het een toverwoord of een mantra was. Als iemand 'reis' zei, of 'Baron's Court' – daar woonde ze – herhaalde ze dat met tussenpozen. Hetzelfde gebeurde als iemand het toevallig over 'een sneeuwwitje' had, of over 'ham en kaas'. Zodra die onbewuste hersenoprispingen je opvallen, zijn ze niet langer onbewust. Nu het woord 'geleerdheid' met tussenpozen naar boven komt, speelt mijn brein ermee zonder enige noodzaak.

Het is misschien veelbetekenend dat het woord een bepaald competitie-element in zich heeft. Een geleerd man steekt boven zijn medemensen uit, bij iemand met een opleiding hoeft dat niet het geval te zijn. Vandaar dat 'onderwijs' het politiek correctere woord is; dat is voor ons allen weggelegd als de overheid de juiste maatregelen neemt. Vroeger was het normaal dat je probeerde te schitteren, door bijvoorbeeld boeken te lezen die anderen niet kenden, en daar dan uit te citeren. Lord Birkenhead of zo iemand, heeft in de jaren dertig verklaard – was het in Oxford? – dat er nog steeds 'genoeg schitterende prijzen voor een scherp zwaard' te winnen waren. Die opmerking werd door Auden in zijn gedicht 'Oxford' geïroniseerd; de houding ten opzichte van dat soort zaken moet toen al aan het veranderen geweest zijn. Als er nu prijzen gegeven worden, moet iedereen er een krijgen – in theorie althans.

Het is natuurlijk goed dat dat veranderd is. De sfeer die om 'geleerdheid' hangt, is vaak vermoeiend en kan intimiderend werken. Zelfs mijn dierbare Barbara Pym moet toen ze jong was irritant geweest zijn. Het groepje waarvan zij deel uitmaakte, probeerde iedereen altijd te overtroeven met geestige opmerkingen of imponerende citaten. In haar vroege romans is dat tamelijk onschuldig en niet zonder charme, maar in het dagelijks leven is het vermoeiend. Men had in die tijd het gevoel dat je je voortdurend moest bewijzen.

Iris heeft daar nooit aan meegedaan. Ze was al heel jong ongelooflijk geleerd maar liep er nooit mee te koop. Was dat een verschil tussen mannelijke en vrouwelijke *dons*? De mannen leken inderdaad altijd met elkaar te wedijveren. Ik had er een hekel aan en toch probeerde ik me ook op die manier staande te houden. Vandaag de dag stelt de conversatie in de docentenkamer gelukkig weinig eisen. Maar is het nodig dat 'geleerdheid' als pauwenveren tentoongespreid wordt om duidelijk te maken hoe belangrijk het nog steeds is? Het zou vreemd zijn geweest als premier Blair had gezegd dat 'geleerdheid, geleerdheid, geleerdheid' prioriteit had, in plaats van 'onderwijs, onderwijs, onderwijs'. Geleerdheid is een doel op zich, ondanks het competitie-element, en geen enkele overheid moedigt dat aan of trekt daar geld voor uit.

15 april 1997

We bewegen ons van het ene stadium naar het andere. Hoeveel stadia zijn er? Hoeveel komen er nog? Tot voor kort zag ik verschrikkelijk op tegen het moment dat Iris wakker werd. Dan leek haar toestand haar een minuut of wat met volle kracht te treffen. Ik probeerde haar te sussen, dan viel ze weer in slaap en ging ik door met lezen of typen. Het geluid van de schrijfmachine leek haar gerust te stellen. Iris' slaapzucht heeft iets wanhopigs en toch is het voor ons beiden een grote troost dat ze zo gemakkelijk een gat in de dag slaapt. Als ze zo naast me ligt doet ze me denken aan een atleet die de fakkel heeft doorgegeven aan de volgende in de ploeg. Wat zij heeft gedaan, kan ik niet, maar ik doe tenminste iets.

Geen goede metafoor. Het is eerder zo dat ik op mijn eigen houtje iets doe en blij ben dat ze er geen weet van heeft. Het zou ondraaglijk zijn als ze net als vroeger op haar vriendelijke manier zou vragen waar ik mee bezig ben. Als we eenmaal aan het werk waren, lieten we elkaar altijd met rust, zodat de situatie in dat opzicht niet veel verschilt van vroeger.

Onze behoeften en emoties zijn nu van eenzelfde primitieve eenvoud als die van een baby en een moeder en net zo onverbiddelijk. De geprikkeldheid die ik voel als Iris me in huis achternaloopt is even sterk en wezenlijk als mijn absolute behoefte eraan. Als ze me zou ontlopen of me 'tactvol' met rust zou laten, zou ik haar achternalopen, alleen minder obsessief. Als ik even snel boodschappen doe en zij wacht in de auto, licht haar hele gezicht op als ze me aan ziet komen. Op het moment zelf heb ik daar geen speciaal gevoel bij, maar als ik 's nachts wakker word, zie ik het soms ineens voor me en heb ik behoefte haar aan te raken. Het 'leeuwengezicht' van haar moeder veranderde ook zo als ze haar dochter zag. Niet dat het gezicht van Iris net zo uitdrukkingsloos is als dat van haar moeder. Als ze in de auto op me zit te wachten, ziet ze er heel gewoon en vriendelijk uit. Voorbijgangers lachen vaak naar haar.

Maar godzijdank is dat stadium van wanhoop bij het wakker worden voorbij. Nu maakt ze zacht klokkende geluidjes en kijkt me aan als de Teletubby-baby in de blauwe lucht op de tv. Geen angstige vragen. We wisselen een paar onzinwoorden voor ze weer gaat slapen. Naarmate de toestand verergert, verbetert er ook iets. Iedere verslechtering lijkt een compensatie met zich mee te brengen. Zou daar dankbaarder voor moeten zijn.

De kwelling van het reizen. Iris heeft altijd veel van reizen gehouden en nu is de hunkering ernaar dwangmatiger dan ooit. Ik had er altijd een grondige hekel aan om van huis weg te gaan en was vroeger erg dankbaar als ik haar naar het station mocht brengen en uit mocht wuiven. Nu heb ik koorts van de reisangst – taxi's, kaartjes, vertrektijden. Iris maakte zich daar nooit druk om. Zij ging altijd als een Russische boerin naar het station en wachtte op de eerstvolgende trein.

Het slechtste van twee werelden. Hoewel Iris dwangmatig 'ergens heen' wil – waar dan ook – is ze op haar manier net zo over haar toeren als ik. Op het station blijft ze maar herhalen: 'Waarom heb je niet gezegd dat we weggingen?' Ik heb het haar ontelbare keren verteld. Nu zeg ik het haar weer, nogal bits en op dezelfde dreinerige toon als zij. De mensen kijken naar ons. Ik rommel in mijn zakken, op zoek naar de kaartjes; waarom geven ze ons er vier als het ook met twee kan? Twee voor de heen- en twee voor de terugweg, een absurd systeem. Ze zijn moeilijk van elkaar te krijgen en na verwoed gepruts blijkt er een retourbiljet te ontbreken. Het zit er echt niet bij. Ik vlieg terug naar het loket, waar een lange rij tussen de koorden kronkelt. Maar de lokettist heeft zijn gordijntje naar beneden getrokken en is nergens te bekennen. Aan het andere loket wil een klant kennelijk een kaartje rond de wereld en bespreekt op z'n dooie gemak alle mogelijkheden met de loketbediende. Iris begint zenuwachtig aan me te trekken omdat ze een trein in wil die net is binnengekomen, wel de verkeerde, hoop ik. Als de lokettist eindelijk vrij is, laat ik zien wat er mis is met de plaatsbewijzen. Nee, hij kan niets doen – hij heeft ze mij niet verkocht. Ik loop wanhopig weg. Waarom gaan we niet gewoon naar huis?

Iris heeft het probleem niet begrepen en blijft me maar naar de verkeerde trein duwen. Op dat moment komt er iemand op ons af die een kaartje omhooghoudt. Het is de man die me de plaatsbewijzen heeft verkocht. Ik herken hem niet direct, hij ziet er vreemd naakt uit zonder zijn loket. Zonder enige verklaring en met een meewarig lachje geeft hij me het kaartje en loopt snel terug naar zijn werkplek.

In de trein blijf ik de kaartjes maar tellen. Een ouder echtpaar tegenover ons kijkt Iris vol medeleven aan. Ik ben hier duidelijk het probleemgeval.

Totaal uitgeput en nat van het zweet. Ook mijn hart

een beetje van slag. En dat allemaal om zoiets triviaals. Alzheimer heeft me duidelijk in zijn greep, en de kaartjesman kennelijk ook. Imiteert de verzorger onwillekeurig het gedrag van de Alzheimerpatiënt? Ik in ieder geval wel.

Terwijl ik in de trein zit bij te komen, schiet me plotseling te binnen wat een vroegere schooljuffrouw van Iris eens over me zei. Toen Iris min of meer besloten had met me te trouwen vroeg ze me mee te gaan naar haar oude school — waar ze de jaarlijkse prijzen aan de beste leerlingen ging uitreiken of zoiets. Toen haar taak erop zat wilde ze even op bezoek bij de gepensioneerde hoofdonderwijzeres, een vermaarde witharige dame die in een flat op het schoolterrein woonde. Op haar kille manier was ze aardig voor Iris, een leerling die ze als een uitblinker beschouwde. Ik werd aan haar voorgesteld maar ging er snel vandoor en liet ze samen achter. Iris keek geamuseerd toen ze later naar buiten kwam. 'Wil je weten wat BMB van je vond?' vroeg ze. Ik was uiteraard nieuwsgierig. 'Ze zei alleen maar: "Die lijkt me niet erg sterk."'

Ik maakte me er destijds niet druk om of ik sterk was of niet. Nu moet ik proberen het wel te zijn, maar ik weet zeker dat BMB niet onder de indruk zou zijn.

Dierbare vrienden in onze straat geven een zondagochtendborrel. Vroeger zou ik een smoes verzonnen hebben om daar niet naartoe te hoeven. Ik genoot altijd van de stilte op zondagmorgen, de zondagskrant, op m'n gemak ontbijten, Iris boven aan het werk, geen getob over wat ik die dag allemaal moest doen. Iris vond het nooit vervelend om ergens heen te gaan, maar als ze wist dat ik liever thuisbleef, vond ze het ook goed. Nu biedt het een welkome afleiding. Tot elf uur zeg ik er niets over. Als ik dat wel zou doen zou ze in paniek raken en vragen waarom ik het niet eerder heb gezegd. Ze maakt nu geen onderscheid meer tussen wat ze denkt te willen en wat er werkelijk gebeurt.

'Gaan we naar Londen?'

'Nee, het is hier in de straat. Je herkent ze wel als we er zijn. Ze zijn erg aardig. Je vindt het vast leuk.'

Ik weet dat dat waar is, maar er verschijnt toch een 'broekgrimas'. Zo noem ik dat tegenwoordig voor mezelf. Er wordt elke avond een slag geleverd om haar lange broek. Ze wil hem aanhouden als ze naar bed gaat, de rest van haar kleren trouwens ook. Mijn verzet is halfhartig vergeleken bij de vastberadenheid die zij aan de dag legt. Soms win ik en sleur hem min of meer uit. Iris geeft de strijd dan op, maar trekt een beangstigende grimas en krijgt een uitdrukking die ik nooit eerder heb gezien. Ik raak er helemaal door van slag. De grimas verschijnt steeds vaker; ook in andere situaties.

Niet dat ik het erg vind van die broek. Wij zijn nooit overdreven hygiënisch geweest; het gaat mij om het onderscheid tussen dag en nacht; dat soort routine is van vitaal belang om ons leven structuur te geven. Er zijn nog steeds momenten, midden op de ochtend en om vijf uur 's middags bijvoorbeeld, die niet door routinematig handelen worden ingevuld. Dan slaan de paniek en de leegte toe. Het enige wat er dan op zit is de belofte van een volgend programmapunt: een drankje, de lunch, het avondeten.

Als ik er niet bij ben is Iris' angst voor andere mensen zo deerniswekkend dat ik het niet over mijn hart kan verkrijgen hulpverleners te regelen om 'haar gezelschap te houden' of haar naar de bejaardentherapie te brengen. Dat komt allemaal nog wel. Ondertussen maak ik haar meedogenloos gereed voor die borrel, erop vertrouwend dat ze het wel leuk zal vinden als ze er eenmaal is, zoals ons in onze jeugd ook wijsgemaakt werd.

Ik krijg gelijk. Het is een geanimeerd feestje. Ik verbaas me er voor de zoveelste keer over hoe leuk gasten het vinden om gast te zijn. Tegenover iemand staan, het gesprek gaande houden, het oogcontact niet verliezen terwijl het gelijktijdig vasthouden van hapje en drankje ook de nodige behendigheid vereist. Als een zeeslag in de tijd van Nelson: schip aan schip en nok aan nok. Soms doemt er een ander schip op. Moet ik mijn doel verleggen of mijn huidige opponent de volle laag blijven geven? De vereiste concentratie is genadeloos. Niemand wil doelloos met zwijgende kanonnen door het strijdgewoel drijven...

Het opmerkelijke is dat Iris min of meer als iedereen in staat is haar geschut te bedienen en het vuur te beantwoorden. Anders zou ik haar trouwens niet meegenomen hebben. Ook zij ziet er geanimeerd uit – geen spoor van de broekgrimas; ze speelt haar rol, zoals wij allemaal. Zou dit nou geen goede therapie zijn? Ik ben geneigd dat te denken, al zou er geen sprake zijn van verbetering of herstel. De therapie werkt niet langer dan de duur van de afleiding.

Ik kom behoedzaam langszij de achtersteven van de gast waarmee Iris in gesprek is. Hij maakt de indruk zich geweldig goed van zijn taak te kwijten en er nog plezier aan te beleven ook. Met een half oor, terwijl ik mijn eigen opponent goed in de gaten houd, hoor ik naast mij hoe Iris' gesprekspartner een levendig verslag geeft van zijn werk op een verzekeringskantoor. Iris luistert met vleiende aandacht en glimlacht. Dan hoor ik haar vragen: 'Wat doet u?' Uit de gelaatsuitdrukking tegenover haar blijkt dat die vraag niet voor het eerst wordt gesteld. In het geheel niet ontmoedigd begint de verzekeringsman opnieuw.

Misschien zouden wel meer mensen het prettig vinden om op een feestje met iemand als Iris te praten. Ik geloof dat ik daar zelf bij hoor. Afgezien van het feit dat je er het gevoel aan overhoudt de gemeenschap een dienst te bewijzen, is het waarschijnlijk minder veeleisend en belastend dan de gebruikelijke kunst van de feestelijke omgang.

De gastvrouw komt naar me toe en zegt: 'Is Iris niet geweldig?' Ze klinkt blij verrast, ze is misschien wel dankbaar dat ze niet gilt of krijst. Ik voel een weinig hoogstaande vorm van ergernis in me opkomen, zelfs verbittering. Mensen die Iris op dit soort gelegenheden zien, denken dat het allemaal nogal meevalt. Stel je voor dat ik tegen de gastvrouw zou zeggen: 'Je moet eens zien hoe het er thuis aan toegaat.' Godzijdank doe je dat soort dingen niet op feestjes.

Als we thuiskomen probeer ik de ervaring nog wat op te rekken door te zeggen hoe leuk de mensen het vonden haar te zien. Al met al was het tenslotte zo'n geslaagde onderneming dat ik er zelf al bijna met nostalgie aan terugdenk. Maar er is niets van over in Iris' geest. Het 'Wanneer gaan we?' begint weer. Ik vraag me af hoe vaak ze die verzekeringsman heeft gevraagd wat hij deed.

10 mei 1997

Het valt me regelmatig op dat mensen van wie ik dat het minst verwacht gegeneerd kijken als ik een spottende opmerking maak over de Thuiszorg, de bijstandsethiek, zelfs over alleenstaande moeders. Vinden alle aardige mensen dat je daar geen grappen over maakt? Niemand verwacht meer dat je op het gebied van seks of religie uitsluitend serieus bent. Gek genoeg lijkt de moderne houding tegenover sociaal 'mededogen' griezelig veel op het vroegere zwijgen over seks, of de eerbied voor het geloof. Het is trouwens puriteins om blasfemie niet als onderdeel van het geloof te erkennen – wat men trouwens bij de oudere religies wel deed.

We zijn omgeven door mensen die 'aardig' zijn voor elkaar en dat is maar goed ook, hoewel de betekenis nogal kan verschuiven; het woord blijft ambigu. Iris' roman *The Nice and the Good* laat dat meesterlijk zien; het is vol nuances en humor. Gaat dat boek – en haar andere trouwens ook – toch niet ook over onontkoombare onschuld? Die misschien wel voortkomt uit een veilige, gelukkige jeugd? Iris was zowel aardig als goed en voor haar ouders gold hetzelfde. Geen van drieën hingen ze een religie aan; ze waren van nature christelijk, in de theologische zin. Zoals zoveel filosofen begreep Iris weinig van slechtheid op een alledaags niveau, van het soort geslepenheid waar mensen prat op gaan. Hun slechtheid berust min of meer op het vertrouwen in de goedheid van anderen. Tegelijkertijd verachten zij goede mensen daarom. Die kunnen de slechteriken wel denken te 'begrijpen', maar hen niet werkelijk doorgronden. Bij veel personages in Iris' romans wordt het verlangen naar macht, dat haar fascineerde, gesublimeerd in alledaagse, weerzinwekkende slechtheid, waar ze niet door gefascineerd werd en ook niets van begreep. Om slechtheid te begrijpen moet je zelf een beetje slecht zijn, of op z'n minst, zoals Isaiah Berlin ooit over Dostojevski zei, 'niet zo'n erg aardige man'.

Ooit een discussie daarover gehad met Iris – of liever over een goed mens, Alyosha Karamazov. Een projectie van de wens van de auteur, zei ik, Dostojevski's 'Ondergrondse Man' komt moeiteloos en volkomen natuurlijk tot leven. Waarom? Omdat Dostojevski hem door wie hij zelf was, uitentreuren kende, terwijl Alyosja voornamelijk een idee was, een goed idee natuurlijk, maar niet van vlees en bloed. Iris bracht daar tegenin dat schrijvers zowel vanuit zelfkennis schrijven, als vanuit de behoefte te ontdekken. Zond Dostojevski Alyosja in een later deel niet naar het diepst van de hel om hem daar alle mogelijke zonden te laten begaan? Geen echte zonden, wierp ik tegen, echte zondaars zijn eigenlijk saai en zelfgenoegzaam. Alyosja's zonden waren niet *natuurlijk*. Ze waren door de auteur bedacht en pasten niet in de werkelijkheid van het boek.

Ik vond dat nogal slim van mezelf en wist tegelijkertijd dat mijn positie juist daardoor ondermijnd werd: ik wilde scoren, Iris nooit, niet in haar boeken en niet in het dagelijks leven. Haar oordeel was altijd weloverwogen, haar manier van discussiëren was eigenlijk veel aardiger, zou je kunnen zeggen. Toch denk ik dat we verliefd op elkaar werden en zo goed met elkaar overweg konden omdat we allebei op een diep, heilzaam niveau naïef en onschuldig zijn gebleven. Zonder het erover te hebben of het ons misschien zelfs bewust te zijn, herkenden we dat bij elkaar. Iris is goed. Ik ben van binnen niet echt goed, ik red me door aardig te doen. Iemand zei eens over Cyril Connolly, die een notoir chagrijnig hoofd had, dat hij 'niet zo aardig was als hij eruitzag'. Iris is net zo aardig als ze eruitziet. Het woord 'aardig' is een zwaktebod; bij haar krijgt het een bijna transcendentale betekenis, een hogere waarde, het verliest zijn gewone en min of meer dubbelzinnige connotaties.

Wereldwijsheid. Dat woord zit nu in mijn hoofd in plaats van 'geleerdheid'. Peter Conradi vertelde me dat het Franse woord ervoor *déniaiserie* is. De angst om naïef te zijn?

Dat lastige woord, waarvan ik me nauwelijks kan voorstellen dat iemand het gebruikt, doet me op proustiaanse wijze denken aan een afschuwelijk wereldwijs jongetje op school. In geen jaren aan hem gedacht, of helemaal nooit. Op een zondag werd in de kapel van de school het verhaal voorgelezen van de vrouw die Jezus' voeten met kostbare zalf insmeert. Het gezicht van de jongen leefde vrolijk kwaadaardig op. Ik vroeg wat er was en dat wilde hij maar al te graag kwijt. 'Jezus was een egoïst. Toen ze zeiden dat de zalf verkocht moest worden om het geld aan de armen te geven, zei hij: "Sodemieter op met je geintjes – ik ben belangrijk, niet de armen." Ik zal God Clark daar eens mee op stang jagen.'

'God' Clark, een vroom uitziende man met wit haar, was de kapelaan. Hij werd geassisteerd door een donkerharige jongen die 'Jesus' werd genoemd. Ik vroeg het jongetje hoe hij dat ging doen – daar hoopte hij natuurlijk op. We moesten halverwege het trimester altijd een opstel schrijven over godsdienstleer en daar zou hij het inzetten. Hij deed het nog ook. Alleen trapte de kapelaan er niet in. Die kende zijn pappenheimers. Hij gaf het opstel zonder commentaar aan de beteuterde wijsneus terug. 'Goed geschreven' was zijn enige opmerking.

Waarom moet ik daar nu aan denken? Vroeger zou ik onmiddellijk naar Iris gesneld zijn om het haar te vertellen. Zij hield van dat soort anekdotes. Nu gaat dat helaas niet meer. Ik zie haar tobberige, verwarde gezicht al voor me. We maken nog wel grapjes, maar alleen hele eenvoudige. Geen anekdotes meer en al helemaal niet over 'wereldwijsheid'.

Iris heeft me wel eens gezegd dat zij het verschijnsel 'stream of consciousness' niet kende. Ze praatte niet met zichzelf. Ze zei niet tegen zichzelf (ik had gezegd dat ik dat wel deed): 'Nu doe ik dit en straks ga ik dat doen. Sainsbury – de wolken – de bomen zien er prachtig uit.'

Geen triviaal spel met innerlijke woorden? Werd alles

creatief gebruikt? Kreeg alles meteen een plaats in die wereld die zij zelf had gecreëerd?

Men zegt dat mensen met een sterk identiteitsgevoel de slechtste Alzheimerpatiënten worden. Ze formuleren in hun hoofd nog van alles maar kunnen dat niet meer met anderen delen. Doet Iris dat ook? Hoe kan ik dat weten? Er zijn alleen nog de woorden 'Wanneer?' en 'Ik wil', door haar met zoveel angstig verlangen uitgesproken...

Is ze nog steeds in staat om, net als de blinde man in Faulkners *Soldier's Pay*, een gedachte te formuleren als: 'Wanneer laten ze me eruit?'

Ontsnappen. Het woord hangt in de lucht, hoewel ze het nooit uit. Thuis is alles het ergst. Alsof iemand daar iets voor haar zou kunnen doen maar het niet doet. Elke seconde wordt voortgestuwd door angst. Ze pakt dingen op alsof ze daarmee de paniek wil bezweren, houdt ze in haar handen als betekenisloze woorden. Zin om woedend in haar oor te schreeuwen: 'Voor mij is het nog erger. *Veel erger!*'

Dit alles nadat de televisie kapot is gegaan. Ik mis hem duidelijk meer dan Iris, hoewel ze nu nog rustelozer is. De voorgeschreven tranquilizer schijnt niet te helpen.

Wanneer laten ze *mij* eruit?

4 juni 1997

Nachtmerrieachtige herinnering aan een hete zomerdag vorig jaar, net voor of net na het zwemmen in de Theems.

Wat was de oorzaak van de ruzie, afgezien van de hitte en een of twee borrels voor de lunch (normaal gesproken probeer ik niet te drinken als Iris haar paar druppels witte wijn met ranja krijgt)? Ik moet me ongewoon gedeprimeerd gevoeld hebben. Dat soort ruzies komt op als een windvlaag en gaat ook weer net zo snel liggen. Voor je het weet schijnt de zon en is het water weer kalm. Je kan zelfs vergeten dat het zo weer kan gebeuren. En gauw ook.

Maar de oorzaak? De aanleiding? Er moet iets geweest zijn. In *Anna Karenina* staat een prachtige beschrijving van de willekeurigheid van sterke emoties. Tolstoi laat zien waar William James, de filosofische broer van de schrijver, over heeft getheoretiseerd. Volgens James, althans zo herinner ik het me, ligt de oorzaak van boosheid, angst of medelijden besloten in de emotie zelf. Ik vraag me af of dit iets zegt, maar Tolstoi ziet kans dat buitengewoon aanschouwelijk te maken: zoals op het moment dat Karenin onbewust de beweginkjes nabootst van de piepkleine vingertjes van Anna's baby. Zijn complexe emotie — zijn medelijden, bijna liefde — voor dit kind van een andere man en zijn ontrouwe vrouw komt uitsluitend fysiek tot uitdrukking.

Was het bij mij de herinnering aan de geur van Iris' moeder toen die oud en gek was, die in de drukkende hitte ook om Iris hing? Die door de associatie geen liefde opriep, maar afkeer en walging? Geur kan ons, dat wist Proust al, totaal overmeesteren en een intense vorm van genot teweegbrengen. Maar ook het tegenovergestelde. Iris heeft geen neus voor subtiele geuren, ik ben daar juist uiterst gevoelig voor. Al onze huizen hadden een eigen geur waar ik van hield, niet speciaal lekker, maar karakteristiek – ironisch genoeg staat alleen die van Hartley Road me bij als uitzonderlijk lekker.

Ik vind niet gauw iets vies maar de lucht in de flat van Iris' moeder was weerzinwekkend. Hij was niet eens erg sterk en toch moest ik steeds iets overwinnen voor ik naar binnen kon. Iris had er geen last van en degene die voor haar moeder zorgde schijnbaar ook niet. Sinds een tijdje bespeur ik bij Iris zo nu en dan een zweem van diezelfde geur: alsof het een familieluchtje is, een vleugje sterfelijkheid. Toch geloof ik niet dat ik daarom uitgevallen ben. Alhoewel, als William James maar enigszins gelijk had, liggen fysieke oorzaken zo in hun emotionele gevolgen besloten dat je ze niet meer kunt scheiden.

Het probleem was denk ik mijn woede over de planten in de kamer. Er staan verschillende soorten op de vensterbank – cyclamen, spinnenplanten en tijgerplanten, zo noemden we de gevlekte – waar ik nogal aan gehecht was geraakt. Ik gaf ze steeds op tijd water. Helaas vatte Iris er dezelfde obsessieve belangstelling voor op als voor de dingen die ze van straat meenam. Ze begon ze dwangmatig water te geven. Ik trof haar regelmatig aan met een kan in haar hand, terwijl de vensterbank overstroomde en de vloer al blank stond. Ik zei haar herhaaldelijk dat ze dat niet moest doen omdat ze daardoor dood zouden gaan en wees er dan op dat de cyclamen al slap hingen. Ze scheen het te snappen, maar even later stond ze alweer met een kan of een glas te gieten. Net als een van de Danaïden, de droeve dochters uit de Griekse mythologie, die veroordeeld waren tot het eeuwig vullen van een bodemloos vat als straf voor het doden van hun bruidegom in de huwelijksnacht.

Ik was aanvankelijk niet boos, eerder gefascineerd. Ik maakte er een gewoonte van stiekem binnen te komen om haar op heterdaad te betrappen. Toen haar vriendin en medefilosoof Philippa Foot een keer bij Iris op bezoek was, trof ik ze samen over de planten gebogen aan terwijl Iris haar destructieve ritueel uitvoerde. Philippa was vol aandacht, alsof ze probeerde vast te stellen welk moreel of ethisch probleem aan deze handeling ten grondslag kon liggen. Ik moest denken aan haar collega Elizabeth Anscombe, die verstrooid een enorm nest kinderen grootbracht en op een filosofisch congres eens een subtiel linguïstisch probleem illustreerde met het huiselijke voorbeeld: 'Als je dat bord breekt, geef ik je er een van tin.'

Of het nu het lot van de planten was of die vleug van de geur van haar moeder, op die warme dag na de lunch werd ik ineens razend. Verbazingwekend hoe woede een ander mens van je kan maken, iemand met wie je niets te maken wilt hebben, van wie je je vol ongelovige walging afkeert op hetzelfde moment dat je jezelf met zijn stem hoort spreken. Mijn woede was alles overheersend, en kwam ook voor mezelf als een donderslag bij heldere hemel. 'Ik heb je gezegd dat je dat niet moet doen! *Dat je dat niet moet doen!*' We hadden geen van beiden nog enig benul waar dit alles over ging, maar mijn woede had geen moeite met het vinden van steeds ijselijker, steeds dodelijker woorden: 'Je bent knetter. Je bent kierewiet. Je weet niks, je onthoudt niks en je kan niks.' Dat alles met agressieve gebaren. Ik ging maar door, als iemand die een kind of een lammetje schopt. Iris trilde over haar hele lichaam. 'wel,' zei ze – op die toon die je zo vaak bij BBC-discussies hoort om aan te geven dat er iets volgt waarover goed is nagedacht, 'wel.' Ik keek in de spiegel en zag de verschrikkelijke man die net gesproken had. Met een verwrongen, paars aangelopen gezicht.

Terwijl de bui overwaaide moest ik aan de thesaurier van St. Catherine's College denken, die me ooit vertelde hoe moeilijk zijn tweejarige zoontje was. 'Hij is erg vermoeiend. Hij maakt alles kapot. Maar je kunt niet boos op hem worden.' Hij keek alsof hij zich daar zelf ook over verbaasde. Ik vraag me af of ik had kunnen leren om niet boos te worden als we een kind hadden gehad. Zou ik in dat geval nu ook niet kwaad geworden zijn op Iris?

20 november 1997

Boosheid is ook een manier om niet te hoeven toegeven dat er iets mis is. Het is als het ware een compliment. Alsof je zegt: je bent nog precies als vroeger, God zegene je (of vervloeke je) en ik ook. Ik zou je niet graag beledigen door te doen alsof het anders is.

Heerlijk gelogeerd bij onze vriendin Audi in het binnenland van Lanzarote. Het is alleen een ramp om er te komen, de chartervlucht is altijd overvol met vakantiegangers. Ik moest denken aan een oude vakantiebrochure waar een reproductie van 'Het vlot van de Medusa' op afgebeeld stond, een schilderij van Géricault. Zwaarbeproefde schipbreukelingen, in het laatste stadium van dorst en blootstelling aan de elementen, klampen zich aan alle kanten aan het vlot vast. 'De vakantie begint al met de reis ernaar toe,' stond eronder. Gelukkig gingen Peter en Jim met ons mee om een oogje op ons te houden, waardoor de vlucht zelfs bijna plezierig werd.

Veertien dagen later terug. Ik heb zwaar kougevat op Lanzarote en voel me onnatuurlijk moe, hoewel de reis niet voorspoediger had kunnen verlopen. Peter zet ons op de bus naar Oxford. Ik leun dankbaar achterover. Bijna thuis. De bus rijdt gestaag door de donkere avond en schijnt zich niets aan te trekken van het spitsverkeer aan weerskanten. De weinige passagiers slapen. We zijn nog maar net aan het rijden of Iris springt geagiteerd op. 'Waar gaan we naartoe? Waar gaat de bus heen?' Ze wil niet stilzitten, rent naar voren en tuurt gespannen de duisternis in. Ik krijg het voor elkaar dat ze weer gaat zitten. Ik zeg: 'We gaan naar Oxford. Terug naar huis.' 'Nee! Niet huis. Waarom zo reizen? Hij weet het niet.'

Voor ik het kan voorkomen staat ze geagiteerd tegen de buschauffeur te praten. Ze ziet kans een van onze tassen te pakken en strooit de inhoud over het gangpad. Ik raap alles op en duw haar op een stoel tegenover een slapende vrouw. Ik verontschuldig me bij de chauffeur, maar die blijft onheilspellend zwijgen. Als ik bij Iris terugkom, is de vrouw wakker geworden en verbijsterd en wanhopig bezig haar handtas en andere bezittingen terug te krijgen. Die hadden op de stoel naast haar gelegen. Ik pak alles van Iris af en fluister verontschuldigen. Iris zegt ook: 'O pardon,' en glimlacht haar prachtige lach. Ik zet Iris op een andere stoel, houd haar arm vast en geef haar stiekem een stomp.

Van Gatwick naar Oxford in de vrijdagavondspits duurt een hele tijd. Iris zit geen seconde stil. De bewegingen en geluidjes die ze maakt doen aan een eekhoorn denken. De rust in de donkere bus is veranderd in een bijna tastbare sfeer van verwarring en ongemak. Niemand slaapt meer, ik onderscheid alleen maar ontstelde blikken die allemaal op ons gericht zijn. Als we Oxford naderen, probeer ik dingen aan te wijzen die ze zou kunnen herkennen, maar ze wordt alleen maar onrustiger.

Onhandige ontsnapping aan de starende blikken van de passagiers. Er staat nog één oude taxi, de chauffeur is een onguur uitziende Indiër met een zachte, beschaafde stem. Halverwege Banbury Road rijdt hij verkeerd en ik wijs hem afwezig de goede weg. Hij zegt: 'O, dat had ik natuurlijk moeten weten. Neemt u me niet kwalijk.' Ik geef hem een briefje van tien pond en krijg erg weinig terug maar kan me daar nu niet druk over maken. Ik geef hem een fooitje van het wisselgeld. Hij bedankt niet. Deur open. Het hek binnen. Het huis voelt dodelijk koud aan. Ik zie dat Iris me op een wonderlijke manier aankijkt, net als vroeger als we van een vermoeiende reis thuiskwamen. Ik negeer haar blik en loop snel naar de thermostaat van de centrale verwarming. Als ik terugkom zeg ik met een koude woedende stem: 'Je hebt je schandelijk gedragen in de bus. Ik schaamde me voor je.'

Ze kijkt verbaasd en vervolgens gerustgesteld, alsof ze een oud wachtwoord herkent. Het ziet ernaar uit dat ze zich op haar oude manier verdedigt – dat wil zeggen niet verdedigt. Ze laat mij in mijn sop gaar koken, zoals je dat bij een kind doet. 'Wel,' zegt ze. Dat zegt ze tegenwoordig wel vaker. In dit geval is het een equivalent voor wat vroeger 'sorry' geweest zou zijn. Meestal wordt 'wel' gevolgd door iets als 'moet voor iemand anders doen nu' of 'goede laten vallen om wanneer te lenen'.

Ik ben mijn stem kwijt, hoor niets meer en verdrink in een verkoudheid die onheilspellender aanvoelt dan een gewone kou, zoals de zwijgzaamheid van de buschauffeur onheilspellender was dan woorden. Mijn borst doet pijn als ik hoest. Na nog een paar lelijke woorden zeg ik dat ik waarschijnlijk longontsteking heb. Heeft ze niet gemerkt dat ik ziek ben? Ze kijkt weer vol onbegrip. Mijn boosheid stelde haar gerust, nu ik om medelijden vraag, weet ze zich geen raad. Ze kijkt me verloren aan.

Wat doet ze als ik doodga? Als ik ziek word en naar het ziekenhuis moet? Als ik in bed moet blijven – wat moet zij dan? Nog uitgeput van de busreis stel ik dat soort vragen en word steeds vijandiger en furieuzer omdat ik zie dat mijn woorden niet overkomen. Tegelijkertijd kan ik me daardoor lekker laten gaan. En terwijl ik nog steeds tegen haar sta te schreeuwen, zegt ze: 'Laten we gaan. Toe maar. Bed.' Dat klinkt bijna gewoon. We lopen dicht tegen elkaar aan de trap op, kruipen onder het koude dekbed en houden elkaar stevig vast om warm te worden. 's Morgens voel ik me een stuk beter. Iris heeft mijn verkoudheid niet gekregen. Alsof Alzheimer een amulet is tegen ordinaire kwalen.

Op Lanzarote heeft Jim Iris' haar gewassen en geknipt; Audi zette haar onder de douche of deed haar in bad. Toen ze samen onder de douche stonden zei ze tegen Audi: 'Ik zie een engel. Ik denk dat jij het bent.' Omdat ik die engel wel had aangestoken met mijn verkoudheid, had ze erg veel last van haar astma door een zware bronchitus. Daar moest ze tetracycline voor innemen, dat op dat eiland gelukkig zonder recept verkocht wordt, want Audi heeft daar nooit een goede dokter kunnen vinden, hoewel ze er toch jaren met tussenpozen heeft gewoond. Haar temperatuur liep op naar negenendertig vijf, maar zakte tot onze opluchting vrij snel. Ik geloof dat we het allemaal wel prettig vonden dat Iris niet wist wat er aan de hand was. Het werkt onder sommige omstandigheden kalmerend als er iemand is die zich niet bewust is van zorgen, of de tranen der dingen.

Eigenlijk weet ik niet op welke mysterieuze manier haar hart nog geraakt wordt. Vroeger was ze dol op Audi's katten, maar die laten haar nu koud. Ze streelt ze afwezig, en ook Cloudy, de hond van Peter en Jim waar ze vroeger niet vanaf kon blijven, kan haar niet meer boeien. Als ze huilt, zachtjes en kortstondig, verbergt ze dat met een verlegenheid die ze voor geen enkele andere lichamelijke kant van zichzelf meer voelt.

Vroeger huilde ze openlijk, haast of ze wilde demonstreren hoe diep ze geraakt was, hoeveel ze voelde. Nu is het alsof ze zich ervoor schaamt en houdt ze onmiddellijk op als ze merkt dat ik het zie. Dat is zo anders dan vroeger, dat het me zorgen baart. Ik krijg het gevoel dat ze zich heimelijk volledig bewust is van wat er met haar aan de hand is en dat voor me wil verbergen. Zou het mogelijk zijn dat ze me ertegen wil beschermen? Ik herinner me dat wanneer ik als kind mijn moeder huilend aantrof, zij haastig ophield omdat ik dat niet mocht zien. Bij Proust krijgt de grootmoeder van de kleine Marcel tijdens een wandeling een lichte attaque; ze wendt haar gezicht af, omdat ze niet wil dat hij ziet dat het scheef en verwrongen is.

Wat zijn er toch veel twijfels, illusies en geheimen in elke intieme relatie. Zelfs in onze huidige situatie realiseer ik me dat keer op keer met een schok. Soms geven Iris' tranen me het gevoel een hele innerlijke wereld te vertegenwoordigen die ze van mij weg wil houden, waar ik maar beter niets van kan weten. Er is iets ijzingwekkends aan de opluchting als ik mezelf vertel dat dat niet waar kan zijn; en toch komt de illusie dat die innerlijke wereld er nog steeds is – als het al een illusie is – van tijd tot tijd ongewild bij me spoken. Er zijn ook momenten waarop ik dat verwelkom. Iris heeft altijd – dat moet wel – een onuitputtelijk rijke, complexe innerlijke wereld gehad. Dat ik daar niets van wist en dat prettig vond is vergelijkbaar met het immense genoegen dat ik als kind ervoer als ik op de kaart van

Zuid-Amerika keek en me afvroeg waar de bronnen van de Amazone waren, of welke onbekende steden er in het oerwoud verborgen lagen. Zouden er bij haar nog zulke verborgen plaatsen zijn?

Op een schets van de ingewikkeldste hersenscan die Iris een jaar geleden heeft ondergaan, wees de dokter me de geatrofieerde plek aan, boven in de hersens. De artsen waren blij dat het zo duidelijk zichtbaar was. Ik realiseerde me toen – denkend aan mijn oude fascinatie voor de Amazone – dat de onbekende mysteries, al dat verborgen leven dat zich in haar brein had afgespeeld, echt had bestaan, fysiek en geografisch aanwijsbaar. En nu bleek dat gebied leeg te zijn. De grijze substantie die in staat was geweest onderdak te bieden aan een immense wereld, was opgehouden met functioneren, wat 'functioneren' daarbinnen ook mag betekenen.

Iris heeft twee keer tegen Peter Conradi gezegd dat ze het gevoel had 'weg te varen in de duisternis'. Dat was toen hij voorzichtig naar haar schrijven informeerde. Zo'n zin verwijst naar het soort innerlijke kennis waar ik op doelde, naar het afgrijselijke inzicht te weten wat er aan de hand is. Maar kun je op die manier lucide zijn zonder over het bewustzijn te beschikken dat nodig is om zo'n taaluiting voort te brengen? En als er nog genoeg bewustzijn is om dat soort woorden te produceren, waarom dan alleen die, waarom is er geen helderheid op een ander gebied?

Als ik hersenspecialist was zou ik me moeilijk kunnen neerleggen bij het feit dat zo'n flits van luciditeit geheel op zichzelf staat; tenslotte wordt er heel even een zwijgende maar niettemin aanwezige wereld onthuld. Om mijn onhandige vergelijking met de verborgen stad in het oerwoud maar even door te voeren – het zou zijn alsof ontdekkingsreizigers tijdens een bliksemflits een stad zien oplichten om vervolgens een lege plek aan te treffen. Ik kan moeilijk geloven dat de paar woorden waarvan Iris zich zo natuurlijk en poëtisch bediende, zwijgend opgetast liggen, en alleen zo nu en dan een signaal uitzenden. Of kan dat wel? Ik realiseer me dat die griezelig mooie vondsten die Iris soms produceert, zoals 'wegvaren in de duisternis' of 'ik zie een engel', wel met een beetje hulp van haar vrienden tevoorschijn kwamen. Zoals kleine kinderen plotseling de raarste dingen kunnen zeggen, tot vreugde en vermaak van ouders en vrienden. Maar die hadden hen waarschijnlijk onbewust op een idee gebracht. Zoiets moet het zijn.

Iris hoort nooit meer iets van een oude vriendin, een schrijfster die nu beroemd is en voor wie Iris ooit een inspirerend voorbeeld was. Iris stond altijd voor haar klaar met raad en steun en heeft haar vaak getroost. Weet zij op een of andere manier dat die vriendin haar in haar zwijgzaamheid in de steek heeft gelaten? Was het uit berusting of ook uit verbittering dat ze dat droevige beeld opriep? Alleen wegvaren, de duisternis in...

In mijn eigen dagelijkse omgang met Iris zijn woorden nog nauwelijks nodig; we gebruiken ze steeds minder. Als we iets zeggen is het onzin, voor onszelf voelt het niet eens meer aan als praten, er wordt nooit meer iets van betekenis gezegd. In het uitzonderlijke geval dat Iris nog wel eens een normaal klinkende zin produceert, is die bedoeld voor gebruik in het openbaar. Het zijn uitingen van sociaal gedrag. Ze lijken op laatste opmerkingen voor alle lichten uitgaan.

30 november 1997

De zondagmorgen was voor mij altijd iets bijzonders, voor Iris niet, ze wist niet eens dat het zondag was. Ik kom dankzij de tv nog steeds redelijk aan mijn trekken. Ik scharrel wat rond en als ik even bij Iris binnenloop ben ik opgelucht dat ze als een braaf kind ingespannen naar de zondagochtenddienst zit te kijken. Even later zit ze er nog; de dienst is nu overgegaan in een tekenfilm over bijbelse geschiedenis, met Romeinse soldaten en zo, waarin ze al evenzeer verdiept is. De zondagochtendtelevisie is een zegen.

Op sommige momenten heb ik ineens een onbedwingbare lust om Iris aan iets te herinneren dat we samen gezien of gedaan hebben. Dan betrap ik me erop dat ik hoopvol aan een uiterst gedetailleerde beschrijving begin. Ik zeg niet: 'Je herinnert je het waarschijnlijk niet, maar...' In plaats daarvan probeer ik beelden op te roepen en krijg de indruk dat ze haar best doet iets voor zich te zien. Het voorjaar wordt levendiger als je er in de winter over praat en daarom vertel ik haar over een van onze bezoeken aan Cascob in Wales, afgelopen mei, bij Peter en Jim. Het schooltje, waar vroeger twintig of dertig kinderen les kregen, ligt op een heuvel aan het eind van een stijle, nauwe vallei. Het is een oud gebouw met maar één grote hoge kamer. Ernaast staat het huis van de onderwijzeres, met één kamer beneden en één boven. Vroeger waren het aparte huizen, maar Peter en Jim hebben ze met elkaar verbonden en het een en ander verbouwd, zonder de originele structuur aan te tasten. De top van de heuvel waar het huis op staat, loopt stijl af naar hun vijver, met in het midden een eilandje vol elzen en wilgen en bloemen in de zomer. Naast het schooltje staat een ontzettend oude kerk, half begraven onder de groene zoden, aan één kant bijna tot aan de ramen zodat de schapen naar binnen kunnen kijken. Een immense taxus, minstens zo oud als de kerk, ziet in z'n eentje kans een soort oerwoud te vormen, met mysterieuze donkerrode schaduwen.

Vogels kijken werd een dagelijks ritueel op die betoverde plek. Een paar roodstaarten hadden hun nest vlak boven de achterdeur. Als we doodstil in de kleine tuin bleven zitten of uit het schoolraam keken, konden we ze af en aan zien vliegen: net kleine vlammetjes, veel te exotisch voor de Britse Eilanden. De borst en de staart (*steort* betekent staart in het Oudengels) waren helder kaneelkleurig, de kop gitzwart, met een witte ring om de hals. Als ze in de buurt van het nest fladderden, op hun hoede voor mogelijke bespieders, schitterden ze als edelstenen, net als kolibries.

Als we de roodstaarten bekeken hadden, verlegden we ons ritueel naar het kerkhof, waar Jim een nestkastje had bevestigd aan een grote es die tussen het kreupelhout stond. Daar nestelden een paar bonte vliegenvangers. Die zijn heel klein en nog zeldzamer dan de roodstaart. Het is een migrant die alleen terugkomt naar Zuid- en Midden-Wales. De eerste keer stonden we langdurig op een grafheuvel te wachten tot er iets gebeurde. Plotseling vertoonde zich geluidloos een keurige verschijning in zwart en het zuiverste wit, voor het gaatje van de nestkast. Hij zat een moment bewegingloos en verdween naar binnen. We konden nauwelijks geloven dat we hem echt hadden gezien. Het leek wel een stipje uit de oudheid, in een religieus gewaad, bijna een geestverschijning van de kerk zelf.

De grafheuvel aan de rand van het kreupelhout werd sindsdien onze dagelijkse uitkijkpost. Net als echte geesten schenen de vogeltjes zich niets van ons aan te trekken. Hun drukke bewegingen voltrokken zich in een bijna gewijde stilte. Peter en Jim zeiden dat ze heel onnadrukkelijk zongen, maar wij hebben ze nooit een geluid horen maken. Hoewel we zowel het mannetje als het vrouwtje hebben gezien konden we bijna niet geloven dat ze lijfelijk aanwezig waren. Ze kwamen als schaduwen, als de geesten in *Macbeth*, en zo verdwenen ze ook weer.

Als ik dit alles 's winters aan Iris vertel lijkt ze toegeeflijk en dromerig te luisteren, alsof het een sprookje is waar ze niets van gelooft maar dat ze toch wil horen. Zelf heb ik ook het gevoel alsof ik al die vogelherinneringen en de sfeer van zon en groene bladeren verzin en ze al vertellend subtiel verander.

Kilvert, de Victoriaanse dominee die in de negentiende eeuw in hetzelfde deel van Wales woonde, hield een dagboek bij over de natuur, zijn wandelingen en zijn herderlijke plichten. Hij vertrouwde eens aan zijn dagboek toe dat wat hij opschreef werkelijker voor hem was dan wat hij had beleefd. De werkelijkheid bestaat pas in de herinnering. Dat schijnt tenminste zijn ervaring geweest te zijn en die van een heleboel andere schrijvers. Romantische zielen als Wordsworth (aanbeden door Kilvert) ontdekten dat herinneren en schrijven neerkwam op het creëren van een levensgevoel dat voor hen belangrijker was dan de daadwerkelijke ervaring. Wordsworth zag zijn narcissen pas echt als hij op de bank lag en ze met zijn innerlijk oog bekeek. De werkelijkheid was altijd ongrijpbaar, altijd voortvluchtig. Proust en D.H. Lawrence moeten er ook zo over gedacht hebben, al hamerde Lawrence er nog zo op dat alleen 'Leven – Leven' ertoe deed.

Iris had als schrijfster een ander, veelomvattender talent, denk ik. Bij Shakespeare ga je er ook niet vanuit dat hij zijn prachtige werk schiep door vanuit de herinnering te schrijven. De opvatting dat alles op herinnering is gebaseerd, schijnt een ontdekking van de Romantiek te zijn. Maar zoals alle generalisaties is dat niet helemaal waar: er zijn wel meer schrijvers of schilders geweest – Vermeer bijvoorbeeld – die zich bezighielden met het creëren van verdwenen momenten, alleen maakten zij er niet zoveel drukte over.

Terwijl ik die vogels voor Iris probeerde te laten leven, of herleven, vroeg ik me af wat er in haar hoofd omging. Kan ze nog onderscheid maken tussen fantasie en herinnering? Voor het soort schrijfster dat zij was, moet de kracht van het scheppen veel belangrijker geweest zijn dan de herinnering, bijna alsof dat scheppen nu onafhankelijk van de herinnering door zou moeten kunnen gaan. En toch schijnt het een afhankelijk te zijn van het ander. Wat herinneren we ons wanneer we fantaseren?

Het voornaamste is dat ik merk dat ze het leuk vindt om me over die vogels te horen vertellen. Zolang ik praat maken ze deel uit van mij, horen ze bij mij, de mij waar ze altijd bij is en zelf deel van uitmaakt. Vroeger waren wij twee mensen, ik bestond los van haar, de geestelijke energie waarmee zij haar werk creëerde had met haar eigen werkelijkheid te maken. Ik bestond buiten haar geest. Nu niet meer.

Nu heb ik het gevoel dat we versmolten zijn. Soms is dat benauwend, maar het is ook troostend en geruststellend en gewoon.

Herinnering aan 'Het meisje met de rode hoed', het portret van Vermeer dat me gedurende ons korte, prettige verblijf in Den Haag achtervolgde en me tot een boek inspireerde. De eerste keer dat ik er tegen Audi en Iris iets over zei, tegen ieder apart geloof ik, wilde ik dat het voor Audi komisch klonk, een grappig avontuur met een sinistere bijklank, waar we allebei om konden lachen. Probeerde ik mijn eerste gedachten erover tegenover Iris niet een beetje zo te brengen alsof het uit een van haar eigen romans afkomstig zou kunnen zijn? Probeerde ik haar te inspireren of wilde ik laten merken dat ik de fakkel van haar overnam door haar te imiteren? Hoe dan ook, wat ik uiteindelijk geschreven heb, klinkt absoluut niet als Iris, behalve misschien voor mij. Het werd veel meer het verhaal dat ik aan Audi had verteld, die mij toen het een jaar later uitkwam vriendelijk liet weten dat zij ervan had genoten.

Het leven drijft ons niet meer, om met de teder dubbelzinnige woorden van de dichter te spreken, 'dichter en dichter uiteen'. We komen elke dag dichter en dichter bij elkaar. We zouden niet anders kunnen. Het is op een ironische manier vermakelijk dat we meer dan veertig jaar het huwelijk als iets vanzelfsprekends hebben beschouwd en dat het huwelijk nu heeft besloten dat het er genoeg van heeft en een vinger in de pap wil. Het heft wordt ons doelbewust, hardnekkig en zonder dat wij er iets tegenin te brengen hebben, uit handen genomen. Ons huwelijk leidt ergens toe. Het laat ons geen keus – en daar ben ik blij om.

We komen elke dag lichamelijk dichter bij elkaar; Iris' 'muizenkreetjes', zoals ik ze voor mezelf noem, betekenen dat ze in de kamer hiernaast eenzaam is. De behoefte om bij me te zijn wordt minder en minder wanhopig geuit, alles gaat eenvoudiger, natuurlijker. Ze vaart niet meer alleen het donker in: de reis is voorbij en ze is onder de duistere leiding van Alzheimer ergens aangekomen. En ik ook.

Darwin speculeerde ooit dat vissen misschien wel hun eigen ogen ontwierpen. Ons nieuwe huwelijk heeft zichzelf als het ware ook ontworpen: om een eind te maken aan Iris' verschrikkelijke geïsoleerdheid, haar angst voor eenzaamheid – die gelukkige eenzaamheid die voor ons huwelijk vroeger zo vanzelfsprekend was.

Het woord 'vanzelfsprekend' zit in mijn hoofd omdat ik net een brief gekregen heb van de Japanse psycholoog Takeo Doi. Hij is een bewonderaar van Iris' romans en heeft haar ooit in een brief iets over zijn eigen ideeën verteld, die haar weer interesseerden. Zo werden ze correspondentievrienden en hebben we elkaar een keer in Tokio ontmoet. Hij had een stuk van mij gelezen over het huwelijk, dat ik in opdracht van *The Times* geschreven had. De krant wilde uiteraard dat het over de Alzheimer van Iris zou gaan, maar ik had ook ons oude stokpaardje over de vanzelfsprekendheid van het huwelijk bereden en het personage geciteerd uit *A Severed Head*, dat klaagde dat 'haar huwelijk nergens toe leidde'. Takeo Doi had het een frappant stuk gevonden omdat hij zelf met *amae* bezig was, een begrip dat staat voor de vanzelfsprekende alliantie die zorgt voor de sociale samenhang in Japan. Hij had het essay dat hij me nu zond 'Vanzelfsprekendheid' genoemd. Japanse echtelieden, schrijft hij, maken geen toestand van het huwelijk, zoals in het Westen, maar beschouwen het als iets vanzelfsprekends. Ik schreef terug om voor het stuk te bedanken met de opmerking dat het huwelijk nu ons als iets vanzelfsprekends zag, meer dan omgekeerd.

Alles gaat vanzelf, net als vroeger. We zijn aan deze nieuwe situatie uitgeleverd. Toch is het wel amusant om over het 'Nieuwe Huwelijk' na te denken. Zoals over New Labour, The New Deal enzovoort? Dat is toch iets anders. Het is veel moeilijker om over je eigen betrekkingen na te denken zonder dat het verwordt tot een vorm van public relations voor jezelf. Ik ben nu net zo afhankelijk van onze gehechtheid als Iris, maar het is geen verbondenheid die ik koester. Het is ons gewoon overkomen, net als Alzheimer. Ik ben me er het meest van bewust als ik vroeg in de ochtend naast Iris in bed zit te tikken en het gevoel heb dat zij dat al dommelend hoort en erdoor gerustgesteld wordt.

Vroeger zou ze al op geweest zijn, in haar werkkamer, in haar eigen wereld. Ik ben in de mijne, maar het lijkt door haar nabijheid ook de hare. Ze mompelt wat in haar sluimer, haar hand komt onder het dekbed vandaan. Ik leg de mijne erop, streel haar vingers en zie hoe lang haar nagels zijn en hoe vies. Ik moet ze vanochtend knippen en schoonmaken. Ze schijnen iedere maand harder te groeien, dat zal bij mij ook wel zo zijn.

14 december 1997

Ik zit in de keuken en probeer iets te lezen als ik Iris' muizengeluidje hoor bij de deur. Ze heeft een Coca-Colablikje in haar hand, opgeraapt van straat, een roestige moersleutel — hoe is ze daar in godsnaam aan gekomen? — en een schoen.

Overal in huis liggen losse schoenen, alsof ze door een springvloed zijn aangespoeld. Nooit hele paren. Op de raarste plekken liggen oude kranten en bestofte flessen. Uitgedroogde pennen zonder dop kraken onder je voeten. Op de vloer van haar vroegere werkkamer ligt een berg kleren met bovenop een stuk papier van jaren geleden waarop in haar handschrift 'Dear Penny' staat.

Rommel krijgt iets ontspannends als je besloten hebt het met rust te laten. Het zal onze tijd wel duren. Ik denk aan de herfst in het gedicht 'Hyperion' van Keats: 'Waar het dode blad viel, daar rustte het.' Vreemde parallel tussen de rommel op de grond en de woorden die de hele dag door het huis vliegen. Woorden die het equivalent zijn van die ene schoen.

De toon waarop iets gezegd wordt. Alles is in orde als ik maar doe alsof ze kind, poes of Gunga is. 'Stoute poes,' roep ik. '*Wat* zullen we met haar doen?' Ik streel haar rug of schud haar heen en weer tot ze begint te lachen. Ik imiteer het overdreven Belfast-accent dat haar vader voor de grap gebruikte toen ze kind was, zoals ze me ooit vertelde, en zeg: 'Heb je dan *helemaal* geen verstand?' Iris' gezicht krijgt altijd iets zachts als ik haar vader zo ten tonele voer. In plaats van te huilen begint ze te glimlachen.

Ik vertrouw vaak op de truc van het stoute kind, waardoor een zekere graad van razernij geoorloofd is. 'Stout beest! Kan je me nou geen *minuut* met rust laten!' Soms klink ik voor mezelf als Hedda Gabler die haar minnaar op stang jaagt. Maar als ik het op de toon van onze kinderpraat breng, kijkt ze me stralend aan.

Ze heeft nooit belangstelling voor kinderen gehad. Nu is ze er dol op, in het echt of op de televisie. Toch nog kinderen. Hoe is het mogelijk. 'Je bent nu bijna vier,' zeg ik, 'is dat niet wonderbaarlijk?'

Het kerstgedoe, het is weer zover. Iris vond Kerstmis altijd gezellig, ook het zien van mensen dat erbij hoorde. De feestdagen maken mij altijd triest, maar ik doe mee voor de vorm. Waarom zouden we deze keer niet weggaan? Vroeger zou Iris dat niet gewild hebben. Nu weet ik het niet. Aan de ene kant betekent verandering niet veel voor haar, en toch kan een andere omgeving soms verbijsterde verwondering bij haar teweegbrengen. Dan wordt ze een soort Doornroosje dat voor het eerst tussen de spinnenwebben haar ogen opslaat en verschrikte spinnen, ratten en muizen ziet wegrennen. (Ik ga er even van uit dat de prins zich tactvol in de schaduw heeft teruggetrokken.)

Verwondering op de rand van angst. Dat staat op Iris' gezicht te lezen als ze in een andere omgeving is. Weer eens wat anders dan het dagelijkse zenuwachtige getob over niets. Een nieuwe omgeving brengt een paar minuten verandering in haar toestand, soms maar een paar seconden. Daarna keert de onrust weer met hernieuwde kracht terug. Misschien is de dagelijkse routine dan toch te prefereren. Het is eigenlijk geen echte keus – de keus van Hobson. Routine heeft verandering nodig en verandering vindt weer rust in de routine; zoals in Dantes hel waar de mensen van het vuur naar het ijsbad gedreven werden en weer terug.

Nou ja, zo erg is het ook weer niet. Over Kerstmis zou je kunnen zeggen dat het verandering met routine combineert, de routine van tradities die gelukkig maar eens per jaar voorkomen. Jaren geleden besloten onze vriendin

Brigid Brohpy en haar man voor kerst naar Istanbul te gaan. 'Om kerstlam bij de islam te eten,' zeiden ze. Iris lachte beleefd maar vond het niet leuk. Ik was er zelfs niet helemaal zeker van of ze niet een beetje geschokt was. Kerstmis was voor haar niet iets heiligs, maar het stelde toch iets meer voor dan een aanleiding om grappig te doen over kerstlam en islam.

Ik denk dat ze het in die tijd zag als iets waar je niet onderuit kon, als iets onontkoombaars. Jozef en Maria in de stal hadden er ook niet om gevraagd — waarom zouden wij dan doen alsof Kerstmis niet bestond?

Nu kan ik die intuïtieve passiviteit van haar maar beter aanmoedigen en mijn toevlucht nemen tot dat soort gezegende of in ieder geval traditionele rituelen. Het heeft geen zin ertussenuit te gaan, we kunnen nergens naartoe. Alzheimer zullen we, net als de Dood in Samarra, overal tegenkomen.

Dus gaan we gewoon naar Londen om mijn broer Michael te bezoeken en bij hem aan het kerstdiner te zitten. Zoals ieder jaar.

25 december 1997

Kerstmorgen. We doen wat we altijd doen. Routine is een substituut voor herinnering. Iris vraagt niet: 'Waar zijn we? Wat doen we? Wie komt er?'

Alsof het in de lucht hangt dat er iets of iemand zal komen — zodat ze die angstige vragen niet hoeft te stellen.

De stilte voelt aan als een aankondiging. Londen is onwezenlijk stil op kerstochtend. Er schijnt niemand op de been te zijn. Als er al kerkgangers en kerkklokken zijn, zien of horen we ze niet. De stilte en de leegte zijn des te genadelijker.

We lopen naar Kensington Gardens, door de verlaten straat met de hoge gepleisterde façades die edwardiaans vervallen zijn, maar nog steeds mooi. Henry James heeft links gewoond; Browning verderop rechts. We lopen langs hun blauwe plaquettes in de witte muur. Een paar meter terug kwamen we voorbij het huis waar T.S. Eliot lange tijd een appartement heeft gehad. Zijn weduwe zal op dit moment wel in de kerk zitten.

Onze route is op kerstochtend altijd dezelfde. We doen dit al jaren. Ik wijs als een gids op de spookachtige huizen van beroemde geesten: Henry James, Robert Browning, T.S. Eliot. Vroeger bleven we altijd even staan, dan staarden we naar hun ramen en praatten wat over hen. Nu noem ik alleen hun namen. Weet Iris nog wie ze zijn? Ze glimlacht een beetje. De namen komen haar nog steeds bekend voor, ze horen bij deze unieke ochtendstilte. Alleen op deze morgen hebben die schrijvers even hun pen neergelegd, net als Iris zelf, en genieten ze van een welverdiende rust en verheugen ze zich op het diner. Thackeray, de fijnproever, wiens huis hier net om de hoek is, zal er wel het meest naar uitkijken.

We zien het park al, met daar achter de mooie façade van Kensington Palace. Toen Prinses Diana was gestorven, was het grasveld één onafzienbare massa cellofaan met verwelkte bloemen erin. De rouwende menigte was net zo stil als op kerstmorgen, meldden de media vol eerbied. De treurenden waren als zoete kinderen bij het slapengaan, ze vouwden hun handen in gebed. Het was een rustige ceremonie, net als onze kerst nu. We dwalen afwezig over de verlaten straat waar normaal het verkeer onophoudelijk doorheen raast.

In het park nemen we de Broad Walk. Een paar honden zijn niet onder de indruk van kerstmis. Ze lijken vrolijker dan ooit door het contrast met de stilte. Er begint ergens een klok te slaan, de ijle, hoge tonen golven lieflijk over ons heen. In de lucht zijn vage sporen van vliegtuigen te zien, zelfs die bewegen zich geluidlozer voort dan gewoonlijk, bijna sereen ruisend, als je ze al hoort. Kerstochtend in Londen is altijd zacht en helder, ik kan me maar één keer herinneren dat het regende en zelfs een beetje sneeuwde. Ik vraag aan Iris of ze zich die kerst herinnert. Ze glimlacht alsof ze wil zeggen dat dat niet nodig is zolang dit ritueel de herinnering vervangt.

De Ronde Vijver. Canadese ganzen staan peinzend aan de waterkant, dit keer zonder onze aandacht op te eisen. We nemen hetzelfde pad als altijd, naar beneden, naar de Serpentine. Bij het standbeeld van Peter Pan is niemand. Zelfs geen Japans echtpaar met een fototoestel. Ooit hebben we hier met kerst twee middelbare dames uit Nieuw-Zeeland ontmoet die ons vertelden dat dit beeld het enige was waarvoor ze naar Londen waren gekomen.

De jonge Pan zelf staat daar met de sublieme onverschilligheid van de jeugd: zijn delicaat gebogen bronzen vingers rusten nonchalant op de fluit aan zijn lippen. Zijn houding is haast van een sinistere elegantie. Zijn aartsvijand Kapitein Haak werd altijd nerveus van die houding. Hij vond dat Peter Pan zonder dat hij het zelf wist de Juiste Vorm had, wat natuurlijk betekent dat je dan als geen ander in vorm bent. De arme Haak kon dat niet uitstaan. Nog voor ons trouwen las ik Iris voor uit Peter Pan (het boek is veel beter en grappiger dan het pantomime spel) en Iris vond het zo leuk dat ze dat gedoe over die 'Juiste Vorm' later in een van haar romans verwerkte.

Ook de beeldhouwer heeft duidelijk plezier in zijn onderwerp gehad: toen hij de sokkel voorzag van elfjes, konijnen en slakken in de Victoriaanse sprookjestraditie, plaatste hij bovenaan het elegante figuurtje van een wereldse jonge vrouw die vastberaden over de rand van het voetstuk klautert om Peter oneerbare voorstellen te doen, waarbij de toeschouwer een aangename blik op haar gepolijste bronzen achterste wordt gegund. Ze is gekleed in een modieus gedrapeerde, nauwsluitende edwardiaanse rok en lijkt sowieso veel te oud voor Peter. Het ziet ernaar uit dat Sir Edward Frampton niet alleen een voortreffelijk beeldhouwer was, maar lol had in zijn eigen ideeën. Rond het standbeeld springen eekhoorns, die tevergeefs om noten bedelen; de overvoerde beestjes hebben er op gewone drukke dagen geen moeite mee om die van de toeristen los te krijgen.

Terwijl we als in een wonderland rondlopen vertel ik

Iris dat mijn moeder me vroeger verzekerde dat ik hier echte feeën zou zien — en wie weet Peter Pan zelf — als ik in de lente maar goed tussen de blauwe klokjes en de narcissen keek. Dat geloofde ik. Ik kan haar door de serene zonneschijn en het gezang van de vogels zelfs nu nog bijna geloven. Het lijkt wel lente in midwinter, ik kan de bloemen en feeën er moeiteloos bij denken.

Iris luistert naar mijn stem en lacht. Er zijn geen onrustige vragen geweest vanochtend, geen tranen, geen afgebroken zinnen waar de angst in doorklinkt en die allemaal hetzelfde uitdrukken: haar behoefte aan geruststelling. Iets of iemand heeft haar vanmorgen gerustgesteld, heeft haar voor een uur of twee geschonken wat het gebedenboek 'de vrede die de wereld niet kan geven' noemt.

Misschien komt het door het kerstritueel. Het leidt ergens toe, maar is tegelijkertijd routine, al is het maar eens per jaar. Het is beide. En het gaat nog verder. We zullen teruggaan naar het huis van mijn broer, die de ochtendmis heeft bijgewoond in Chelsea Old Church, waar Sir Thomas More ooit ter kerke ging. We zullen met elkaar sardines, worstjes en roerei eten — het soort kerstdiner waar we alle drie van houden. Het is de enige keer in het jaar dat er van Michael gekookt mag worden in zijn smetteloze, steriele keukentje. Hij eet altijd sardines, die worstjes en eieren zijn een enorme concessie. Ik zal het klaarmaken, Iris zal naast me staan. Wij hebben een paar flessen Bulgaarse wijn meegebracht, die past overal bij.

Dan een dutje. Iris slaapt diep. Later luisteren we naar

kerstliedjes en kerstmuziek. Ik koester de illusie – gelukkig de Alzheimerpartner die dat op zulke momenten kan – dat het leven altijd zo geweest is. Ik kan me Iris niet anders voorstellen. Haar geheugenverlies wordt als het ware ook het mijne. Enigszins beneveld – ongetwijfeld dankzij de Bulgaarse druif – denk ik aan de kerstgeboorte en aan Wittgensteins opmerking dat de dood geen menselijke ervaring is. We worden geboren om van dag tot dag te leven. 'Leef kortzichtig – kijk nooit verder dan de thee of het avondeten.' Het advies van de Eerwaarde Sydney Smith kan op dit soort dagen met het grootste gemak worden opgevolgd. Het oeroude kerstritueel heeft deze dag weer gered en was daarom dubbel gezegend.

Over de auteur

John Bayley werd geboren in India in 1925. Na Eton studeerde hij in Oxford en tijdens de Tweede Wereldoorlog diende hij in de Grenadier Guards. In 1955 werd hij docent aan New College, waar hij Engels gaf. In 1956 trouwde hij met de schrijfster Iris Murdoch, die toen filosofie doceerde aan St. Anne's College. In 1973 werd hij Warton Professor aan St. Catherine's College.

Bayley heeft een groot aantal literair-kritische studies geschreven, met name *The Characters of Love, Tolstoy and the Novel, Pushkin: A Comparative Commentary,* en *Shakespeare and Tragedy.* Verder heeft hij studies gepubliceerd over Thomas Hardy, Jane Austen en Henry James en een geschiedenis van het korte verhaal. Zijn meest recente roman, *The Red Hat*, werd gepubliceerd bij de St. Martin's Press in mei 1998. Hij recenseert regelmatig voor *The New York Review of Books*. Bayley woont in Oxford.